KB044093

체인지메이커

| 긍정적인 변화를 이끄는 사람들의 12가지 행동 법칙 |

체인지메이커

앨릭스 부닥 지음 | 손영인 옮김 | 오승민 감수

BECOMING A
CHANGEMAKER

21세기북스

내가 가장 좋아하는 두 체인지메이커인

애셔와 벡스에게,

사랑한다.

추천의 글

아쇼카라는 국제 조직이 '모두가 체인지메이커(Everyone A Changemaker)' 라는 21세기를 대표할 시대정신을 제시해 왔다면, 이 책은 체인지메이커라는 개념을 체계화하고 대중화하는 이정표가 될 것이다. 체인지메이커는 어떤 사람인지가 다소 모호했던 사람들을 위해, 체인지메이커의 "해부도"가 등장한 느낌이랄까. 마인드셋, 리더십, 행동 전략·도구라는 3차원 분석과 적절한 예시를 통해 누구나 체인지메이커 여정을 시작할 수 있음을 알게 해준다. 초보 체인지메이커에게 나침반이 될 것은 물론, 나 같은 중견 체인지메이커들에게도 초심을 돌아보고 새로운 도전에 용기를 낼 수 있게 해주는 고마운 책이다!

— 이혜영, 아쇼카 한국 초대 대표

저자는 누구에게나 변화를 이끌 잠재력이 있다고 믿습니다. 즉각 적용할 수 있는 다양한 사례와 실용적인 도구로 가득 찬 이 따뜻하고 감동적인 책을, 세상을 더 나은 방향으로 변화시키고자 하는 새로운 세대의 리더들에게 강력하게 추천합니다.

— 댄 히스, 『스틱』 저자

앨릭스 부닥은 우리에게 '당신이 원하던 바로 그 리더가 될 수 있다.'고 말합니다. 이 책은 행동 과학적인 근거와 풍부한 사례를 바탕으로 당신이 한 단계 더 발전하고, 영향력의 범위를 넓힐 수 있게 합니다. 기억하세요. 세상은 당신이 이끄는 변화를 받아들일 준비가 되어 있습니다!

— 리즈 와이즈먼, 『멀티플라이어』 저자

변화를 갈망하는 사람이라면 이 책을 읽고도 아무런 영감을 얻지 않을 도리가 없습니다. 이 세상에 긍정적인 변화를 일으키고자 하는 모든 이들에게 이 책을 추천합니다.

— 무함마드 유누스, 노벨평화상 수상자, 그라민 은행 설립자

저자는 책에서 '변화를 이끄는 작은 리더'라는, 리더십에 대한 새로운 시각을 제공합니다. 조직의 최고위에서 일하는 사람이든 최전선에서 일하는 사람이든 관계없이 각자가 자기의 자리에서 어떻게 긍정적인 변화를 이끌 수 있는지 보여주는 이 책이 더 많은 독자들을 만날 수 있길 바랍니다.

— 벤 래트레이, 체인지(Change.org) 창립자

제가 체인지메이커로서의 삶을 막 시작했을 때 너무나도 필요했던 가이드가 책으로 출간되어 기쁩니다. 구성원 20명에서 20,000명으로, 빠르게 성장한 스타트업을 이끌면서 저자가 주장하는 체인지메이킹 개념이 우리 같은 조직에 꼭 필요한 개념임을 알 수 있었습니다. 지역 사회와 세계에 변화를 일으키고자 하는 사람이라면 이 책을 반드시 읽길 권합니다.

— 사라 엘아민, 리프트(Lyft) 정책

저자는 비즈니스, 교육, 비영리 단체, 정부 등 모든 조직에서 리더십을 가지고 변화를 주도하려는 이들에게 매우 실용적인 조언을 하고 있습니다. 세상에는 변화를 추구하는 리더가 더 많이 필요합니다. 미래의 리더들에게 이 책보다 더 중요한 조언은 없을 것입니다.

— 아론 레비, Box CEO 겸 공동 창업자

대학 시절에 수강했던 체인지메이커 수업은 인생을 변화시켰습니다. 나의 목소리를 내는 데에 도움을 주었고, 인간이자 리더로서 저 자신을 변화시켰습니다. 이 책이 출간되면서 전 세계의 많은 사람들이 체인지메이커의 마법을 경험하게 되어 매우 기쁩니다.

— 알리시아 윌슨, 영국 올림픽 대표팀 선수

우리 모두 체인지메이커가 될 수 있다.

'누가 언제 물어보아도 내가 하고 있는 일의 개선 사항 세 가지는 바로 이야기할 수 있을 정도로 항상 문제의식을 지녀야 한다,' '그리고 기회가 되면 반드시 그 문제들을 하나씩 해결해 나가는 경험이 필요하다,' '선배가 하던 일을 그대로 받아서 문제없이 완수하는 것에 만족하지 말고 한발 더 나아가 무엇을 개선할지 항상 고민해야 한다.' 입사하고 만난 나의 멘토분이 지속적으로 강조한 이야기다. 어쩌면 그 멘토 덕택에 나는 새로운 아이디어를 생각하고 실행에 옮기면서 나름대로 많은 성장이 있었다고 생각한다. 그리고 지금 이 조언들은 신입사원이 들어오면 언제나 멘토로서 내가 자주 강조하는 메시지가 되어 있다.

렌터카를 세차하는 사람은 찾아보기 힘들다. 그 차의 주인이 아니기 때문이다. 금요일 저녁 4명의 직원은 퇴근하기 위해 문을 나서려고 한다. 그런데 갑자기 문 앞에 큰 벽이 하나 생겨서 나가지 못하는 상황이 발생했다고 가정하고 이들이 어떻게 반응하는지를 살펴보자. 회사에 대한 주인의식 수준에 따라 직원들을 4개 그룹으로 분류할 수 있다. 우선 '불만족한 구성원Unsatisfied'들은 "왜 하필이면 퇴근 시간에 이런 벽이 생겨서 집에 갈 수 없게 됐느냐"며 불평·불만을 끝없이 늘어놓는다. 둘째, '만족한 구성원Satisfied'들은 벽 자체에 관심을 둔다. 호기심을 갖고 만져보기도 한다. 특별히 불편함을 느끼지 못한 채 "누군가 해결해 주겠지"라는 생각으로 벽 뒤에 앉아서 조용히 스마트폰 게임에 열중한다. 셋째, '몰입하는 구성원Engaged'들은 이 문제를 해결하기 위한 최선의 노력을 다한다. 사무실 자재를 활용해 사다리를 제작하고 벽을 넘는다. 재미있는 것은 네 번째 '체인지메이커'들이다. 이들은 "어떻게 하면 이 벽을 없애버릴지"를 진지하게 고민한다. 내가 이 집의 주인이면 평생 사다리를 두고 불편하게 살기는 싫기 때문에 근원적인 해결법을 찾는 것이다. 실제로 일반 기업에서 이런 체인지메이커 비율은 13% 정도다. 고성과를 내는 기업에서는 17% 정도라고 한다. 결국 기업이 지속적으로 성장하기 위해서는 주인의식을 갖고 조직의 근원적인 문제에 대한 해결 의지를 가진 '체인지메이커'의 비율이 높아져야 한다.

『체인지메이커』는 하루가 다르게 급변하는 사회를 살아가는 모든 사람이 숙련된 체인지메이커가 될 수 있도록 안내하는 책이다. 체인지메이커들의 가장 큰 무기는 미래를 스스로 만들어간다는 점이다. 사회의 변화폭이 크고 빠를수록 체인지메이커들이 활약할 수 있는 무대는 더 커진다. 이들은 무작정 인내하며 변화를 기다리는 부류와는 거리가 멀다. 현재 상태가 비효율적이거나 비윤리적임을 알고 이에 대해 무언가를 하려는 의지가 있다. 바로 이런 점 때문에 체인지메이커가 다음 세대를 아우르는 새로운 리더십으로 주목받고 있다. 그러나 회사나 사회단체 같은 조직의 구성원으로 있으면서 자신이 생각한 것을 실행까지 연계시키기란 여간 어려운 일이 아니다. 첫째로 자신의 역량을 어떻게 발휘해야 하는지 방법을 모른다. 많은 사람이 좋은 아이디어를 실행에 옮기고 싶어 하지만 '나는 현재 리더의 위치에 있지 않으니 실행하기 힘들 거야'라는 생각에 간절히 공유하고 싶었던 수많은 아이디어들을 그냥 참아 넘기곤 한다. 두 번째로 새로운 시도가 실패할 것에 대한 두려움이 발목을 잡는다. 실패는커녕 거절당할 것이 두려워 말조차 꺼내지 못하는 경우가 많지만 우리가 기억하고 있어야 할 사실이 있는데 실제로는 애초에 요청하지 않는 것이 진짜로 실패하는 길이라는 것이다. 아무것도 하지 않으면 아무것도 변하지 않는다. 실패를 겪지 않고는 의미 있는 변화가 일어나지 않는다. 모든 성공적인 변화 뒤에는 수많은 실패가 있다. 변화를 주도한다는 것은 실패하는 것이고 체인지메이커가 되는 것은 실패를 받아들이는 것이다. 실패가 편해질수록 우리는 더 효과적이고 빠르게 배우고 성장할 수 있으며 늘 학생의 자세를 보이는 체인지메이커가 될 수 있다. 아인슈타인은 미치광이의 정의를 "지금 하고 있는 일을 그대로 하면서 결과가 바뀌기를 기대하는 사람"이라고 했다. 새로운 아이디어나 새로운 변화 추구를 위험으로 간주하는 대신 이를 추구하지 않는 것을 더 큰 위험으로 간주하는 것으로 시각을 전환함으로써 변화를 이끌 수 있다.

　인류의 역사를 회고해 보면 문화가 바뀌어 가는 과정은 급진적인 변혁을 통해서 이루어졌다. 매년 조금씩 나이테가 성장하며 서서히 변화되어 가는 과정이 아니라 애벌레가 번데기가 되고 나비가 되어가는 급진적인 변화의 과정인 것이다. 그러한 변화의 중심에는 언제나 체인지메이커가 있었다. 인류학자인 마거릿 미드는 문화가 급진적으로 변화되었던 역사를 연구하면서 공통점을 발견했다. "소수의 사려 깊고 헌신적인 체인지메이커들이 세상을 바꿀 수 있다는 사실을 의심하지 마라. 실제로 세상은 그런 소수에 의해서만 바뀌어 왔다." 물론 체인지메이커가 되는 길을 꾸준히 가기는 쉽지 않다. 체인지메이커가 되기로 결심했다면 변화를 주도하는 것이 얼마나 어려운지 잊어서는 안 된다. 정말 어렵다. 바로 옆의 팀원, 심지어 자기 자신을 변화시키는 것도 어려운데 이보다 훨씬 더 크며 체계적이고 오랜 기간 지속되어 온 조직이나 사회의 문제를 해결하려 할 때는 특히 지치기 쉽다. 그렇다면 이런 소수의 사람들이 어떻게 문화를 바꿀 수 있을까? 체인지메이커는 공감대 형성을 바탕으로 한 네트워크 확장을 통해서 변화를 이끈다. 책 속 마거릿 휘틀리와 데버라 프리즈의 말을 인용하면 "한 번에 한 사람씩 차례로 변화하여 세상이 바뀌는 게 아니라 세상은 공통의 대의와 가능성에 대한 비전을 공유하는 사람들 사이에 관계망이 형성되면서 바뀐다."

『체인지메이커』에는 사회의 구성원으로 긍정적인 변화를 꿈꾸는 개인뿐 아니라 급변하는 사회에서 경쟁력을 갖추려는 조직이 귀담아들어야 할 실용적인 조언으로 가득하다. 체인지메이커 리더십에 대한 설명에서 주목할 점은 이들이 변화를 주도하면서도 겸손과 섬김, 포용의 리더십을 강조하는 것인데, 이런 태도가 자신과 주변을 더욱 공교하게 만든다. HR 연구에서도 심리적 안정감을 느끼게 하는 것이 조직에 굉장히 중요하다는 것이 밝혀지고 있다. 수평적 조직문화의 핵심이라고 할 수 있는 조직의 리스닝 역량을 높이는 첫 번째는 조직 내에 만연해 있는 근거 없는 두려움unfounded fear을 없애는 것이다. 여러 사람과 일하고 관계를 맺는 사회 속에서 체인지메이커가 되기 위해서는 용기가 필요하다. 변화를 만드는 것은 다른 사람의 몫이라는 생각을 멈추고 이제 내가 해야 할 일이라고 스스로에게 말할 수 있는 용기, 모든 것이 완벽해질 때까지 기다리기보다는 약간의 실패를 감수하더라도 지금 당장 실행에 옮길 수 있는 용기 말이다.

물론 이 용기는 조직 전체가 함께 갖춰야 한다. 주인의식은 저절로 생기지 않는다. 조직의 리스닝 역량이 낮으면 결국 직원들은 실패를 두려워하고 침묵할 수밖에 없다. 수평적 조직문화는 결국 구성원이 제시한 의미 있는 의견들을 실행에 옮긴 경험들이 쌓여서 형성된다. 직위의 높고 낮음에 상관없이 모두가 체인지메이커가 되어 생각을 공유하고 아이디어를 실현시키는 조직이야말로 함께 성장하면서 즐겁게 일할 수 있는 회사다. 모두가 공감할 수 있는 조직의 가치와 목표는 구성원들을 하나로 묶는 동시에 하나의 지점에서 조직 전체가 실패하는 일이 없도록 보장해 준다.

　저자가 수차례 강조한 것처럼 이 책의 가장 중요한 메시지는 '누구나, 그리고 우리 모두가 체인지메이커가 될 수 있다'는 것이다. 책 속에 등장한 수많은 사례처럼 학생이든 회사원이든 창업자이든 체인지메이커의 마인드셋, 리더십 기술, 행동 지향성은 누구든 가질 수 있는 것이며, 이를 바탕으로 "우리 모두는 체인지메이커가 될 수 있다."

LG화학 인재육성 담당
오승민

체인지메이커의 시대

2012년 어느 날 나는 로스앤젤레스에 있었다. 지인인 시바니 시로야Shivani Siroya가 샌타모니카에 설립한 스타트업 기업 탈라Tala에 자리를 하나 빌린 것이다. 젊고 에너지 넘치는 기업가였던 나는 노트북을 사용하고 커피를 마실 수 있는 곳이라면 어디든 일할 의향이 있었다. 당시 친구의 친구였던 시바니가 내게 책상을 하나 마련해 준 것은 감사한 일이었다.

시바니와 나는 종종 커피를 손에 든 채 아침 산책을 했다. 자기 삶과 일에 관해 이야기하는 시바니의 말을 듣다 보면 비즈니스에 성공한 사람들을 흔히 가리키는 기업가, 설립가, 리더라는 명칭으로는 시바니가 어떤 사람인지를 완전히 표현할 수 없다는 생각을 하곤 했다. 물론 시바니는 기업가고 설립가고 리더이기도 하지만 그 이상이었다.

월스트리트에서 활동하는 금융 애널리스트로 진로를 바꾸기 전 시바니는 소액 금융 지원 관련 업무로 유엔에서 직장 생활을 시작했다. 많은 이들이 부러워할 만한 일을 했지만 시바니는 전통 금융 분야에는 무언가 부족하다고 생각했다. 그는 정식으로 금융 거래를 할 수 없어 정규 금융 시장에서 제외된 전 세계 25억 명에 관해서도 매우 관심이 많았다. 이렇게 받은 영감으로 시바니는 아이디어를 짜기 시작했고 그렇게 탈라가 탄생했다. 반쪽 분량으로 적은 글에서 시바니는 탈라를 '평범한 사람이 자기 돈을 넣는 것으로 세상을 변화하게 해주는 온라인 글로벌 투자 기금'이라고 설명했다. 그러면서 '창업가들이 목표를 달성하고 지역사회에 깊은 영향을 미칠 수 있도록 소규모 재정 투자와 교육을 제공함으로써 시장 내 격차를 해소하려고 하기 때문에 탈라가 시급히 필요하다고 주장했다.[1]

감동적인 비전이지만 진정으로 인상적이었던 부분은 시바니가 아이디어를 실행한 방식이다. 시바니는 기업가로서의 경험이 전혀 없었지만 그렇다고 계획을 중단하지 않았다. 대신 여러 조각으로 나눈 비전을 하나씩 실행하기 시작했다. 구인구직 사이트인 링크드인LinkedIn에서 검색한 낯선 사람들과 지인들에게 연락을 취했고 ―그는 결국 천오백 통의 메시지를 보내기까지 했다!― 작은 파트타임 팀을 꾸렸다. 이렇게 초기 단계에서 어느 정도 성공을 거두자 시바니는 선택의 갈림길에 섰다. 안전하고 명망 있으며 힘들게 얻은 월스트리트 경력을 지속할 것인지 아니면 탈라에 모든 에너지와 시간을 쏟을 것인지 선택해야 했다. 시바니는 용기를 내 과감히 도전했다. 그리고 뒤돌아보지 않은 채 탈라의 영향력을 전 세계로 확장했다.

시바니의 여정은 대단하지만 내게 가장 인상 깊은 부분은 기업의 규모나 시바니가 끼친 영향이 아니었다. 내가 높이 사는 것은 현재 상태에 의문을 제기하는 의지, 포용하는 리더십, 서비스 지향성 같은 시바니의 자질이다.

대부분의 사람들은 명망 있는 리더들이 성공한 원인으로 시바니가 보인 것과 같은 가시적인 능력을 꼽는다. 그리고 성공하기 위해 그들의 가시적인 능력을 모방하려 한다. 하지만 나는 시바니와 대화를 통해 그를 진정으로 영향력 있는 리더로 만든 것은 '체인지메이커의 자질'임을 깨달았다. 체인지메이커의 자질이란, 인성, 근면성, 진심, 열정, 끈기이다. 이러한 체인지메이커의 자질은 우리가 누구인지, 어떤 위치에 있는지에 상관없이 누구나 배우고 실천할 수 있다.

시바니와 대화를 거듭하면서 '체인지메이커'라는 개념이 생생해졌고, 시바니에게서 체인지메이커의 자질을 발견한 것처럼 주변의 많은 사람, 심지어 아직 자신이 체인지메이커라고 여기지 않는 사람에게도 체인지메이커의 자질이 있다는 것을 깨달았다.

그리고 '변화'라는 개념에 관한 나의 관점이 변하기 시작했다. 그전까지 나는 적십자나 세계은행과 같은 거대한 조직 한두 곳을 통해서만 변화가 일어난다고 생각했다. 하지만 긍정적인 변화는 우리 각자가 어디에 있든 각자의 위치에서 각자의 방식으로 변화를 추구함으로써 일어난다는 것을 알게 되었다. 변화는 특별한 소수에게만 일어나는 것이 아니다. 변화는 우리가 어디에 있든 우리 각자가 자신의 본성에 맞는 방식으로 일으키고, 주도할 수 있다.

그러나 한편으로 나는 변화를 실현하는 데 방해가 되는 제도적, 개인적 장벽이 너무 많다는 것 역시 몸소 겪고 깨닫게 되었다.

나는 체인지메이커로 가득 찬, 체인지메이커들이 이끄는 세상을 상상하기 시작했다. 기업 회의실과 집 안 식탁에서 긍정적인 변화가 일어나는 세상, 노트북 앞에서나 거리에서 체인지메이커들이 행동에 나서는 세상, 다양한 배경과 경험, 열정과 관심을 가진 체인지메이커들이 변화를 실현하는 데 필요한 마인드셋, 리더십, 도구를 갖춘 세상을 말이다.

시바니를 만난 후 나는 체인지메이커가 되기 위해 무엇이 필요한지 이해하고, 사람들이 체인지메이커가 되는 것을 가장 자주 방해하는 요인이 무엇인지 연구하는 데 집착하게 되었다. 나는 다른 사람들이 시바니처럼 자신만의 이야기를 만들 수 있도록 돕는 것을, 그들이 자신과 조직, 공동체를 위해 각자의 위치에서 긍정적인 변화를 이끌 수 있는 타고난 능력을 활성화하는 것을, 우리 모두가 각자 체인지메이커가 될 수 있도록 돕는 것을 내 인생의 사명으로 삼기로 했다.

체인지메이커 정의하기

'체인지메이커'라는 단어가 처음 대중적으로 언급된 것은 1981년 소셜 임팩트 단체인 아쇼카Ashoka가 연례 뉴스레터에서 이 용어를 사용한 때로 거슬러 올라간다. 아쇼카는 체인지메이커를 '사회 문제를 해결하기 위해 창의적인 행동을 취하는 사람'으로 정의했다.[2] 체인지메이커라는 용어를 우리 사회에 널리 알리기 시작한 아쇼카의 역할은 인정하지만 체인지메이커의 개념은 사회 문제라는 제약을 훨씬 넘어 더 넓고 포괄적으로 정의해야 한다. 그러므로 체인지메이커는 '자신이 있는 자리에서 긍정적인 변화를 주도하는 사람'이라고 간단하게 정의할 수 있다.

나는 체인지메이커의 정의를 단순하면서도 매우 포괄적으로 유지하고자 한다. 창의적인, 새로운 기능을 고안해 내는 기술 회사의 중간 관리자도 노벨상 수상자 못지않게 체인지메이커가 될 자격이 있다고 생각한다. 체인지메이커가 일으키는 변화의 규모나 범위를 규정해 두지 않고 인턴, 개인 기부자, CEO 등 어떤 위치에서든 변화를 주도한다면 체인지메이커에 포함할 수 있다고 본다.

궁극적으로 체인지메이커는 역할, 분야, 영향력 수준에 따라 정의되어서는 안 된다. 우리를 체인지메이커로 묶는 것은 우리의 마인드셋, 리더십 기술, 변화를 위한 행동이다.

체인지메이커는 변화를 생각하는 사람changethinker이 아니라 변화를 만드는 사람changemaker이다. 체인지메이커는 더 밝은 미래, 더 나은 방향으로 나아갈 수 있다고 믿고 행동에 나서며 스스로에게 그 길을 만들 수 있는 권한을 부여한다.

지금부터 빠르게 변화하는 시대에 체인지메이커로서 자신과 타인을 위해 긍정적인 변화를 탐색하고, 형성하고, 주도하는 방법을 배우게 될 것이다. 또 불확실성 속에서 성공할 수 있는 리더십 기술을 습득할 것이다.

시작

2019년 1월 24일 오전 10시. 그 순간을 생생하게 떠올릴 수 있다. 나는 교실 앞으로 걸어 나갔다. 내 뒤의 스크린에는 뒷줄에 앉은 학생들도 그 무게를 느낄 수 있도록 140 포인트의 큰 글자로 "세상은 우리를 위해 그 어느 때보다 준비가 되어 있다."라는 문구가 나타났다. 나는 입을 열었다. "체인지메이커가 되는 길 강의에 오신 것을 환영합니다. 세상은 우리를 위해 그 어느 때보다 준비가 되어 있습니다."

나는 캘리포니아대학교 버클리 캠퍼스에 갓 채용되어 첫 대학 강의를 앞두고 있었다. 단순히 긴장했다는 말로는 그 순간의 강렬함을 전할 수 없다.

대학을 졸업하고 체인지메이커로서의 여정을 처음 시작한 스물두 살 때 그린 나의 미래에는 서른네 살에 대학교 강의실에서 차세대 리더들을 가르치고 있는 내 모습은 없었다. 하지만 이 강의는 내가 지난 10년 동안 심혈을 기울인 일과 매우 일치했다.

나는 체인지메이커가 성공하는 플랫폼과 기회를 만드는 데 내 경력을 모두 투자해왔다. 전 세계의 체인지메이커들이 아이디어를 행동으로 옮기는 첫걸음을 내디딜 수 있도록 스타트섬굿 StartSomeGood.com을 공동 설립한 것이 그 시작이었다. 우리 팀이 구축한 웹사이트와 커뮤니티를 통해 1,500명이 넘는 체인지메이커들이 자신의 긍정적인 변화 주도 계획을 실현하기 위한 프로젝트를 만들고, 추진하고, 자금을 모았다. 그 후 스웨덴에서 사회 혁신가를 위한 인큐베이터인 리치 포 체인지Reach for Change를 지도하는 기회도 얻었다. 나는 많은 영감을 주는 체인지메이커들을 지도하고 멘토가 되어 그들이 잠재력을 발휘할 수 있도록 도왔다. 스칸디나비아 전역의 다른 많은 사람도 자신을 체인지메이커로 볼 수 있도록 독려하기도 했다. 뛰어난 재능을 가진 사람들과 함께 청원 및 모금 사이트인 체인지Change.org를 위해 3천만 달러가 넘는 자금을 모금하여 체인지를 세계 최대 규모의 사회 변화 플랫폼으로 확장하는 데 기여하기도 했다. 활동을 하는 내내 나는 우크라이나부터 캄보디아에 이르기까지 수십 개 국가와 세계은행, 유엔 기구 같은 다양한 단체와 전 세계 유수 기업과 대학 등지에서 신진 체인지메이커를 위한 워크숍을 운영하고 훈련 프로그램을 이끄는 행운을 누렸다.

이러한 모든 경험은 나를 캘리포니아대학교 버클리 하스 경영대학원 교육 담당 수석 부학장인 제이 스토프스키Jay Stowsky와 연결해 주었다. 기업가, 경영자, 교육자로서의 내 경력을 통틀어 내가 하는 모든 일에는 한 가지 공통점이 있었다. 가르치고 변화를 일으키는 영감을 주는 것이다. 하지만 내가 대학에서 변화를 가르칠 수 있다고는 한 번도 생각해 본 적이 없었다.

어느 날 경력 전환에 대한 조언을 구하기 위해 늘 내 멘토가 되어 준 제이를 찾아갔다. 그 자리에서 제이는 내가 평생 잊지 못할 질문을 했다. "그런데 알렉스, 정말로 하고 싶은 일이 뭐예요?"

나는 자리에서 몸을 살짝 꼬며 말했다. "전 정말로 가르치고 싶거든요. 하지만 교직에 계신 분들은 대부분 저보다 열 살은 많으시고……."

놀랍게도 제이는 내 말에 당황하지 않고 뭘 가르치고 싶냐고 바로 물었다.

"체인지메이커가 되는 방법이요." 자신 있게 말하는 내 목소리에는 망설임이나 두려움이 조금도 없었다.

"좋아요. 강의 계획서 작성해서 보여줘요. 그런 뒤에 다시 상의해 보죠." 제이는 이렇게 답했다.

내가 그린 구상에서 누군가 가능성을 보았다는 생각에 기분이 좋아진 채로 나는 제이와 악수를 하고 그의 사무실에서 나왔다. 그리고 즉시 휴대전화를 꺼내 '강의 계획서 작성하는 법'을 검색했다. 의욕은 넘쳤지만 나는 강의를 계획하려면 무엇부터 해야 하는지 전혀 몰랐다.

강의를 준비하면서 나는 그때까지 배운 모든 내용을, 특히 긍정적인 변화를 추구하는 내용을 곰곰이 되짚어 보았다. 내가 읽은 책, 내게 영감을 준 전 세계 사람들의 이야기, 물리학이나 음악처럼 다양한 분야에서 변화를 주도하는 방법에 대한 아이디어 등 모든 것이 강의 내용과 실습을 구성하는 데에 영향을 미쳤다. 이 수업을 통해 학생들이 자신의 에너지와 열정을 활용하고 개인과 조직과 사회 수준에서 긍정적인 변화를 일으킬 수 있는 실제 기술과 마인드셋을 갖출 수 있게 할 명확한 그림이 그려졌다.

나는 승리와 좌절과 통찰 등 나의 모든 경험을 안고 내가 강의할 교실 문 앞에 섰다. 그렇게 잠시 마음을 가다듬은 후 문을 열었고, 나는 눈앞에 펼쳐진 광경을 보고 눈물을 흘릴 뻔했다. 교실의 모든 좌석이 학생들로 꽉 찼을 뿐만 아니라 미처 자리를 확보하지 못한 학생들이 통로, 창턱, 옆 벽에 서서 자기 자리가 생기기를 바라고 있었다. 학생들은 학기당 6천 개가 넘는 강의 중에서 원하는 강의를 선택할 수 있는데, 체인지메이커 수업의 강의실이 미어터지는 광경을 보고 있자니 내 사명은 더욱 또렷해졌다. 나는 이 학생들이 리더뿐만 아니라 세상이 필요로 하는 체인지메이커가 될 수 있도록 온 노력을 쏟겠다고 다짐했다.

체인지메이커의 세상

캘리포니아주 앤털로프 밸리의 중학생들을 대상으로 최근에 강연을 한 일이 있다. 이 학교 교사인 앨리 베네데티Ally Benedetti가 학생들을 위해 마련한 체인지메이킹 프로젝트의 일환이었다.

강의 중 어느 여학생이 부드러운 말투로 심오한 의미를 담아 질문을 했다. "어떤 사람이 체인지메이커가 될 수 있나요?" 난 단호하게 답했다. "모두가 될 수 있지요!"

우리는 기업가, 기술자, 정치인 등 리더 역할을 하는 사람들이 체인지메이커라고 생각하는 경향이 있다. 그러나 나는 체인지메이커에 대한 정의를 의도적이며 대담하게 포괄적으로 내린다. 그리고 이 책 전체에 걸쳐 여러 유형의 체인지메이커를 소개하는 것으로 내 의도를 강화할 것이다. 이 책을 통해 내향인과 외향인, 과학자와 예술가, 원주민과 이민자, 남성, 여성, 논바이너리(자신의 성을 특별히 정의하지 않는 사람 ―편집자 주)

를 만나게 될 것이다. 어렸을 때부터 자신이 일으키고 싶은 변화를 알고 있었던 사람과 은퇴 후 인생 후반에야 자신의 사명을 결정한 사람도 만날 것이다. 부모, 자녀, 대학 졸업자, 고등학교 중퇴자 등도 만날 것이다. 이 책이 초점을 맞추는 것은 그런 다양한 사람들 모두에게서 체인지메이커로서의 가능성을 발견하고, 체인지메이커로 자신을 재정의하도록 돕는 것이다.

책에 실린 모든 이야기에 자기 모습이 반영되어 있다고 볼 수는 없을 것이다. 하지만 적어도 이야기 한 편과는 의미 있는 방식으로 연결되기를 바란다. 그렇게 당신이 되고 싶은 체인지메이커의 모습을 그려볼 수 있을 테니 말이다.

변화에 대해 이해하기

변화에 대처할 때 우리에게는 두 가지 선택이 주어진다. 하나는 고개를 푹 숙이고 어떻게든 반대편으로 온전히 옮겨지기를 바라는 것. 다른 하나는 변화에서 살아남는 수준을 넘어 적극적으로 변화를 활용하고, 형성하고, 주도하여 우리 자신과 공동체와 이 세상을 위한 새로운 기회를 창출하는 것이다. 체인지메이커는 후자, 즉 주체성, 영향력, 변화를 향하는 길을 선택한다.

이러한 능동적인 길을 의식적으로 선택하기 위해서는 먼저 변화 자체를 이해해야 한다. 변화가 편해지려면 오늘날 변화의 두 가지 핵심 측면을 알아볼 수 있어야 한다. 변화는 일어나는 중이라는 짐과 변화는 힘이 든다는 점이다.

세상이 점점 더 빠르게 변화하는 것처럼 느껴지는가? 맞는 말이다. 지난 600년 동안 굉장한 속도로 기술 성장이 이루어졌다.

독일 마인츠에서 요하네스 구텐베르크Johannes Gutenberg가 활자 인쇄술을 발명한 1445년과 망원경이 발명된 1608년 사이에는 150년이 넘는 시간이 흘렀다. 증기기관차가 발명되기까지는 90년이 더 지나야 했고 전신기에 이어 전구가 발명되기까지는 수십 년이 더 걸렸다.

수세기 전에는 이 정도 규모의 기술 혁신 하나만으로도 한 사람의 일생에 충분한 변화를 일으킬 수 있었다. 그러나 지금은 어떤가? 지난 5년만 보아도 놀라운 기술 발전이 있었다. 자율 주행 자동차나 유전자 편집, 인공 지능 등을 떠올려 보면 알 수 있다. 이 책이 여러분에게 전달될 즈음에는 세상을 바꾸는 발견이 더 일어났을 것이다.

이러한 빠른 기술 성장은 인텔의 공동 창립자인 고든 무어 Gordon Moore가 1965년에 주장한 무어의 법칙으로 설명할 수 있다. 무어는 마이크로칩의 트랜지스터 수가 2년마다 두 배로 증가하고 비용은 절반으로 줄어들 것으로 예측했다. 그렇게 컴퓨팅 성능은 기하급수적으로 발전할 것이고 기술 변화도 가속화될 것이라고 말이다.

무어의 법칙이 우리가 경험하는 변화의 가속화를 설명하고 있다면 마텍의 법칙Martec's law은 이를 보완해 그 가속화를 따라잡는 것이 왜 이토록 어려운지를 설명한다.[3] 마텍은 기술은 기하급수적으로, 즉 매우 빠르게 변화하는 반면, 조직의 변화는 대수적으로, 즉 시간이 지남에 따라 느리게 이루어진다고 말했다. 그의 말대로라면 시간이 지날수록 변화와 이에 대응하는 우리의 능력 사이의 격차는 점점 더 커진다.

마텍의 법칙에 깔린 기본 개념은 세상에 일어나는 변화와 개인, 리더, 공동체 구성원, 조직, 회사, 체제로서 변화에 보조를 맞출 수 있는 우리의 능력 사이에 점점 커지는 격차를 이해하는 데 도움을 준다. 이는 어쩌면 우리 인생이 걸린 거대한 과제라고 볼 수 있다.

실제로 세상은 그 어느 때보다 빠르게 변화하고 있다. 그리고 그 변화에 뒤처지지 않기란 점점 더 어려워지고 있다. 지금 같은 때야말로 체인지메이커가 필요한 때이다. 체인지메이커는 다른 사람들이 어려움만 보는 곳에서 기회를 볼 수 있는 능력을 갖춘 사람이기 때문이다.

변화는 일어나고 있다. 변화를 겪는 것은 어려운 일이다. 하지만 이 책에서 배우게 될 체인지메이커의 마인드셋, 리더십, 행동 기술을 확보한다면 변화를 따라잡을 수 있을 뿐만 아니라 변화를 형성하고 주도할 힘을 얻게 될 것이다.

이제 변화를 주도하는 길 위에 서서 의미 있는 첫걸음을 내디뎌보자.

체인지메이커로서의 여정

이 책은 내가 캘리포니아대학교 버클리 캠퍼스에서 강의한 수업과 동일한 구조를 따른다. 수업과 마찬가지로 이 책도 세 부분으로 나뉜다.

1부 '체인지메이커는 누구인가?'에서는 역할, 분야, 경력 수준에 상관없이 성공한 체인지메이커들이 가지고 있는 태도와 행동을 소개한다. 또 내가 체인지메이커 지수에 관해 수행한 연구를 바탕으로, 우리의 일과 삶에 체인지메이커 핵심 개념을 적용할 수 있도록 사회과학적 통찰을 나눈다. 이 부분에서는 '현재 상태에 의문 제기하기', '자신을 넘어서기'와 같은 원칙을 바탕으로 회복탄력성, 현명한 위험 감수, 공감, 호기심, 적응력과 같은 중요한 특성을 소개한다. 그리고 버클리 대학생들이 체인지메이커 마인드셋을 개발하고 적용하는 데 도움을 주고자 내가 직접 개발한 리더십 훈련 활동 중 일부를 처음으로 외부와 공유한다.

2부 '체인지메이커 리더의 탄생'에서는 세상이 필요로 하는 유형의 리더가 되기 위한 활동에 중점을 둔다. 권력 없이 영향력 행사하기, 네트워크를 통해 지도하기, 가상 세계에서 신뢰 구축하기 등 21세기의 핵심 리더십 기술을 바탕으로 변화 속에서도 비전을 제시하고 자신 있게 다른 사람들을 이끌 수 있는 방법을 제시한다. 나아가 체인지메이커 리더로서 자신만의 접근 방식을 새로 마련할 수 있도록 돕고 있다. 이 부분을 다 읽고 나면 혼자서 주어진 업무를 수행하는 개인 기여자에서 다른 사람들과 함께 최고의 성과를 내는 체인지메이커로, 리더가 아니더라도 리더가 될 수 있는 용기와 능력을 갖춘 사람으로 변화할 것이다.

3부 '체인지메이커의 행동 기술'에서는 마인드셋과 리더십 기술을 적용하여 아이디어를 행동으로 옮길 수 있도록 한다. 당신은 내가 개발한 체인지메이커 캔버스 방법론을 바탕으로 긍정적인 변화를 시작하고 실현하기 위한 자신만의 체인지메이커 도구를 구축할 수 있을 것이다. 또 예술가, 간호사, 엔지니어, 기업가 등 다양한 분야에 종사하는 체인지메이커의 이야기를 들으며 변화의 중요한 첫걸음을 내딛는 방법을 배우고 시간이 지나도 변화를 지속하는 데 필요한 핵심 통찰을 발견하게 될 것이다.

지금부터 체인지메이커로 향하는 여정을 시작하겠다. 당신 안에 숨어 있는 리더십 잠재력을 발견하고, 삶의 목적을 찾고, 사회에서 영향력을 발휘할 수 있도록 도울 기회가 내게 주어진 것에 깊은 감사를 드린다.

지금이 바로 변화를 주도할 순간이다. 지금이 바로 체인지메이커의 순간이다.

기억하라. 세상은 우리를 위해 그 어느 때보다 준비가 되어 있다.

1부
체인지메이커는 누구인가?

레슨 1   체인지메이커 마인드셋 가지기

레슨 2   체인지메이커의 눈으로 세상을 바라보기

레슨 3   체인지메이커는 겸손과 자신감을 갖춘 사람이다

2부
체인지메이커 리더의 탄생 。

3부
체인지메이커의 행동 기술

체인지메이커는 누구인가?

체인지메이커
마인드셋 가지기

해나는 뚱한 얼굴로 팔짱을 낀 채 교실에 앉아 있었다. 미소짓고 있는 학생들 사이에서 나를 쏘아보는 해나의 눈빛이 느껴졌다.

나는 해나에게 메일을 보내 수업에 관해 우려하는 부분이 있는지, 어떤 문제가 있는지 물었다. 학생들이 온갖 힘겨운 일들과 싸우고 있을 거라고는 짐작했지만 구체적으로 어떤 어려움을 겪고 있는지 전부 알지는 못했기 때문이다.

해나가 보내온 답장에 나는 놀랐다.

"전 정말로 체인지메이커가 되고 싶어요. 진심이에요. 하지만 가능할 거라는 생각이 들지 않아요. 제가 변화를 일으킬 수 있을 거란 희망을 잃었어요."

해나의 절망이 느껴졌다. 심지어 그 감정이 구체적으로 어떤 것
인지 알 수 있었다. 나는 마음이 털컥 가라앉았다. 하지만 이렇게
생각을 나눌 기회로 해나의 경험을 더 잘 이해할 수 있을 거라고,
어쩌면 해나가 다시 체인지메이커로서 자신을 정의할 수 있게 도
와줄 수 있을 거라고 보았다.

학생 면담 시간에 해나는 나를 찾아와 여름 인턴 활동을 하며
겪은 실망스러운 일에 대해 이야기해 주었다. 다양성 및 포용성
전략을 이끄는 활동이었는데 해나는 동료들과 직속 매니저의 지
원을 많이 받으며 활동을 추진하려는 열정으로 가득했었다고 했
다. 문제는 자꾸 해나의 노력을 저지하는 간부직이었다. 얼마나
열심히 활동하든 해나는 변화를 일으킬 수 없었다. 높은 벽에 부
딪힌 해나는 변화가 가능하다는 믿음을, 긍정적인 변화를 일으킬
수 있다는 믿음을 잃었다.

난 해나의 마음에 공감했다. 사실 나도 매우 비슷한 일을 겪은
적이 있었다. 나는 해나가 체인지메이커 마인드셋을 기를 수 있도
록, 해나가 자신과 자신을 둘러싼 세상을 바라보는 새로운 시각
을 키울 수 있도록 돕기로 했다.

체인지메이커 마인드셋

체인지메이커의 마인드셋은 당신이 어디에 열정을 쏟는지 혹은 어떤 분야에 깊이 빠져 있는지와는 상관없이 도움을 받을 수 있다. 사업가든 예술가든 과학자든 교사든 컴퓨터 프로그래머든 체인지메이커 마인드셋이 주는 이점을 누릴 수 있다.

내가 사람들에게 체인지메이커 마인드셋을 기르자고 설득하는 이유는 다음과 같다.

- 우리는 각자 내적 통제력에 기반해 마인드셋을 지배할 수 있는 놀라운 힘이 있다.
- 체인지메이커 마인드셋 기르기는 누구나 배우고 적용하고 이룰 수 있다. 나는 수감된 적이 있는 사람부터 대형 금융 기업 CEO에 이르기까지 다양한 사람들과 마인드셋 기르기를 해왔다. 물론 사람에 따라 접근한 방식은 달랐지만 모두 같은 결과를 얻었다.
- 이 변화는 결과가 아니라 과정이다. 손뼉을 치며 "그래, 좋아, 체인지메이커 마인드셋을 완료했어!"라고 외치는 순간을 맞이하려는 것이 아니다. 이는 체력 기르기와 비슷하다. 헬스장에 한두 번 간다고 얻을 수 있는 것이 아니라 규칙적인 훈련에 전념하는 것에 가깝다.
- 체인지메이커 마인드셋 기르기는 일과 삶을 동시에 충족하는 과정이다. 많은 사람이 일과 관련한 목표를 위해 체인지메이커 마인드

셋을 기르려고 하지만 마인드셋의 변화는 당신이 더 좋은 부모, 친구, 이웃의 역할을 할 수 있게 한다.

마인드셋은 '어느 사람이 지닌 확립된 태도의 종합'으로 단순하게 정의할 수 있다. 이 용어는 1990년대 후반부터 널리 사용되기 시작했다. 특히 스탠퍼드대학교 심리학자 캐롤 드웩Carol Dweck 덕에 더욱 유명해졌는데 드웩은 나중에 마인드셋을 성장 마인드셋과 고정 마인드셋으로 구분하는 영향력 있는 책을 내기도 했다.[4]

드웩에 따르면 고정 마인드셋은 지능이나 재능과 같은 한 사람의 기본 자질은 변하지 않으며 이미 결정된 특성이라고 믿는 것이다. 반면 성장 마인드셋은 한 사람의 능력은 헌신과 열의를 통해 개발할 수 있다고 본다. 성장 마인드셋이 있는 사람은 자신의 발전을 위해 배움을 받아들이고 회복력을 실천한다.

드웩은 누구나 고정 마인드셋과 성장 마인드셋을 동시에 갖출 수 있다고 말한다. 둘 중 하나를 택하는 문제가 아니라 살면서 때로는 고정 마인드셋을, 때로는 성장 마인드셋을 가져야 한다는 것이다.

고정 마인드셋이 있는 사람은 지능은 변하지 않는다고 믿어서 현재 똑똑해 보이고 싶은 마음이 강한 편이다. 성장 마인드셋이 있는 사람은 지능은 개발된다고 믿어서 배워서 능력을 향상시키려는 마음이 강하다. 두 마인드셋의 차이는 역경과 장애물을 바라보는 시각에서도 드러난다. 고정 마인드셋이 있는 사람은 무슨 일이 있더라도 역경을 피하려 할 것이다. 수학에 소질이 있다고 생각했는데 수학이 더는 쉽지 않은 단계에 이르렀다고 해보자. 고정 마인드셋이 있다면 수학을 포기하고 피하려 할 것이다. 자신에게 주어진 지능을 넘어서는 과제라고 여기기 때문이다. 하지만 성장 마인드셋이 있는 사람이라면 수학 문제를 풀 수 있을 때까지 버틸 것이다. 이 역경을 배우고 발전할 기회로 삼을 테니 말이다.

비판을 받을 때는 어떨까? 고정 마인드셋이 있는 사람은 대체로 비판을 무시하는 경향이 있다. 자기 정체성을 근본적으로 공격한다고 보기 때문이다. 그러나 성장 마인드셋이 있는 사람은 비판을 기꺼이 받아들이고 그로부터 배우려 한다. 자신이 시험을 치른 뒤 받은 피드백에 어떻게 반응하는지 생각해 보라. 마음을 아프게 하는 피드백을 무시하는가, 아니면 가혹한 내용이더라도 "좋아, 내가 맡은 분야에서 실력을 더욱 키울 좋은 기회야."라고 답하는가?

다른 이들의 성공에는 어떻게 반응할까? 고정 마인드셋이 있다면 다른 이들의 성공에 위협을 느낄 것이다. 성공을 누군가 이기면 나는 지는 제로섬 게임으로 보기 때문이다. 하지만 성장 마인드셋이 있다면 다른 이들의 성공에서 교훈과 영감을 얻을 것이다. 다른 이가 성공했다면 나 역시 앞으로 비슷하게 성공할 수 있다는 뜻이 될 테니 말이다.

성장 마인드셋은 일을 하는 데 중요한 기반이 되기는 하지만 성장 마인드셋을 가지고 있다는 것만으로는 체인지메이커 마인드셋을 갖출 수 없다. 레슨 1에서 체인지메이커 마인드셋의 주요 특성을 알아보고 이어지는 강의에서 어떻게 체인지메이커 마인드셋을 개발할 수 있는지 배워 보자.

평범한 사람에서 체인지메이커로

어맨다 고먼Amanda Gorman은 2021년 1월 20일 조 바이든Joe Biden 미국 대통령 취임식에서 자신의 시 「우리가 오르는 언덕」을 낭송하여 미국과 전 세계인들의 이목을 사로잡았다.[5] 시의 마지막 구절에 언급되는 빛의 은유를 통해 고먼은 당시의 순간과 더 큰 무언가에 관해 묘사했다. '빛을 바라보고 빛이 되는 용기를 구하라'는 감동적인 구절에서 나는 체인지메이커 마인드셋을 형성하는 필수 요소를 포착했고, 어려운 시기를 현명하게 건너기 위한 체인지메이커 마인드셋에 대해 고민하는 계기가 되었다.

고통과 절망에 맞닥뜨리면 우리는 본능적으로 희망을 잃게 된다. 하지만 더 나은 내일을 맞을 수 있다는 사실을 잊지 말아야 한다. 불평등과 불공정이 만연한 세상에서 우리는 반사적으로 무력감을 느끼곤 한다. 하지만 우리 안에는 원하는 변화를 일으킬 힘이 있다는 사실을 잊지 말아야 한다.

지금부터 더 밝은 미래로 나아가기 위한 체인지메이커 마인드셋의 세 가지 기본 구성 요소를 알아보자.

1. 늘 다른 방법은 존재한다

체인지메이커는 항상 다른 방법이 있다고 믿는다.

당신은 어떤 인터넷 브라우저를 사용하는가? 개인이 사용하는 브라우저를 보면 업무에서 성공할지 아닐지를 실제로 예측할 수 있다고 하면 믿겠는가? 말도 안 되는 소리 같지 않겠지만 인사 관리 소프트웨어 기업인 코너스톤 온디맨드Cornerstone OnDemand의 연구원들은 주목할 만한 놀라운 양상을 발견했다.

2015년 코너스톤 온디맨드에서는 고객 서비스 직군에서 근무하는 사람들에 대한 데이터를 분석하여 어떤 요인 때문에 특정 직원이 다른 직원보다 더 성공할 수 있었는지 파악하던 중, 성공과 직원이 선택한 브라우저 간에 통계적으로 유의미한 상관관계가 있다는 사실을 발견했다. 파이어폭스Firefox나 크롬Chrome을 사용하는 직원은 자기 직무에서 성공할 가능성이 더 높았으며 사파리Safari나 인터넷 익스플로러Internet Explorer를 사용하는 직원보다 직장에 오래 머무를 가능성이 15% 더 높았다.[6] 특정 브라우저를 사용하면 초능력이 생기거나 어떤 식으로든 업무 효율이 높아지는 것일까? 물론 아니다. 어떻게 마케팅을 하든 간에 각 브라우저가 인터넷에 접근하는 방식은 비슷하다. 하지만 한 가지 중요한 차이점이 있다. 파이어폭스와 크롬은 기본값으로 설치되어 있지 않다. 사용자가 의식해서 이 브라우저를 설치해야 한다. 주어진 브라우저보다 나은 브라우저가 있다고 믿고 그 브라우저가 무엇인지 찾도록 스스로를 격려해야 한다. 코너스톤은 더 나은 방법이 있다는 것을 확인하기 위해 *)써이 그런 조치를 취한 직원들이 업무를 더 잘 수행할 가능성과 직장에 더 오래 남을 가능성이 크다는 사실을 발견했다.

당시 코너스톤의 최고 분석 책임자였던 마이클 하우스먼Michael Housman은 괴짜 경제학 라디오Freakonomics Radio라는 팟캐스트 인터뷰에서 이렇게 말했다.

> "시간을 내서 컴퓨터에 파이어폭스를 설치했다는 것이 그 사람에 관해 무언가를 보여준다고 생각합니다. 기본값으로 설정돼 있지 않은 무언가를 하려고 적극적으로 선택했으니까요."[7]

체인지메이커의 마인드셋은 현재 상태는 정해져 있지 않으며 다른 길을 상상해도 된다는 것을 기억하는 데에서 시작된다.

2. 경계 위에 위치한다

체인지메이커는 경계 위에서 혁신한다. 기아, 물 접근성, 기후 변화, 인종 차별, 정치적 양극화 등 21세기에 해결해야 할 중대한 문제에 접근할 때, 문제가 속한 분야 안에서만 고민한다면 해결책을 찾지 못할 가능성이 높다. 체인지메이커 마인드셋은 세상을 바라보는 다양한 관점, 양식, 방식을 결합하여 변화를 일으킬 기회를 알아볼 수 있게 한다. 체인지메이커 마인드셋은 한 분야가 끝나고 다른 분야가 시작되는 지점을 파악하고 그 경계에서 기회를 찾는다.

인도의 생리대 제조 기업인 사티Saathi의 공동 설립자들은 보건과 환경의 교차점에서 변화의 기회를 찾고 있다. 이들은 인도 여성 대다수가 생리대를 구할 수 없다는 문제와 기존 생리대는 환경에 악영향을 미친다는 문제를 동시에 해결하고자 했다. 사티는 바나나 나무줄기에서 수확한 바나나 섬유로 새로운 유형의 생리대를 개발했는데, 이는 플라스틱과 표백된 목재 펄프로 생산된 대부분의 생리대에 비해 훨씬 더 친환경적이다. 사티 생리대는 화학물질을 사용하지 않고, 비용 효율성이 높으며, 사티의 본사가 위치한 인도 구자라트 지역 주민들이 널리 사용할 수 있을 뿐만 아니라 분해되는 데 500년 이상 걸리는 기존 생리대와는 달리 6개월 이내에 자연적으로 분해된다는 이점도 있다.

여성의 건강과 지속 가능성이라는 두 가지 관점을 동시에 적용하여 사티는 두 가지 과제를 한 번에 해결할 수 있었다. 사티의 공동 설립자인 크리스틴 카게츠Kristin Kagetsu는 인도의 창업 전문 매체인 유어스토리YourStory와의 인터뷰에서 혁신이 어떤 분야의 경계에서 일어나야 하는 이유를 이렇게 설명했다. "단순히 저렴한 생리대는 제조부터 폐기까지 과정을 진지하게 고려하지 않았을 때 나오는 결과입니다. 일회용 제품을 만들려면 그 제품이 어떻게 사용되고 환경에 어떤 영향을 미치는지 신경 써야 해요. 그렇게 하지 않으면 다른 생리대 제조사와 다를 게 없을 테니까요."[8] 사티는 서로 다른 마인드셋을 받아들여 새로운 가능성이 창출되는 분야 간 흐릿한 경계를 포용했다. 물론 기존의 틀에서 전통적인 방식으로 생각했다고 해도 여전히 나쁘지 않은 제품을 만들 수 있었을 것이다. 하지만 사티는 다양한 시각에서 접근하여 경계에서 혁신함으로써 강력한 변화를 일으켰다.

3. 희망을 학습한다

체인지메이커는 본질적으로 희망을 품고 있다. 변화를 일으킨다는 것은 낙관적으로 행동하는 것을 뜻하지만 체인지메이커는 희망만으로 움직이지 않는다. 체인지메이커의 행동에는 희망과 목적이 있는 활동이 결합해 있다. 작가 리베카 솔닛Rebecca Solnit이 설명한 것처럼 "희망은 소파에 앉아 행운이 올 것 같다고 느끼며 움켜쥐고 있는 복권이 아니다. 희망은 비상시에 문을 부술 수 있는 도끼다."[9]

비관주의와 낙관주의라는 전통적인 이분법적 의미에서 낙관주의를 말하는 것이 아니다. 학습된 무력감에 대한 대안으로 내가 '학습된 희망'이라고 부르는 체인지메이커의 마인드셋을 제시하는 것이다. 체인지메이커로서 세상을 바라보고 세상을 위해 행동함으로써 우리는 어려움을 겪을 때도, 힘겨워할 때도 희망의 촛불을 계속 밝힐 수 있다는 것을 배운다.

'학습된 낙관주의'는 낙관주의의 응용편이라고 볼 수 있다. 긍정 심리학 분야의 창시자인 펜실베이니아대학교 교수 마틴 셀리그만Martin Seligman이 개발한 학습된 낙관주의는 새로운 방식으로 좌절에 대처하는 방법을 가르쳐준다. 내 수업을 들은 해나가 겪은 것처럼 변화를 주도하기는 어렵고 좌절은 피할 수 없다. 학습된 낙관주의는 이렇게 일이 뜻대로 풀리지 않을 때에도 희망을 잃지 않고 계속 행동할 수 있게 하는 마인드셋의 강력한 특징이다.

많은 체인지메이커들은 좌절, 심지어 비극도 자신을 불태우는 불꽃이 될 수 있다는 것을 안다. 체인지메이커 마인드셋은 어떤 일이 일어나든 긍정적인 선택을 할 수 있다고 알려준다. 좌절이나 고통 속에서도 희망을 선택하는 것이 가능하다고 말이다.

다다라오 빌호레Dadarao Bilhore라는 학습된 희망을 실천하는 사람이 있다. 그의 아들은 비극적이게도 2015년 인도 뭄바이에서 오토바이를 타고 달리다가 크게 다쳐 사망했다. 폭우 때문에 길이 움푹 패인 것을 보지 못했고 치명적인 사고가 일어난 것이다. 빌호레는 상상할 수 없는 절망에 빠졌을 것이다. 하지만 빌호레는 의식적으로 희망을 선택했고 그 희망을 행동으로 옮겼다. 그는 사고 이후 뭄바이 전역에 움푹 파인 도로를 메우는 데 평생을 바쳤다. 빌호레는 수백 개의 구멍을 직접 메웠을 뿐만 아니라 많은 이들이 그의 사명에 동참하도록 독려하기도 했다.[10] 크나큰 상실을 겪은 후 희망을 잃지 않는 것은 쉽지 않았겠지만 빌호레는 체인지메이커 마인드셋을 가지고 있으면 어떤 일을 해낼 수 있는지를 증명했다. 그는 그렇게 도로에 난 구멍을 메움으로써 아들의 죽음이 헛되지 않도록, 수백 명의 다른 부모가 자신과 같은 고통을 겪지 않도록 만들었다.

학습된 낙관주의Learned Optimism

마틴 셀리그만은 1991년에 출간된 책 『학습된 낙관주의(한국에서는 21세기북스에서 2008년에 번역서를 출간했다. −역자 주)』에서 역경을 잘 극복하기 위한 방법으로 학습된 낙관주의를 제시한다. 그가 주장한 학습된 낙관주의의 세 가지 요소 영속성, 만연성, 개인화[11]에 대해 살펴보고 조직에 변화를 일으키려다가 좌절한 해나가 어떻게 이 요소들을 적용했는지 확인해 보자.

- **영속성**permanence: 좌절을 경험할 때 이 상황은 일시적이라고 여기는가, 아니면 영구적인 원인이 낸 결과라고 생각하는가? 해나는 변화를 일으킬 전략을 시도했으나 실패했기 때문에 더 이상 어떤 변화도 가능하지 않다고 믿게 되었다. 하지만 좌절을 일시적인 것으로 간주한다면 우리는 변화를 주도하는 과정에서 마주하게 되는 장애물은 피할 수 없는 부분이라고 인식하는 마인드셋을 구축할 수 있다. 학습된 낙관주의자들은 좌절을 두려워하기보다는 변화 과정에서 필수적인 요소라고 생각한다.
- **만연성**pervasiveness: 나쁜 사건은 칸으로 막아 분리해 두고 좋은 사건은 퍼뜨리는 편인가, 아니면 그 반대가? 학습된 낙관주의자는 부정적인 일을 경험하더라도 이를 일과 삶의 다른 측면으로부터 분리한다. 마찬가지로 좋은 일이 생기면 그 빛이 자신의 다른 측면으로도 스며들게 한다. 미세한 차이지만 부정적인 감정을 전부 부정하거나 최소화하는 해로운 긍정성도 조심해야 한다. 학습된 낙관주의는 부정적인 사건이 발생하면 이를 온전히 수용하는 동시에 변화의 촉매제로 여기도록 한다. 해나는 좌절스러운 경험이 공부를 포함한 자기 삶의 다른 부분까지 완전히 장악하자 만연성 때문에 힘들어했다.

하지만 일을 하며 겪은 부정적인 사건 때문에 생긴 실망감을 분리할 수 있게 되자 해나는 첫 좌절에서 의미와 성장을 발견할 수 있었다.

- **개인화**personalization: 책임을 내면으로 돌리는가 아니면 외부 탓을 하는가? 책임 회피에 대한 이야기가 아니다. 최선을 다했음에도 불구하고 때로는 통제할 수 없는 여러 힘이 작용하는 복잡한 시스템 속에서 일하고 있다는 것을 인정하자는 것이다. 해나가 정말 힘들어했던 부분이 바로 이것이다. 해나는 변화를 이루어내지 못한 것은 자기 잘못이며 따라서 자신은 체인지메이커라 불릴 자격이 없다고 생각했다. 실제로 변화는 분명 가능했지만, 해나는 여러 가지 제도적 문제와 싸워야 했다. 해나는 권력 구조에서 가장 낮은 인턴이었다. 일을 한 지 두어 달밖에 되지 않은 해나가 제안한 아이디어에 고위 경영진이 관심을 보일 가능성은 낮았다. 이 외에도 성차별이나 짜증 내는 상사 등 해나가 겪어야 했던 다른 문제가 있었을지도 모른다. 그렇다고 다른 방법을 시도하지 못하거나 결국 변화를 일으킬 방법을 발견할 수 없을까? 학습된 낙관주의는 최선을 다해도 때로는 좌절을 경험할 수 있다는 사실을 일깨워 준다. 체인지메이커 마인드셋의 핵심은 좌절을 재구성할 선택권이 우리에게 있다는 사실을 기억하는 것이다. 좌절을 경험했다고 우리 성격에 결함이 있다는 뜻은 아니다. 오히려 좌절은 배우고 다시 시도하는 용기를 내게 해주는, 변화를 일으키기 위한 용기를 북돋우는 피드백이다.

체인지메이커의 3가지 무기

체인지메이커가 경력과 영향력을 가속할 수 있는 세 가지 방법이 있다.

첫째는 스스로 체인지메이커가 되는 것이다.

둘째는 주변에 체인지메이커를 두는 것이다. 체인지메이커 리더십 부분(레슨 8 내용 참고)에서 동료 체인지메이커를 알아보는 법, 이들과 협력하는 법, 자신의 체인지메이커 여정에 동참하도록 이들에게 영감을 주는 법을 다룰 예정이다.

세 번째이자 가장 선구적인 방법은 주변 사람들이 체인지메이커가 될 수 있도록 돕는 것이다. 이는 공식적으로, 또는 비공식적으로 할 수 있다.

공식적인 방법을 실천한 사람의 예로 비영리단체인 코드2040Code2040의 공동 설립자 로라 와이드먼 파워스Laura Weidman Powers를 들 수 있다. 2012년에 설립된 코드2040의 목표는 유색인종 컴퓨터 프로그래머를 양성해 인종 간 부의 격차를 줄이는 것이다. 코드2040은 결과적으로 기술 분야에서 가장 큰 인종 평등 공동체를 구축했다.

많은 유사한 프로그램이 참가자들에게 코딩을 가르치는 데 초점을 맞추지만 와이드먼은 다르게 생각했다. 그는 코딩을 배우면서 가면 증후군 극복하기, 자신감과 용기 키우기, 다른 리더들과 관계 맺기 등 체인지메이커 마인드셋을 습득할 수 있도록 프로그램을 구성했다. "리더십은 결과가 아니라 자신을 넘어서는 무언가를 성취하기 위한 수단입니다."라고 와이드먼은 말한다.[12] 그의 말대로 리더십은 많은 사람에게 영감을 주고, 체인지메이커가 될 수 있는 역량을 갖추게 함으로써 체이지메이커 한 사람으로는 상상할 수 없는 변화를 일으킬 수 있는 힘을 준다.

내 멘토 중 한 명인 핼로런 자선 재단Halloran Philanthropies의 전회장 토니 카Tony Carr는 비공식적으로 체인지메이킹을 구현했다. 카는 병원 경영자, 혁신적인 임팩트 투자자 등의 경력을 가지고 있지만 평생의 업은 체인지메이커를 지원하는 일이라고 생각하는 사람이다. 스스로도 진정한 체인지메이커인 그는 대부분의 경우 정해진 방식을 따르지 않는다. 내가 보낸 이메일을 받은 카는 보통 이럴 때 이메일로 회신하는 방식을 거부하고 바로 전화를 걸어왔다!(내가 이메일 전송 버튼을 누른 후 10초 만에 일어난 일이다 보니 내 이메일을 다 읽었을 리가 없다.) 우리는 한 번도 만난 적이 없었지만 카는 내게 자기가 있는 프레즈노에 와서 학생들에게 체인지메이킹에 대한 강연을 해달라고, 그리고 학교 교장이자 자기가 가장 좋아하는 체인지메이커인 친구와 함께 점심을 먹자고 제안했다. 다른 일정이 있었지만 나는 그 자리에서 즉흥적으로 승낙했고 이틀 후 네 시간이나 운전해 그를 만나러 갔다. 이후 그는 내게 이메일을 보내고 전화를 걸어와 내가 계속해서 변화하고 있는지, 필요한 것이 있는지 등을 꾸준히 확인한다. 그리고 같은 방식으로 수십 명의 체인지메이커를 지원하고 있다. 그는 자신의 인맥, 창의적인 두뇌, 무한한 영감의 원천을 우리에게 열어준다.

다시 해나의 이야기로 돌아가 보자. 여전히 체인지메이커가 되는 것에 회의적인 해나에게 나는 자신에게 영감을 준 사람을 떠올려 보는 '금주의 체인지메이커' 과제를 냈다. 변화는 가능하나는 사실을 상기시켜 주기 위해서였다. 다른 사람의 성공을 위해서는 반드시 자기가 희생해야 한다는 해나의 고정 마인드셋에 도전하는 과제였다.

수업 시간에 해나는 나를 포함해 나머지 학생들은 전혀 모르는 인물에 관한 발표를 했다. 해나는 유명세가 아니라 회복탄력성과 과거의 트라우마를 견뎌낸 능력(특히 해나가 공감하는 부분이었다.) 때문에 그 인물을 선택했다. 해나의 발표는 나를 포함한 수업 참가자 모두에게 깊은 인상과 영감을 주었고, 나는 과제에 높은 점수를 매겼다.

내가 해나에게 준 점수는 충분했을까? 사실 체인지메이커 발표 과제에 점수를 매기는 것은 불가능하다. 실제 영향은 나중에 나타나는 경우도 많기 때문이다. 해나의 경우도 마찬가지였는데 해나의 발표가 자신에게 얼마나 큰 영감을 주었는지 구체적으로 적은 메모를 나에게 준 학생이 있었다. 이 학생 또한 체인지메이커로 살아가기 위해 노력하고 있었다. 이 학생은 해나의 리더십이 자기가 구현하고자 하는 체인지메이커의 유형이라고 보았다.

나는 메모를 해나에게 보여주었다. 해나는 이렇게 답했다. "무슨 말을 해야 할지 모르겠어요. 믿을 수 없을 정도로 성취감이 느껴지네요. 다른 사람이 저를 체인지메이커로 보고 제가 한 일에서 영감을 얻었다니 믿기지 않아요. 정말 감동했어요."

그 순간 해나는 모든 저항과 자신을 한계 짓는 기준과 의심, 절망을 극복하고 자신이 놀라운 일을 해냈다는 사실을 깨달았다. 자기가 실제로 체인지메이커 마인드셋을 가지고 있으며 그 누구도 빼앗을 수 없다는 것을 스스로 증명한 것이다. 바로 그 순간 해나는 체인지메이커가 되었다.

금주의 체인지메이커 과제

체인지메이커가 되는 길 수업에서 내가 가장 좋아하는 과제는 '금주의 체인지메이커'이다. 학생들은 각자가 영감을 받는 인물을 선정하고 그 인물이 왜 체인지메이커인지 수업 시간에 설득력 있게 발표한다. 누구를 선택할지는 전적으로 학생들에게 달렸다. 체인지메이커가 유명할 수도 있고 소수만 아는 사람일 수도 있다. 살아 있는 사람인지 죽은 사람인지, 어느 분야에서 어떤 역할로 변화를 주도하는지도 상관없다. 체인지메이커에 관한 어떤 이야기를 들려줄지, 수업에서 배운 체인지메이커의 특징, 특성, 개념을 이 인물이 어떻게 구현하는지를 보여주는 것은 학생의 몫이다.

내가 이 과제를 좋아하는 이유는 학생들이 수십 명의 체인지메이커를 알게 되고 개인이 긍정적인 변화를 주도하는 다양한 방식을 볼 수 있기 때문이다. 만약 당신이 이 수업을 수강 중인데 가장 좋아하는 체인지메이커에 대해 발표하는 과제를 받았다고 상상해 보자. 누구를 택하겠는가? 그 사람의 어떤 마인드셋, 리더십 또는 행동이 그 사람을 체인지메이커로 만들었다고 생각하는가? 책을 읽으면서 그 사람을 자주 떠올리길 바란다 그가 체인지메이커의 개념을 구현하는지, 구현한다면 어떻게 하는지 고려해 보길 바란다.

학생들에게 제안하는 추가 점수 과제도 있다. 선택한 인물이 체인지메이기인 이유에 관해 숙고했다면 그의 소셜 미디어, 이메일 또는 다른 연락처를 통해 연락하는 것이다. 그 사람이 왜 체인지메이커라고 생각하는지 당사자에게 말해주는 것은 큰 칭찬이 되며, 당신에게는 영감을 주는 사람과 관계를 맺게 되는 완벽한 시작점이 될 것이다. 취업 제안, 정기적인 전화 통화, 장기 멘토링 관계 모두 이 추가 점수 과제에서 비롯되었다. 처음에는 꺼려질 수도 있다.(그렇다면 이 책을 계속 읽어 보길 바란다. 다음 장에서 현명한 위험을 감수하는 데 유용한 기반를 쌓게 될 것이다.) 체인지메이커로부터 응답을 받지 못하더라도 최소한 그 사람에게 마법 같은 기분을 전할 수 있을 지도 모른다. 자기가 다른 사람의 체인지메이커 여정에 변화를 일으켰다는 사실을 알게 되었을 때 해나가 느꼈던 기분을 말이다.

나는 체인지메이커인가?

나는 데이터와 관찰에 의거한 전통적인 비즈니스 세계와 학계에 속해 있는 사람이다. 그래서 체인지메이커 활동 초반부터 일화를 바탕으로 하는 주관적인 연구가 아닌 검증 가능한 데이터에 의존해 연구하고 결과를 측정하는 것이 중요하다고 믿어 왔다. 데이터에 중점을 두는 많은 리더들이 말하는 것처럼 나 역시 '측정할 수 없는 것은 관리할 수 없다.'고 생각한다.

내가 체인지메이커에 대한 연구를 본격적으로 시작하기 전까지 체인지메이커에 대해 제대로 연구한 결과는 없었다. 따라서

2019년 초에 나는 체인지메이커를 가장 잘 연구할 수 있는 방법에 대해 고민할 수밖에 없었다.

때로는 가장 적절한 시기에 필요한 사람이 인생에 나타나기도 하는데 싱가포르에 본사를 둔 컨설팅 회사인 이든 전략 연구소Eden Strategy Institute의 파트너 캘빈 추 이 밍Calvin Chu Yee Ming과의 예기치 않은 만남도 그런 경우였다. 캘빈이 내가 있는 곳 근처에 볼일이 있어 24시간만 머무는 동안 갑자기 커피 한 잔 마시자고 연락을 해왔다. 대화를 나누면서 우리는 새로운 리더를 키우는 동시에 성과를 측정하는 것의 중요성에 대해 공감했고 체인지메이커를 성장시킬 수 있는 독특한 환경에서 어떻게 그 두 가지를 이룰 수 있을지 브레인스토밍했다.

나는 바로 그 자리에서 캘빈의 팀과 협력하기로 했다. 그리고 캘빈의 동료인 제시카 칼립Jessica Kalip, 칼리스타 토니Callysta Thony, 앤절린 시아Angeline Seah와 함께 체인지메이커 지수를 만들었다.

우리는 무언가를 증명하려 한다기보다 "누구나 체인지메이커가 되는 것이 가능할까?"라는 단순 명료한 질문에 답하는 열린 마음으로 이 연구에 임했다. 그리고 "그렇다! 누구나 체인지메이커가 되는 것은 가능하다."고 확실하게 말할 수 있게 되었다. 우리는 이를 증명하는 데이터와 체인지메이커가 되기 위한 단계를 추적하는 데이터도 갖고 있다.

아직도 체인지메이킹이라는 분야와 접근법이 애매하다고 느끼는 이들을 위해 연구 결과를 싣는다. 누구나 체인지메이커가 될 수 있을 뿐만 아니라 그 과정을 측정할 수 있고 정량화할 수 있다는 내 주장의 충분한 증거가 될 것이다.

평가 기준

체인지메이커 지수는 자기 평가 도구이다. 주요 측정 항목은 태도, 행동, 상황인데 참가자는 학기 초 첫 수업 시작 전, 학기 말, 마지막 수업 후, 그리고 이후 일 년마다 지수를 산출한다.

나는 이 지수를 활용해 수업이 진행되는 동안 개인이 체인지메이커로서 어떻게 발전하는지, 그리고 이후로는 체인지메이커로서의 능력을 어떻게 유지하고 심지어 향상하는지를 측정하고자 했다. 수업 완료 후 매년 측정하는 지수를 통해서는 구직이나 이직, 승진, 가족 꾸리기 등과 같은 인생의 변환점과 연결되는 부분을 살피고 의미 있는 변곡점을 찾았다.

이 지수는 체인지메이커로서 개인의 발전을 측정하는 25개의 정량적 질문으로 이루어져 있다. 개인은 인구통계학적 정보와 정성적 응답을 제공하여 자신이 인지하는 발전 정도와 계속해서 실력을 개발하기 위해 현재 필요한 사항에 대해 공유한다. 지수를 구성하는 다섯 가지 영역은 다음과 같다.

1. **체인지메이커 인식**: 참가자가 자기 삶과 업무에서 체인지메이커 개념을 인지하고 있는지 여부, 체인지메이커의 강점, 성장 영역 및 영향을 미칠 수 있는 기회에 대해 잘 알고 있는지 인

식 수준을 측정한다.

2. **체인지메이커 마인드셋**: 참가자가 역동적이고 빠르게 변화하는 환경을 탐색할 수 있는 정도와 주변에서 새로운 변화의 기회를 얼마나 쉽게 파악할 수 있는지를 측정한다.

3. **체인지메이커 리더십**: 참가자의 직책이나 공식적인 권한에 관계없이, 스스로 변화에 대한 비전을 개발하고 타인으로 하여금 참가자의 비전에 동참하도록 하거나 관심을 가지게 할 수 있는 정도를 측정한다.

4. **체인지메이커 행동**: 참가자가 아이디어를 행동으로 옮기는 중요한 첫 단계를 얼마나 잘 수행할 수 있는지, 아이디어를 성장시키고 확장할 수 있는지, 그 방법을 개념화할 수 있는지 측정한다.

5. **체인지메이커 효과**: 참가자가 앞의 네 가지 영역을 실천하여 지속 가능한 변화를 이끌거나 촉진할 수 있는지, 불가피한 차질을 견뎌낼 수 있는지 그 정도를 측정한다.

결과

체인지메이커 지수 측정 결과는 나조차도 놀라게 했다. 수업마다, 모든 차원에서, 학생들이 보인 성장은 통계적으로 유의미한 수준이었다. 체인지메이커 성장 과정 중에 간혹 제자리걸음을 보이는 학생도 있었지만 집단 수준에서 본다면 데이터는 탄탄하고 명확했다. 빠르게는 단 몇 주 만에 체인지메이커가 되는 것도 가능했다. 뿐만 아니라 연령, 성별, 인종과 같은 변수를 통제한 결과 이 지수는 누구나 통계적으로 유의미한 수준으로 체인지메이커가 될 수 있다는 결론을 도출해냈다.

49쪽의 [그래프 1]과 [표 1]은 체인지메이커 지수를 적용하기 시작한 이후 축적된 데이터이다. 이 데이터는 다섯 가지 체인지메이커 영역으로 나뉜다. 영역별 평균 점수는 수강생이 수업을 듣기 전과 수업을 들은 후 측정한 것이다.

2019년부터 2021년까지 총 619명의 참가자를 대상으로 한 모든 학생 집단에서 흥미로운 점이 몇 가지 발견되었다.

- 학생들이 수강하기 전 기준 평가에서 가장 낮은 점수를 받은 영역은 체인지메이커 효과 영역이다. 이는 당연한 결과다. 내 수업에는 체인지메이커가 되고자 하는 열망은 있지만 보통 체인지메이커의 여정을 시작하는 단계에 있는 학생들이 많기 때문이다.
- 수업 전후 조사에서 가장 큰 변화가 측정된 것은 체인지메이커 효과 영역이었다. 그러나 체인지메이커 행동 영역도 크게 뒤지지 않았다. 수업 전에는 '나는 아이디어를 행동으로 옮길 수 있다는 자신감이 있다.'라는 항목에 대한 응답이 모든 항목 중 가장 낮은 평균 점수(3.55/5)를 기록했다. 이 수치는 수업 후 조사에서 20% 이상으로 크게 상승해 체인지메이커로서의 효과는 아이디어를 행동으로 옮기는 능력과 밀접한

| 1부 | 체인지메이커는 누구인가?

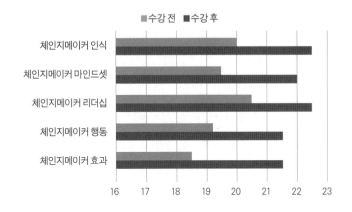

[그래프 1] 영역별 체인지메이커 지수 평균 점수(25점 만점)

■수강 전 ■수강 후

체인지메이커 인식

체인지메이커 마인드셋

체인지메이커 리더십

체인지메이커 행동

체인지메이커 효과

16 17 18 19 20 21 22 23

[표 1] 영역별 체인지메이커 지수 평균 점수(5점 만점)

체인지메이커 영역	수강 전 질문 당 평균 점수	수강 후 질문 당 평균 점수	수강 전 표준 편차	수강 후 표준 편차
체인지메이커 인식*	3.99	4.51	0.80	0.69
체인지메이커 마인드셋*	3.93	4.38	0.84	0.70
체인지메이커 리더십*	4.10	4.48	0.78	0.69
체인지메이커 행동*	3.82	4.37	0.91	0.71
체인지메이커 효과*	3.73	4.27	0.99	0.84

* 통계적으로 유의미한 평균 차이는 $p < .05$임.

관련이 있음을 드러낸다.

- MBA 학생들(평균 연령 28세)은 전체 지수에서 수강 전과 수강 후 점수가 학부 신입생과 비슷했고 거의 동일한 비율로 향상된 결과를 보였다. 예외가 있었는데 리더십 영역이다. MBA 학생들은 수강 전에도 자신을 리더로 여기는 정도가 학부 신입생들보다 훨씬 높았다. 하지만 수강 후에는 두 학생 집단 모두 권력 없이 영향력을 행사하는 능력이 비슷한 정도로 눈에 띄게 향상되었다. MBA 학생들은 역동적인 환경에서 탐색하고 성공하는 능력이 가장 향상되었는데, 이는 이전 업무 경험과 수업에서 배운 내용을 역동적이고 빠르게 변화하는 자신의 전문 업무 환경에 바로 적용할 수 있는 능력이 반영된 결과일 것이다.

- 가장 크게 성장한 단일 항목은 체인지메이커가 될 수 있는 실질적인 기회에 대한 학생들의 인식이다.(23.92% 증가) 당신도 이 책을 읽고 같은 효과를 얻길 바란다. 원하는 변화의 폭이 크든 작든 이 책에 담긴 사례와 이야기와 조언을 다 읽고 나면 유능한 체인지메이커가 되는 데 필요한 인식과 영감을 얻을 수 있을 것이다.

체인지메이커 평가

이 책을 펼친 당신은 이제 체인지메이커 공동체의 일원이 되었다! 체인지메이커 여정을 시작하면서 체인지메이커 지수를 직접 측정하고 싶다면 내 수업을 듣는 학생들이 사용하는 것과 동일한 평가지를 웹사이트 changemaker.us/index에 올려두었으니 활용하길 바란다.

다음 페이지에 평가지를 10개 문항으로 간략히 줄인 축약본을 싣는다. 각 문항을 읽고 1(매우 동의하지 않음)부터 5(매우 동의함) 사이 숫자로 솔직하게 답하라.

체인지메이커 지수 평가지(축약본)						
체인지 메이커 영역	질문		점수			
인식	1. 나는 스스로를 체인지메이커라고 생각한다.	1	2	3	4	5
	2. 나는 내가 체인지메이커라고 여기는 사람들을 개인적으로 알고 있다.	1	2	3	4	5
마인드셋	3. 나는 익숙한 곳을 벗어나 위험을 현명하게 감수 한다.	1	2	3	4	5
	4. 나는 좌절을 성장의 기회로 재구성한다.	1	2	3	4	5
리더십	5. 나는 주변 사람들이 자신을 드러내고 새로운 것 을 시도할 수 있는 안전한 환경을 조성한다.	1	2	3	4	5
	6. 나는 공식적인 권한 없이도 다른 사람에게 효과 적으로 영향을 미칠 수 있다.	1	2	3	4	5
행동	7. 나는 작은 변화가 어떻게 더 크고 체계적인 변화 로 이어질 수 있는지 알고 있다.	1	2	3	4	5
	8. 나는 아이디어를 행동으로 옮길 수 있다는 자신 감이 있다.	1	2	3	4	5
효과	9. 나는 현재 어떤 식으로든 긍정적인 변화를 가져 오는 전략을 이끌고 있다.	1	2	3	4	5
	10. 나는 다른 사람들이 체인지메이커가 되도록 돕 는다.	1	2	3	4	5

| 1부 | 체인지메이커는 누구인가?

이어질 4개의 장은 체인지메이커 마인드셋의 중요한 원칙을 담고 있다. 나는 가치가 지닌 의미만이 아니라 원칙 그 자체를 중요하게 생각한다. 그래서 1부에서 다루는 내용은 체인지메이커가 되기로 결심한 당신에게 특히 더 중요하다.

- '체인지메이커의 눈으로 세상을 바라보기'에서는 호기심과 현명한 위험 감수 같은 체인지메이커 마인드셋의 특성을 다룬다.
- '체인지메이커는 겸손과 자신감을 갖춘 사람이다'에서는 일과 삶에 겸손, 신뢰, 협업을 도입하는 방법을 배운다.
- '체인지메이커는 나를 넘어서는 사람이다'에서는 체인지메이커가 목표를 추구하기 위해 업무 능력, 윤리, 비전, 장기적인 사고를 발휘하는 방법을 살펴본다.
- '체인지메이커는 유연한 사람이다'에서는 여덟 살이든 여든 살이든 호기심을 잃지 않도록 적응력, 유연성, 공감 능력을 개발하는 방법을 배운다.

1부를 통해 여러분은 체인지메이커가 되는 길 수업을 경험하게 될 것이며, 해나처럼 어디서든 체인지메이커 마인드셋을 적용할 준비를 마칠 수 있을 것이다.

체인지메이커의 길을 선택하기

레슨 1 요약

- 체인지메이커의 마인드셋은 주변의 변화에 어떻게 대응할지에 대한 선택권이 우리에게 있다는 사실을 기억하고 의식적으로 선택하는 것에서 시작한다.
- 다다라오 빌호레처럼 슬픔을 딛고 긍정적인 변화를 일으키거나 해나처럼 고정된 마인드셋에 맞서거나 로라 와이드먼 파워스처럼 다른 사람들이 체인지메이커가 되도록 영감을 주는 등 우리는 모두 체인지메이커 마인드셋을 실천하고 발전시킬 수 있다.
- 체인지메이커 지수는 우리의 배경, 경험, 성격, 경력, 직책에 관계없이 우리 모두가 체인지메이커가 될 수 있다는 실증적 증거와 자신감을 제공한다.

도전 과제

- 앞으로 이 책을 읽으면서 몇 주에 걸쳐 얼마나 체인지메이커로서 성장할지 궁금하다면 지금 changemaker.us/index에 접속해 체인지메이커 지수 설문조사에 참여하길 바란다!

체인지메이커의 눈으로
세상을 바라보기

브라이언 스티븐슨Bryan Stevenson은 흔한 하버드 로스쿨 졸업생이 아니었다.

델라웨어의 가난한 시골 마을에서 자란 스티븐슨은 로스쿨에 입학하기 전까지 변호사를 만나본 적도 없었다. 모든 사람을 위해, 특히 우리 사회에서 소외된 사람들을 위해 정의를 실현해야 한다는 그의 신념은 그를 법조인의 길로 이끌었다. 그는 "인권과 평등한 정의에 대한 소명을 느껴 법조인이 되었습니다."[13]라고 말했다.

스티븐슨은 로스쿨 동기들과 대화하며 의문을 가지게 된다. 그는 "로스쿨에서는 가난한 사람들을 돕거나 소외된 사람들을 위한 정의를 실현하는 것 같은 문제와는 매우 동떨어진 대화가 오가고 있었습니다."[14]라고 당시를 회상했다.

졸업 후에도 그는 학위로 무슨 일을 할지 결정하지 못했다. 하지만 자신이 습득한 세계적 수준의 법률 지식을 단지 기존 질서를 유지하는 데에 사용하지는 않겠다는 다짐만은 분명했다.

"내게 법정은 변화를 생각하게 해주는 아주 매력적인 토론장입니다. 그리고 여전히 개혁이 이루어지는 강력한 공간이죠." 그의 생각은 로스쿨 시절 초반, 남부 인권 센터에서 일했던 경험으로부터 기인했다. 그곳에서 그는 법률적 도움이 절실한 사람들을 만나고, 법률 시스템이 가난한 사람들과 유색인종에 대해 얼마나 강한 편견을 가지고 있는지 목격했다. 이 경험을 통해 스티븐슨은 작은 마을에서 자란 자신의 성장 과정을 돌아보게 되었다. "세상에는 균열이 있는데 그 균열의 한쪽에서 자란 사람은 그 반대편에서 자란 사람과는 분명히 달랐습니다."[15]

가진 돈은 별로 없어도 변화에 대한 포부는 컸던 스티븐슨은 1989년, '대규모 인원 수감, 과도한 처벌, 인종 불평등을 종식하기 위해 노력하는'[16] 비영리 사법 평등 운동 단체인 이퀄 저스티스 이니셔티브Equal Justice Initiative를 설립했고 평생의 업적을 쌓기 시작했다. 이퀄 저스티스 이니셔티브는 앨라배마주에서 사형 선고를 받은 모든 사람에게 법률 대리를 보장하는 작업부터 시작했다.(앨라배마주는 사형 선고 시 법률 지원을 제공하지 않는 유일한 주다.) 이퀄 저스티스 이니셔티브는 125건 이상의 잘못된 유죄 판결을 뒤집는 것을 도왔으며(그렇게 되지 않았다면 125명은 처형됐을 것이다.) 스티븐슨은 미국 대법원까지 가서 17세 이하 아동에게 가석방 없는 종신형을 선고하는 것은 위헌이라는 판결을 이끌어냈다.

스티븐슨은 남들이 하지 않으려는 일을 기꺼이 함으로써 자기 경력과 영향력을 쌓았다. "다른 사람들이 앉아 있을 때 누군가는 서 있어야 합니다. 다른 사람들이 조용히 있을 때 누군가는 말을 해야 합니다."[17]

재능 있는 법률가였던 스티븐슨은 본인이 원한다면 법조계 어느 분야에서든 성공할 수 있었을 것이다. 하지만 그는 변호사가 된다는 것의 의미부터 사법 제도가 모든 미국인에게 진정으로 기여하는지까지 끊임없이 현재 상태에 의문을 제기함으로써 이름을 남겼다. 스티븐슨이 평생 그토록 많은 긍정적인 변화를 일으킬 수 있었던 것은 그가 현재 상태에 의문을 제기하는 세 가지 대담한 원칙을 받아들였기 때문이다.

스티븐슨은 로스쿨에 다니면서 왜 미국에서는 수많은 사람이 마땅히 누려야 할 정의를 누리지 못하는지에 대해 계속해서 의문을 제기하며 호기심을 키웠다. 그는 정의의 개념에 대한 기존의 마인드셋에서 벗어나 정의를 누릴 가능성이 가장 낮은 사람들의 필요에 초점을 맞추고 그들의 권리를 적극적으로 옹호했다.

스티븐슨은 남들이 이쪽으로 움직일 때 자신은 저쪽으로 움직이며 자신만의 법률 정의 단체를 만들기로 결심했다. 초기 경험에서 얻은 지식을 바탕으로 그는 공익법에 전념했고 우리 사회에서 가장 취약한 사람들을 옹호하는 데 평생을 바쳤다. 스티븐슨은 사형 선고를 받은 사람들을 포함하여 다른 변호인들이 의뢰인으로 받아들이지 않는 사람들을 대변하는 데 자신의 능력을 사용했다. 그 과정에서 그는 소외되고, 무시당하는 이들의 인간성을 옹호했고, 사회 구성원들이 자기도 모르게 최악의 행동을 하고 있다는 사실을 일깨워 주었다.

스티븐슨은 자신의 의뢰인을 지원하기 위해 위험을 감수했다. 큰 문제가 있거나 취약한 의뢰인도 기꺼이 맡았다. 그는 재판이 의뢰인에게 불리하게 작용할 확률이 높은, 고객에게 유리한 판결을 내리기가 훨씬 더 어려운 사건들을 겁내지 않았다. 아울러 그는 자기가 하는 일이 다른 법조인의 길에서 흔히 볼 수 있는 금전적 보상이 따르지 않을 가능성이 높다는 것을 알면서도 그 길을 갔다. 자신의 성공과 안녕을 걸고 개인으로서도 위험을 감수한 것이다. 하지만 그가 얻은 대가는, 많은 경우 사형 선고에서 사람을 구했을 때 얻은 대가는 상당했다. 결국 그가 감수한 위험은 가치가 있는 현명한 위험이었다.

"거북하고 곤란한 일을 기꺼이 하지 않는다면 세상을 바꿀 수 없습니다." 스티븐슨은 동료 체인지메이커들에게 현실과 희망의 균형을 맞추라고 조언한다. "절망이 지속되는 곳에는 불의가 우세할 것입니다. 그 누구도, 그 무엇도 당신을 절망하게 하도록 두지 마세요. 희망은 불의의 적입니다."[18] 현재 상태에 의문을 제기하고 앞서 언급한 원칙을 실천하려는 스티븐슨의 의지가 체인지메이커인 지금의 그를 만들었다.

현재 상태에 효과적으로 의문을 제기하려면 두 가지 높은 수준의 역량을 함께 발휘해야 한다. 하나는 확고히 자리 잡았지만 맞설 가치가 있는 기존 관습을 인식하는 법을 배우는 것이다. 다른 하나는 변화를 추구하고 다른 사람들의 참여를 유도하기 위해 위험을 감수하는 마인드셋과 기술을 갖추는 것이다. 이 장에서는 두 가지를 모두 다룰 예정이다.

먼저, 주변에서 변화할 여건이 충분히 마련된 영역을 알아보는 방법부터 살펴보겠다. 결국 변화를 주도하는 것은 변화를 위해 노력할 만한 가치가 있는 기회를 찾는 것에서 시작된다.

왜 현재 상태에 의문을 제기해야 하는가

기술 발전부터 공중 보건 문제, 도시화, 직장 문화 변화 등 주변에서 온갖 변화가 일어나고 있는 지금, 우리는 늘 변화에 예민하고 능동적으로 반응해야 한다.

과거의 성공이 더는 미래의 성공을 보장해 주지 않는다. 1955년에 사상 최초로 선정된 포천Fortune 500대 기업 목록 중 52곳(10.4%)만이 지금까지 남아 있으며 대부분은 다른 기업과 합병하거나 완전히 폐업했다. 이러한 움직임은 우리가 개인이나 조직으로서 현실에 안주해서는 안 되며 끊임없이 관습에 도전하고 진화, 변화, 성장을 위한 새로운 방법을 찾아야 한다는 것을 뜻한다. 현재 상태에 의문을 제기할 수 있는 체인지메이커는 긍정적인 변화의 기회를 발견하고 이를 추구할 수 있는 사람이다. 이것이 기존의 규범과 관행을 뒤흔드는 것이라도 말이다.

2010년대에 디지털 전환 전략 세우기를 계속 미루면서 이러한 변화를 실현하기가 더 쉬워질 시기가 올 것이라고 여겼던 모든 조직을 떠올려 보라. 이들은 현재 상태가 한동안 더 지속될 것이라고 당연하게 믿었다. 그러나 2020년 코로나19 바이러스의 출현으로 전 세계 모든 산업이 위기에 처했고, 가장 보수적인 분야에 속한 기업조차도 변화하지 않으면 존재가 위험해지는 끔찍한 상황에 직면하게 되었다. 이러한 혼란과 방해 속에서 가장 잘 살아남은 조직과 개인은 겉으로 보기에 좋은 시기에도 꾸준히 변화하고자 노력한 이들이었다.

호주의 투 버즈 브루잉Two Birds Brewing이라는 양조장은 호주 최초의 여성 소유 양조장으로 항상 혁신을 추구해 왔다. 코로나19 팬데믹 사태가 닥치며 멜버른에 있는 시음실과 레스토랑은 큰 위기에 직면했지만 투 버즈 브루잉은 민첩하게 혁신할 준비가 되어 있었다. 식당 내 좌석 폐쇄 조치가 내려진 첫 주말, 투 버즈 브루잉은 '드라이브 스루 주류 판매 서비스'를 시작했고, 단골을 대상으로 음식을 배달했으며 온라인에서 주문을 받았다. 이미 '현재 상태에 의문을 제기하는' 마인드셋을 가지고 있었기 때문에 커다란 변화에 적응할 준비가 되어 있었던 것이다.

현재 상태에 의문을 가져라

현재 상태에 의문을 제기한다는 것은 어떤 행동을 말하는 것일까? 체인지메이커들은 세상을 있는 그대로 보지 않는다. 앞으로 일어날 변화도 남들과는 조금 다른 시각으로 바라본다. 라일라 올그렌Laila Ohlgren도 그랬다.

호기심으로 수십억 명이 사용하는 무언가를 만들어 냈다고 정당하게 주장할 수 있는 사람은 많지 않다. 하지만 1937년에 태어난 스웨덴의 엔지니어 올그렌은 현재 상태에 의문을 제기하고 다른 방법을 상상할 줄 알았기 때문에 분명히 그럴 수 있었다.

올그렌은 1970년대에 스웨덴의 국영 전화 회사에서 일했다. 그는 휴대전화 기기와 휴대전화를 사용할 수 있는 인프라를 개발하던 팀의 유일한 여성 엔지니어였다. 당시 올그렌이 속한 팀은 반복해서 같은 문제에 부딪히고 있었다. 초기 휴대전화는 자동차에서 사용하는 용도로 개발되었는데 사람들은 집과 사무실에서 전화기를 쓰는 익숙한 방식으로 휴대전화를 사용하려고 했다. 따라서 기술 팀은 휴대전화를 사용하는 경험이 유선 전화기를 사용하는 것과 완전히 같아야 한다고 믿었다. 즉 수화기를 들고 전화번호를 입력해야 한다고 말이다. 일리 있는 생각이었지만 전화를 걸려고 할 때마다 연결은 끊어졌다.

올그렌은 이렇게 말했다. "전화번호를 입력하는 데 적어도 15초가 걸렸습니다. 자동차가 이동하는 와중에 건물이나 나무가 신호를 방해할 수 있었고 결국 무선 그늘에 가려져 전화번호를 전부 전달할 수 없었죠."[19] 15초는 정보를 전송하기에는 너무 긴 시간이었고 팀은 극복할 수 없는 난관에 부딪혔다고 생각했다. 1979년 6월, 올그렌의 팀에게 남은 희망은 없었다. 많은 이들은 휴대전화 기술이 현실적으로 가능한 것인지 의문을 품기 시작했다.

그 변곡점에서 올그렌은 상황을 반전시킬 중요한 질문을 했다.

올그렌은 휴대전화가 왜 유선전화와 동일한 과정을 거쳐야 하는지 물었다. 그는 전체 과정을 바꿀 것을 제안했고 그렇게 함으로써 실마리를 풀어나갈 수 있었다. 스웨덴의 거대 통신사인 에릭손에 따르면 그의 호기심으로 인해 "휴대전화와 유선전화가 동일한 방식으로 전화를 걸어야 한다는 조건은 사라졌다."

올그렌은 호기심을 키워 전화가 원래 작동하는 방식에 대한 핵심 원칙 중 하나에 의문을 제기함으로써 휴대전화가 어떻게 작동할 수 있을지 재상상했다. "휴대전화마다 마이크로프로세서가 삽입될 예정이었기 때문에 통화를 시작하기 전에 번호를 저장해 둘 수 있었습니다. 그렇게 하면 더 안정적으로 연결될 거라 생각한 거죠." 올그렌은 설명했다. 즉 한 번에 번호를 하나씩 누르는 대신 전체 전화번호를 저장한 다음 번호 전체가 준비되었을 때만 기지국에 연결해 신호를 보내는 완전히 새로운 방법을 발명한 것이다.

우리가 휴대전화로 전화를 걸 때마다 네트워크에 쉽게 연결되는 것을 당연하게 여길 수 있게 된 것은 해결할 수 없어 보이는 문제에 직면했을 때 나은 방법이 있을 거라고 믿고 완전히 새로운 길을 상상해 낸 이 배짱 있는 엔지니어 덕분이다.

다르게 생각하는 법 배우기

프랑스의 수도는 어디인가? 미국의 26대 대통령은 누구인가? 새끼 라마 한 마리의 무게는 얼마인가? 이 질문들은 문제에 대한 잘 정립된 하나의 답을 찾는 과정인 '수렴적 사고'를 필요로 한다.

이러한 유형의 사고는 속도, 정확성, 논리를 중요하게 여긴다. 수렴적으로 사고를 할 때는 익숙한 양상을 인식하고, 과거에 사용했던 기술을 다시 적용하고, 저장된 정보를 활용하는 등의 인지적 접근 방식을 사용한다. 따라서 창의성은 덜 중요하다. 우리는 파리, 시어도어 루스벨트Theodore Roosevelt, 그리고 약 10킬로그램 같이 객관적으로 옳은 단 하나의 답을 찾는다.

이제 수렴적 사고와 정반대의 개념인 확산적 사고에 대해 알아보자. 수렴적 사고는 하나의 정답을 찾는 반면, 확산적 사고는 가능한 해결책을 많이 나열하여 창의적인 아이디어를 내려고 시도한다. 자유롭게, 여러 방향으로 시도해 보다가 종종 즉흥적이고 인지적인 방식으로 아이디어가 나오게 된다. 수렴적 사고와는 달리 확산적 사고는 바로 판단을 내리지 않는다. 대신 가능한 많은 답을 내는 데 중점을 둔다. 즉흥 연기를 해본 사람이라면 상대의 대사를 받아 내 대사를 확장하는 방식을 떠올리면 되겠다. 특정 확률이나 분석 기준을 적용하기보다는 많은 아이디어를 쌓는 것이다.

수렴적 사고와 확산적 사고 모두 체인지메이커로서 활동하는 데 매우 가치 있고 필요하다. 하지만 안타깝게도 우리는 대부분의 경우 빠르게, 단 하나의 답을 찾기 위해 수렴적 사고 과정을 택한다. 호기심을 포용하고 창의적이며 현재 상태를 깨는 것에 두려움이 없는 체인지메이커가 되려면, 각 유형의 사고를 언제 적용해야 하는지 알고 확산적 사고 과정에 충분한 시간을 할애할 줄 알아야 한다.

확산적 사고는 여러 가지 가능한 답을 이끌어내는 브레인스 토밍 과정이다. 이 과정을 활성화하려면 가능한 한 많은 아이디어 목록을 작성하거나 자유롭게 글을 써보는 것이 좋다. 명상을 해보거나 마인드맵 같은 도구를 사용하거나 예술 작품을 만들어 창의력을 발휘해 볼 수도 있다. 아이들이 할 만한 방법이라는 생각이 든다면 그 생각이 맞다! 심리학자 J. 니나 리버먼J. Nina Lieberman은 1965년에 유치원생들을 연구했는데 장난기와 확산적 사고 사이의 연관성을 발견했고, 확산적 사고로 호기심과 창의력뿐만 아니라 '자발성, 기쁨의 의미, 유머 감각'[20]이 증가하는 것도 관찰했다.

확산적 마인드셋에 익숙해지면 수렴적 사고와 확산적 사고 사이를 오갈 수 있게 된다. 가능한 많은 답을 떠올린 다음 그 범위를 좁히는 것이다. 더 많은 가능성을 찾기 위해 다시 브레인스토밍을 하고 비판적 사고를 통해 목록을 다듬을 수도 있다.

학교에서는 수렴적 사고를 중시하고 확산적 사고는 뒷전인 경우가 많다. 따라서 체인지메이커로서 답을 찾으려면 일부러 확산적 사고를 하며 창의력과 호기심을 발휘하는 것이 도움이 될 것이다.

현재 상태를 부술 기회는 확산적 마인드셋에서 나올 가능성이 크다. 확산적 사고 과정은 단 하나의 '정답'에 얽매이는 대신 처음에는 판단을 보류한 채 다양한 아이디어를 받아들인다. 이 생성 과정을 통해 놀라운 통찰을 얻을 수 있으며 이러한 통찰이 현재 상태를 깨줄 것이다. 물론 호기심에 기대어 새로운 잠재적 대안을 많이 찾아낸 다음에는 수렴적 사고를 활성화하여 현명한 위험을 감수하고 실행할 가치가 있는 대안을 선택할 수 있다.

우리가 회의 중에 경험하는 의견 불일치는 수렴 혹은 확산 마인드셋을 잘못 적용했기 때문인 경우가 많다. 팀의 절반은 확산적 사고를 적용해 여러 해결책을 제시하고 나머지 절반은 수렴적 사고를 적용해 하나의 최선의 전략을 결정하려고 한다면 의도가 아무리 좋더라도 갈등을 피할 수 없을 것이다. 따라서 리더가 팀을 이끌고 회의를 진행할 때 언제 확산 모드에 돌입해야 하는지, 언제 수렴 모드로 전환해야 하는지 명확하게 제시할 수 있다면 문제 해결에 큰 도움이 된다. 이렇게 하면 구성원들이 각자의 창의성과 현재 상태를 부수는 잠재력을 모두 발휘해, 즉 팀의 잠재력을 최대한 활용해 최고의 아이디어를 도출할 수 있을 뿐만 아니라 모두가 하나의 해결책에 도달할 수 있을 것이다.

T자형 인재

아이디오IDEO는 디자인 회사로 알려져 있지만 디자이너, 기업가, 교사, 연구자 등 다양한 유형의 체인지메이커로 구성된 글로벌 컨설팅 회사이기도 하다. 1978년에 디자이너 데이비드 켈리David Kelley, 빌 모그리지Bill Moggridge, 마이크 넛툴Mike Nuttall이 설립한 이 회사는 세계적으로 영향력 있는 기업들과 협력하며 우리의 일과 삶에 혁신을 일으켰다. 1980년 아이디오는 애플Apple의 공동 창립자 스티브 잡스Steve Jobs와 협력하여 컴퓨터 리사Lisa의 마우스를 개발했다. 아이디오는 최초의 노트북 스타일 컴퓨터를 설계하는 데에도 도움을 주었으며 금융 서비스, 장난감, 의료 제품 등 다양한 산업 분야의 혁신에도 기여했다.

아이디오가 무한한 호기심과 창의성을 지닌 구성원들로 수많은 혁신을 주도할 수 있었던 비결은 무엇일까? 'T자형 인재'라는 개념에서 그 답을 찾을 수 있다. 이 개념은 아이디오가 채용하는 방식의 중심을 이룬다.

T자를 시각화하면 T자형 인재의 특징을 이해할 수 있다. 세로선은 공학, 건축, 사회과학 또는 금융 분야 등 특정 기술에 대한 깊이를 가리킨다. 가로선은 '여러 분야에 걸쳐 협업하는 성향'[21]을 나타낸다. 다양한 분야, 주제, 접근 방식에 대해 어느 정도 알고 있으며 이러한 모든 관점을 통합하여 다른 사람들과 적극적으로 협력하는 모습을 사각화한 것이 T자이다. 그러니까 T자형 인재 또는 T자형 리더는 특정 분야에 전문성을 지녔을 뿐만 아니라 더 큰 세상을 향한 통찰력과 더 큰 세상에 참여하려는 성향을 갖춘 사람이다. 이에 대해서는 다음 부분에서 더 자세히 논의해 보자.

호기심 훈련

T자의 가로선, 즉 관심사와 학문 분야를 폭넓게 발전시키기 위해서는 호기심 훈련이 필요하다. 『큐리어스』의 저자 이언 레슬리Ian Leslie는 호기심이 근육과 같다고 묘사한다.

"호기심을 유지하려면 단련해야 한다……호기심을 유지하려면 의식적으로 호기심을 보이는 습관을 길러야 한다."[22]

그런데 언제나 호기심을 유지하기란 쉽지 않다. 호기심 훈련과 강화를 방해하는 요소가 산재해 있기 때문이다. 나는 우리가 체인지메이커로서 호기심과 창의력을 발휘하기 어렵게 만드는 일상 속의 장애물 다섯 가지를 발견했다.

1. **꽉 찬 일정과 할 일 목록**: 이 회의 저 회의를 뛰어다니며 깨어 있는 모든 시간을 할 일 목록을 지우는 데에 쓰고 있다면 우리는 늘 실행 모드에 머물러 있게 된다. 이런 상태에서는 마음이 배회하도록 두거나, 질문을 하거나, 단순히 주변을 관찰할 만한 정신적 여유나 수용 능력이 없다. 아마존의 창립자 제프 베이조스Jeff Bezos는 하루 일정 중에 여러 번 '생각하는 시간'을 두는 것으로 유명하다. 이 시간에 그는 회의나 이메일의 방해를 받지 않고 오로지 생각하고, 전략을 세운다고 한다. 그렇다. 호기심을 갖는, 틀에 박히지 않은 시간이다. 우리는 베이조스처럼 일정을 조정하는 특권을 누리지 못할 수도 있지만 그렇다고 세계에서 가장 큰 회사 중 하나를 운영하는 것도 아니다. 그러니 하루에 15분이라도 생각하는 시간, 즉 '호기심을 갖는 시간'을 잡고 호기심 근육을 단련하는 기회를 갖자.

2. **잘못된 방식의 질문**: 호기심을 받아들이려면 다음 세 가지 방법 중 하나로 도전해 보자.

첫째, 당신 내면의 세 살짜리 아이를 포용하자. 어린아이처럼 놀라움과 호기심을 가지고 문제에 접근해 보는 것이다. '왜?'라는 질문을 많이 하자. 초심자의 마음을 갖고 새로운 시각으로 사물을 보려고 노력하자.

둘째, '내 자리를 누군가 대체한다면 그 사람은 어떻게 할까?'라고 질문하자. 우리는 때로 항상 해오던 방식에 갇혀 있어서 시야를 넓히거나 다른 사람이라면 완전히 다른 관점에서 문제를 바라볼 수도 있다는 상상을 하지 못한다. 자존심을 잠시 내려놓고 다른 사람의 눈으로 상황을 새롭게 바라보며 어떻게 하면 좋을지 스스로 질문하는 것은 호기심을 유지하는 훌륭한 방법이다.

마지막으로 '우리가 어떻게 하면 좋을까?'라는 질문으로 생각을 이어나가자. 디자인 씽킹design thinking 방법론의 기초가 되는 이 질문은 훌륭하다. 질문이 '어떻게 해야 할까?'가 아니라 '어떻게 하면 좋을까?'인 점에 주목하길 바란다. 이는 확산적 사고와 새로운 아이디어, 새로운 관점을 유도하는 표현이다. 또한 질문의 대상이 나 혹은 당신이 아니라 '우리'여서 기본적으로 협업과 다양한 아이디어를 이끈다는 점도 참고하자. 언어는 중요하며 이러한 질문은 우리의 잠재된 호기심을 깨우는 데 도움이 된다.

3. **마이크로매니지먼트**micromanagement: 체인지메이커 리더십을 다루는 장에서 더 자세히 설명할 테니 지금은 누군가 우리를 마이크로매니지먼트할 때, 즉 업무의 모든 사소한 부분을 정확히 어떻게 해야 하는지 지시할 때, 호기심을 발휘할 능력을 빼앗긴다는 정도로만 서술해 두겠다. 이렇게 되면 우리는 문제에 접근하는 자세를 학습자 마인드셋에서 성취자 마인드셋으로 바꾸게 되며, 생각할 여지가 없고 오로지 실행만 하게 되기 때문에 '어떻게 하면 좋을까?'라는 질문을 할 기회를 빼앗긴다.

4. **과잉 전문화**: 졸업을 하려면 단일 전공을 선택하거나 특정 수업을 듣도록 학생을 강요하는 대학교가 특히 이 잘못을 저지른다. 수세기 동안 완전히 진화하지 못한 많은 업무 방식도 마찬가지이다. 호기심 많은 체인지메이커는 효율성을 희생하더라도 다양한 활동에 참여함으로써 이익을 얻는다. 예를 들어 인류학에 관한 책을 읽거나 식품 과학자와 대화를 나누는 것의 이점은 당장은 명확하게 보이지 않을 수 있지만 시야를 넓히고 새로운 통찰을 얻게 한다. 우리는 효율적으로만 생각하려 할 것이 아니라 폭넓게 생각할 수 있는 여유도 가져야 한다. 할머니가 자주 하시던 '쓸데없는 것은 없다.'는 말처럼 모든 경험과 배움은 미래의 어느 시점에서든 결국 유용하게 다가올 것이며, 새롭고 흥미로운 연결을 만들어 낼 것이다.

5. **놀이에 시간 쓰지 않기**: 정신과 의사인 브루스 D. 페리Bruce D.

Perry는 동료들과 함께 호기심, 놀이와 어린이 두뇌 발달 사이의 연관성을 연구했고 "놀이가 주는 즐거움이 학습의 놀라운 순환을 주도한다."라고 한 교육 잡지에 보고했다.[23] "(아이는)탐구하고 발견한다. 발견은 즐거움을 가져다준다. 즐거움은 반복과 연습으로 이어진다. 연습은 숙련도를 높여주고 숙련이 되면 즐거움과 자신감을 일으키며 그렇게 다시 호기심이 생긴다. 정서적, 사회적, 운동적, 인지적 학습은 놀이의 즐거움을 아는 과정처럼 반복을 통해 속도가 빨라지고 원활하게 이루어진다."

정장을 입고 출근하거나 딱딱한 직함이 붙여졌다고 해서 놀이가 어울리지 않는 것은 아니다. 그럴수록 놀이가 중요하다. 놀이는 호기심만 끌어올리는 게 아니라 학습도 끌어올리기 때문에 더 많은 호기심과 창의력을 불러일으키는 선순환을 만든다.

이러한 장애물을 조심하면 변화의 기회를 더 쉽게 발견하고 현재 상태를 재정비할 수 있는 상황을 찾아낼 수 있다. 이어서 현재 상태에 의문을 제기함으로써 변화를 효과적으로 촉진하는 데 도움이 되는 몇 가지 의식적인 체인지메이커 마인드셋 기반과 실천을 살펴보겠다.

남들이 가지 않는 방향을 택하라

파타고니아의 창립자 이본 쉬나드Yvon Chouinard는 암벽 등반을 배우던 열네 살에 자연과 처음 사랑에 빠졌다. 늘 의외의 행보를 보이는 사업가인 쉬나드는 처음부터 기존의 비즈니스 통념을 거의 모두 거스르는 기업을 세웠다. 쉬나드가 내놓은 첫 제품인 재사용 가능한 강철 등산용 피톤(암벽 등반을 할 때 로프를 고정하기 위해 바위에 박는 못 −편집자 주)은 암벽 등반에 혁명을 일으켰다. 하지만 이 제품은 암벽에 수많은 구멍을 냄으로써 환경에 예상치 못한 부정적인 영향을 미쳤다. 쉬나드의 가치관은 이윤에 대한 욕구를 앞섰기 때문에 그는 당시에는 미친 결정으로 보였을지 모르지만 제품과 수익원을 완전히 포기했다.

쉬나드는 아웃도어 의류로 사업 방향을 바꾸면서도 파타고니아가 다른 어떤 기업과도 같아지지 않도록 애를 썼다. 파타고니아는 1985년부터 수익의 10%를 환경 단체에 기부하기 시작했다.(2002년부터는 총매출의 1%로 기부 비중을 변경했다.) 또 직원을 위한 무료 보육 서비스를 제공하고 개방형 사무실을 고수했으며, 직원들이 점심시간에 서핑을 즐길 수 있도록 전략적으로 캘리포니아주 벤투라에 본사를 세웠다. 기업의 가치와 비전에 부합하는 자신만의 길을 의식적으로 추구하는 파타고니아의 이 자유분방한 정신은 오늘날까지 지속된다. 파타고니아는 생산하는 거의 모든 의류에 재활용 소재를 사용하며, 신문 광고를 통해 고객들에게 '우리가 만든 이 재킷을 사지 마세요!'라고 말함으로써 과대 소비를 지양하는 자신들의 가치관을 전달했다.

항상 자신만의 길을 갔음에도, 혹은 자신만의 길을 갔기 때문에 쉬나드는 사랑받고 지속 가능하고 영향력 있는 기업을 운영하고 있다. 다른 사람들이 저쪽으로 갈 때 쉬나드는 이쪽으로 가는데 이는 다양한 역할과 분야에서 성공한 많은 체인지메이커들이 공통으로 보이는 특성이다. 다른 조직도 신념을 바탕으로 과감한 조치를 취한다면 업계 전체가 저쪽으로 움직일 때 이쪽으로 이동해서 생기는 이점을 누릴 수 있다.

블랙 프라이데이를 넘어서

이제는 세계적인 문화 현상이 되어버린 블랙프라이데이는 처음엔 무해한 의도로 시작되었다. 기업들은 추수감사절 다음 날에 진행되는 이 특별 세일에 재고를 판매함으로써 연간 매출 목표를 달성하고, 시민들은 큰 폭의 할인이 적용된 가격으로 필요한 물건을 살 수 있다.

그런데 기업 간 경쟁이 과열되면서 블랙프라이데이 본연의 의미가 퇴색되기 시작했다. 어느 날 세일 기간을 조금이라도 늘리기 위해 금요일 아침 6시에 문을 여는 매장이 생기더니 점점 통제 불능 상태가 되어 금요일 0시, 급기야 전날인 목요일 저녁 6시에 문을 여는 매장까지 등장했다. 가족이 함께 둘러앉아 식사를 하며 감사하는 시간을 보내야 하는 바로 그 시각 말이다. 더 일찍, 더 공격적으로 블랙 프라이데이 세일을 실시하는 일은 미국 소매업계 전체를 휩쓰는 추세가 되었다. 경쟁업체보다 더 일찍 문을 열어야 더 많은 수익을 얻게 되므로 매장들은 '더 빨리, 더 많이' 행렬에 동참하고 있다.

거의 모든 미국 기업이 이러한 방향으로 가고 있을 때 한 기업은 용기를 내어 자기만의 길을 나섰다. 2015년, 아웃도어 용품 전문 매장 레이REI는 블랙 프라이데이에 매장을 아예 운영하지 않기로 했다. 대신에 가족 및 친구와 함께 자연에서 하루를 보내자고 고객에게 제안했다. #OptOutside라는 해시태그가 붙은 이 캠페인은 큰 위험을 무릅쓴 모험이었다. 레이의 최고 고객 책임자인 벤 스틸Ben Steele은 나중에 이렇게 말했다. "사람들은 우리가 제정신이 아니라고 생각했고 소매업자들은 도대체 왜 일 년 중 가장 북적거리는 쇼핑 날을 포기하느냐고 물었죠."[24]

정말로 위험한 결정이었다. 하지만 회사의 사명에 뿌리를 둔 결정이었고, 결과적으로 모든 이해관계자에게 이득을 가져왔다. 직원들은 휴일에 일하지 않아도 급여를 받을 수 있었기 때문에 감사하게 생각했다. 소비자들도 마음에 들어 했다. 이 캠페인과 관련된 소셜 미디어 반응 중 91%가 긍정적이었다.[25] 투자자들 역시 이 캠페인을 좋아했다. 캠페인을 처음 실시한 2015년도 매출은 블랙 프라이데이에 매장 문을 열었던 전년도에 비해 9.3% 증가했다.[26]

다른 사람들이 저쪽으로 움직일 때 이쪽으로 움직이기 위해 CEO나 영향력 있는 리더가 될 필요는 없다. 거시적인 추세에 관심을 갖는 호기심에서 시작하면 우리 각자가 이러한 마인드셋을 실천할 수 있다. 기업 전체가, 단체가, 혹은 팀이 한 가지 방식으로만 생각하거나 행동한다면, 이러한 추세를 거스르면서 남들과 다른 방식으로 행동할 수 있다.

이어지는 페이지에서 다룰 아시의 순응 실험Asch conformity experiment에서 알 수 있듯이 인간은 본능적으로 무리를 따른다. 레이처럼 자기 가치관에 의지하거나 쉬나드처럼 자신의 비순응성을 사명과 비전에 연결할 수 있다면 큰 혜택을 얻고 긍정적인 변화를 일으키는 엄청난 기회를 활용할 수 있을 것이다. 꼭 기업 전체의 방향을 바꾸는 것이 아니어도 좋다. 가정에 새로운 규칙을 세우거나 새로운 방식으로 자원봉사 활동을 하는 것이 될 수도 있다. 남들과는 다른 방향으로 움직이는 것은 마인드셋의 문제이며 이 마인드셋은 어디서든 적용할 수 있다.

순응의 놀라운 힘

인스타그램에 올라온 사진을 보고 그대로 재현해 보고 싶다는 생각이 든 적이 있는가? 아니면 새로운 도시를 여행하던 중에 피닉스에 있는 에어비앤비 숙소 인테리어가 토론토 숙소 인테리어와 사실상 같은 것을 발견한 적이 있는가? 더 빠른 경로를 찾았다는 구글 지도 팝업이 떠서 기분이 좋아졌다가 다른 차들도 같은 진입로로 빠지려는 것을 본 적이 있는가? 우리는 모두 독창성을 원하지만 순응하라는 심한 압박에 맞닥뜨리게 된다. 이 압박은 소셜 미디어로 인해 더욱 심해지는 중이다.

순응에 대한 압박은 깊이 뿌리박은 인간의 본능이며 오늘날 디지털 시대 훨씬 전으로 거슬러 올라간다. 심리학자 솔로몬 아시Solomon Asch는 1950년대에 스워스모어 대학에서 개인이 다수의 집단 행동과 의견에 어느 정도로 응하는지를 연구한 '순응 실험'을 실시했다.[27]

피실험자 한 명이 실험에 참여한 배우들과 함께 방에 들어간다. 그들에게는 '종이에 그려진 여러 선 중 길이가 같은 것 찾기'와 같이 답이 명백한 몇 가지 인지 질문이 주어진다. 참가자들은 차례로 다른 사람들 앞에서 답을 말하는데 피실험자는 매번 마지막 차례다. 정답은 분명하게 있지만 배우들은 의도적으로 오답을 말하도록 각본이 짜여 있다. 그럴 때 피실험자는 뻔히 틀린 답인데도 다른 사람들을 따라 오답을 말하는지가 관찰된다. 만일 당신이 이런 실험에 참여한다면 어떻게 하겠는가?

배우들이 정답을 말하는 대조군의 경우 오류율은 1% 미만이었지만 배우들이 의도적으로 오답을 낸 그룹에 있던 피실험자의 75%는 12개의 문제 중 적어도 오답을 한 개 이상을 냈다. 즉 4명 중 3명은 두드러지지 않고 순응해야 한다는 압박 때문에 의도적으로 쉬운 질문에 틀린 게 거의 확실한 답을 한 것이다. 물론 여러 가지 미묘한 의미를 지닌 결과이며 이후 이 실험을 변형한 많은 실험이 있었다. 그에 따른 더 자세한 분석을 보면 실험마다 군중의 영향을 받은 사람은 5%였고 25%는 전혀 영향을 받지 않았다.

하지만 이는 여전히 피실험자의 약 70%가 다른 사람들의 영향을 받아 자신의 본능을 거스르고 군중심리에 순응한 것을 나타낸다.

체인지메이커인 우리에게 이 실험의 의미는 더욱 특별하게 다가온다. 체인지메이커로 살다 보면 종종 다수를 따르고 다른 사람들과 같은 방식으로 행동하라는 압박에 직면하게 될 것이다. 나중에 '괴짜 점수idiosyncrasy credits'라는 개념으로 더 자세히 알아보겠지만, 이 압박은 무해하며 심지어 바람직한 경우도 있다.

보편적인 사고를 바탕으로 한 주변 사람들의 압박에 대대적으로 맞서다가는 번아웃의 위험이 있으므로 관습에 반하기로 결정할 때는 일부분만 선택해 도전해야 한다. 예를 들어 복잡하고 기존에 성공한 실적이 많은 행사를 준비하고 있다면 수년간 의뢰해온 케이터링 업체를 두고 새로운 업체를 찾거나 아주 작은 결점이 있는 좌석 배치도를 새로 작성하는 것은 시간을 투자할 만한 가치가 없을지도 모른다. 이렇게 부분에 관한 결정은 그대로 두면 다른 과감한 변화에 에너지를 더 효과적으로 집중할 수 있다. 제로웨이스트 행사로 진행한다든지, 새로운 연사를 초청한다든지, 디지털 접근이 가능하게 한다든지 등에 신경을 써 더 큰 영향력을 발휘하는 것이다. 체인지메이커는 모든 것을, 한 번에 바꿀 수는 없다. 그러므로 적당한 타이밍에, 적당한 범위에 대해 의문을 제기해야 한다.

변화에 착수하고 변화를 이끌기 위해서는 기존 규범에 의문을 제기할 용기, 즉 '표준' 경로를 따르기를 기대하는 동료나 가족의 압력에 맞서 나아갈 용기가 필요하다. 아시의 순응 실험에서 배운 교훈을 기억하자. 순응하려는 압력은 정상적이고 보편적이므로 이에 맞설 자신감을 키워야 한다. 이어 등장할 도구들을 활용하면 긍정적인 변화를 이끌 용기와 능력을 얻게 될 것이다.

위험을 감수하는 법

당신은 위험을 감수하는 편인가, 아니면 피하는 편인가?

위험 감수는 우리의 DNA(본성)에 내재된 것일까, 아니면 환경(양육)이 영향을 미쳤을까? 우리의 행동과 성격의 많은 측면이 그러하듯 답은 아마도 둘 다일 것이다. 위험을 감수하는 경향이 더 큰 개인이 보이는 심리적 특성이 몇 가지 있다. 하지만 우리가 성장한 문화와 우리가 일상을 보내는 사회 집단도 위험을 향한 우리의 성향에 영향을 미친다.

체인지메이커라면 위험 감수에 대해 좀 더 편안하게 생각할 필요가 있다. 결국 변화를 주도하고 현재 상태에 의문을 제기하는 행위에는 거의 항상 위험이 수반되기 때문이다. 지금부터 위험에 대한 보다 광범위한 마인드셋에 초점을 맞추고 위험을 포용하는 방법과 현명하게 위험을 감수하는 방법을 배우도록 하겠다. 위험을 감수하는 기업가에 관한 사례를 알아보고, 경제학과 심리학적인 통찰을 통해 긍정적인 변화를 만들기 위해 자신 있게 위험을 감수하는 체인지메이커가 되기 위한 기술을 습득할 것이다.

현실에서의 위험

위험을 감수함으로 인해 생기는 손해를 최소화하고자 할 때 우리는 오랫동안 고민하게 된다. 또 무엇을 결정하는 것 자체가 얼마나 위험할 수 있는지 미리 이해하려고 할 때에도 시간을 투입하게 된다.

기업 임원부터 비영리 재단 프로그램 관리자, 신입 제품 관리자에 이르기까지 다양한 직종과 직책의 체인지메이커를 가르치고, 지원하고, 조언하는 일을 해오면서 나는 종종 위험이 스트레스를 주는 것이 아니라, 위험이 너무나도 많고 다양하기 때문에 굉장한 성과를 거두거나 재앙을 초래하게 되는 것을 보아왔다. 위험을 감수해야 할 때와 감수하지 말아야 할 때를 아는 것은 체인지메이커의 귀중한 기술이다.

타일러 터부런Tyler Tervooren이라는 기업가가 개발한 놀랍도록 간단하면서도 강력한 도구인 '위험 지수'는 리더가 성공을 위해 얼마만큼의 위험을 감수할 준비가 되어 있는지 파악할 수 있게 한다.[28] 먼저 위험을 구분한 다음 그 위험에 대한 잠재적 보상과 잠재적 손실을 1에서 10 사이의 숫자로 계량화한다. 위험 지수는 잠재적 보상을 잠재적 손실로 나눈 값이다. 터부런이 세운 기준에 따라 위험 지수가 3보다 크면 감수할 만한 가치가 있는 위험이다.(정말 놀랍도록 간단한 수식이다.)

$$위험 지수 = \frac{잠재적 보상}{잠재적 손실}$$

위험 지수는 현재 상태에 의문을 제기할 가치가 있는지 명확하게 판단할 수 있게 한다.

이퀄 저스티스 이니셔티브에서 새로운 의뢰인의 소송을 지원할지 여부를 검토하는 브라이언 스티븐슨의 업무에 이 개념이 어떻게 적용되는지 살펴보겠다. 스티븐슨이 이 특정 사건을 맡을지 여부를 신중히 검토할 때 어떤 생각을 했는지 확실히 알 수는 없다. 하지만 그때를 되돌아보면 위험 지수와 같은 도구를 활용하는 것이 중대한 결정을 내릴 때 어떻게 도움이 되는지 알 수 있다.

1999년 이퀄 저스티스 이니셔티브 변호사들은 1985년에 패스트푸드 식당 관리자 두 명을 살해한 혐의로 유죄 판결을 받은 앨라배마주 남성 앤서니 레이 힌턴Anthony Ray Hinton의 변호를 검토했다. 힌턴은 부족한 증거와 검사의 인종 편견 이력에도 불구하고 사형 선고를 받았다.

이러한 사건을 맡을 때 이퀄 저스티스 이니셔티브에서 받게 될 잠재적 손실은 무엇이었을까? 특히 정치적으로 사법적으로 권력이 기울어진 상황에서 불공정을 바로잡기 위해서는 재정적, 인적 자원이 많이 필요하다. 소송에 실패하면 당시 성공으로 전국적인 명성을 얻기 시작한 이퀄 저스티스 이니셔티브의 명성에 타격을 줄 수도 있었다. 심지어 실제로 범죄를 저질렀을지도 모르는 사람을 석방하기 위해 싸우게 될 가능성도 있었다. 이러한 잠재적 손실을 어떻게 계량화할 수 있을까?

힌턴의 소송을 맡아서 얻을 수 있는 잠재적 보상을 살펴보자. 이퀄 저스티스 이니셔티브 변호사들이 성공한다면 말 그대로 이 사람의 생명을 구하게 된다. 정의를 되찾고 이 사건을 계기로 보다 체계적인 차원의 변화를 이끌어낼 수 있을 것이다. 억울하게 유죄 판결을 받은 다른 이들에게 희망을 주고 이퀄 저스티스 이니셔티브의 명성을 높이고 역사책에 발자취를 남기게 될 것이다. 이러한 잠재적 보상을 어떻게 계량화할 수 있을까?

위험 지수는 잠재적 손실이 절대적으로 컸음에도 힌턴의 소송을 맡음으로써 얻을 수 있는 막대한 보상이 있기 때문에 이 싸움을 추구할 가치가 있다는 것을 볼 수 있게 해주었다.

이퀄 저스티스 이니셔티브는 힌턴을 변호하기로 결정했고, 15년 이상 싸운 끝에 2015년 4월 3일 금요일 오전 9시 30분, 약 30년간 사형수로 수감되었던 힌턴은 석방되었다.

"태양은 정말로 빛을 내는군요." 제퍼슨 카운티 교도소에서 자유의 몸이 되어 걸어 나오며 힌턴이 말했다.[29]

자신을 반기는 가족과 친구들을 만난 힌턴의 모습에서 알 수 있듯이 그의 사건을 맡은 것에 대한 보상은 잠재적인 손실보다 훨씬 컸다. 스티븐슨과 이퀄 저스티스 이니셔티브는 현명하게 위험을 감수했고 결실을 맺었다.

지원 받기

지금 어떤 위험을 감수할 생각을 하고 있는가? 정보에 근거해 결정을 내리고, 단순한 위험이 아니라 현명하고 계량화된 위험을 감수하는 데 위험 지수는 어떤 도움이 될까? 잠시 시간을 내어 위험을 분석하고 위험 지수를 계산해 보자. 계산해 본 결과 현명한 위험이라는 판단을 내렸기를 바란다. 하지만 위험을 감수해야 하는 새로운 아이디어를 다른 사람이 실행해야 하는데 그 사람이 위험을 꺼리는 편이라면 어떻게 할까?

이때 사회학은 다른 사람을 참여시키는 방법을 알려준다. 적합한 순간에 이상적인 입장에서 행동을 취할 수 있는 무대를 마련하면 매우 신중한 성향을 가진 사람도 변화를 위한 노력에 동참하도록 효과적으로 설득할 수 있다.

어느 쪽으로 이동하고 싶은지 마음을 정하기 전이라고 해도 현재 상태에 의문을 제기하는 첫걸음을 내디딜 수 있다. 사회 심리학자들이 '괴짜 점수'라고 일컫는 개념을 키우기 시작하면 집단 규범을 거스르는 데 도움이 된다. 괴짜 점수를 고안한 심리학자 에드윈 홀랜더Edwin Hollander는 이 점수를 개인이 다른 집단 구성원으로부터 얻는 '긍정적으로 자리 잡은 인상'이라고 정의한다.[30]

괴짜 점수는 두 가지 방법으로 얻을 수 있다. 첫 번째 방법은 자신이 내세울 강한 주장이 없는 일에 대해서는 다수의 의견에 동조하는 것이다. 이렇게 얻은 점수는 자신에게 중요한 일에서 변화를 추도하는 데 사용할 수 있다. 모든 일의 현재 상태에 의문을 제기하는 사람으로 평판이 나면 체인지메이커가 아닌 반대하는 사람으로 인식될 가능성이 크다.(앞서 언급한 행사를 기획할 때 언제, 어떤 부분에 관해서 의문을 제기해야 하는지의 예를 떠올려 보라.) 당신이 어떤 회계 소프트웨어를 사용할지 또는 어디에 채용 공고를 게시할지에 관해서는 다수의 흐름을 따르고, 그 뒤에 대세에서 벗어나 공급망 투명성에 관해 이야기한다면 사람들은 당신이 항상 반대만 하는 사람은 아니라 생각하고 귀를 기울일 가능성이 높아질 것이다.

점수를 얻는 두 번째 방법은 전문성과 명확한 능력을 개발하고 보여주는 것이다. 항상 높은 수준의 작업물을 내보이는 식으로 말이다. 주변 사람들이 당신이 유능하고 재능이 있다는 것을 알고 있다면 위험을 감수하거나 새로운 길을 추구하려고 해도 잘 받아들일 것이다. 이렇게 점수를 쌓아놓은 뒤 사람들과 다른 방향으로 가야 할 때가 되면 그들이 우리와 함께 이 새로운 길을 따르도록 괴짜 점수를 전부 내놓자.

미국 프로 야구 감독 조 매든Joe Maddon은 엉뚱한 면이 있다. 1970년대식 밴을 운전하고 알이 큰 안경을 쓰고 색이 강렬한 후드티를 입고 야구 전술 대신 철학을 이야기하는 것을 열렬히 좋아한다. 하지만 유능한 감독이라는 명성 덕분에 ―특히 108년 만에 월드 시리즈에서 시카고 컵스 팀의 우승을 이끈 덕분에― 그는 코칭 방식부터 품행까지 모든 면에서 의문을 제기할 수 있고, 구성원들은 그가 제시하는 위험을 기꺼이 함께 감수한다. 체인지메이커인 그는 자신의 전문성과 실력을 바탕으로 얻은 괴짜 점수를 사용하는 것이다.

하지만 사용 가능한 괴짜 점수가 있다고 해도 현재 상태에 적극적으로 도전하기보다는 유지하려는 성향을 가진 관리자를 마주하면 체인지메이커로서의 재능을 발휘하기 어렵다. 워털루대학교 애비게일 쉴러Abigail Scholer 교수와 동료들은 「동기 부여에 위험 추구가 필요할 때」라는 제목의 연구 논문에서 다른 사람들, 특히 의사 결정을 하는 위치에 있는 사람들이 새로운 아이디어를 추구하도록 동기를 부여하는 방법을 제시한다.[31] 이 연구에 따르면 새로운 아이디어나 새로운 변화 추구를 위험으로 간주하는 대신 이를 추구하지 않는 것을 더 큰 위험으로 간주하는 것으로 시각을 전환함으로써 변화를 이끌 수 있다.

모두가 변화를 이끌 오늘날 우리만 변화를 추구하지 않는 것은 너무나도 위험하다. 이 연구는 새로운 아이디어를 더 조심스럽게 대하고 변화를 반기지 않는 사람들에게까지 변화에 대한 우리의 비전을 전달하며 체인지메이커의 여정을 함께하도록 영감을 주라는 통찰을 제공한다.

위험 지수의 활약

진 구오Jean Guo는 정말이지 지칠 줄 모르는 사람이다. 구오는 난민들의 디지털 격차를 해소하겠다는 비전을 가지고 있다. 이 비전은 달성하기 위해 구오는 파리에 본사를 둔 코넥시오Konexio를 공동 창업해 이민자들이 중요한 직업 교육을 받고 취업 시장에서 경쟁할 수 있도록 지원한다. 설립 6년 만에 코넥시오는 구글 임팩트 챌린지와 세계경제포럼으로부터 프랑스 전역에 미친 놀라운 영향력을 인정받았으며 현재 말라위를 비롯해 아프리카 대륙으로 활동 범위를 확장 중이다.

나는 코넥시오의 이사로 일하며 위험 지수를 활용해 새로운 기회를 창출한 경험이 있다.

프랑스에서 시행된 코넥시오의 첫 사업이 좋은 평가를 받으면서 구오는 유럽과 아프리카 정부와 조직으로부터 러브콜을 받고 있었다. 작은 스타트업인 코넥시오는 이러한 요구에 응하기 위해 더 많은 팀원을 고용해야 했는데, 이는 곧 기회이면서 위험이었다. 나와 구오는 위험 지수를 통해 직원 고용이라는 위험을 감수할 가치가 있는지 평가해 보기로 했다.

우리는 변화가 주는 잠재적 보상을 살펴보고 계량화했다. 인력이 보강되면 더 많은 난민을 지원하고, 더 많은 지역에서, 더 많은 파트너들과 일할 수 있을 것이었다. 새로운 도전 과제가 무엇이든 충분한 인력을 바탕으로 대응할 수 있고, 무엇보다 구오가 고통스러워하는 인사 업무를 전문적으로 맡길 수도 있었다.

하지만 잠재적 손실은 상당했다. 동업자들이 실패하거나 초기 관심이 실행으로 미치지 않는다면 구오는 신규 직원을 해고하거나 전반적으로 급여를 삭감해야 할 수도 있었고, 심지어 현금이 부족해져 회사 문을 닫아야 하는 끔찍한 시나리오에 직면할 수도 있었다. 검증되지 않은 새로운 팀원들을 교육해서 이들이 실무를 맡을 수 있도록 하는 데에도 시간과 노력이 들었다. 하지만 잠재적 보상과 손실을 계량화한 결과, 위험 지수는 3보다 컸다. 따라서 이 변화는 잠재적 보상이 손실보다 훨씬 큰 것이었다. 위험 지수를 통해 명확하게 상태를 파악하고 분석한 구오는 대담하게 직원을 더 고용하고 더 많은 프로젝트를 추진하면서 현명한 위험을 감수하기로 결정했다.

결과는 성공이었다. 코넥시오는 불과 몇 달 만에 직원을 두 배 이상 늘렸고 말라위에서 파일럿 프로그램을 시작했으며, 새로운 모금 활동의 길을 열었다.

'뉴노멀'의 개척자가 되어라

나는 무함마드 유누스Muhammad Yunus를 내 영웅이라고 늘 생각해 왔다. 노벨 평화상 수상자인 그는 소액 금융 분야의 히어로다. 체인지메이커인 유누스는 "우리의 가장 큰 무기는 현재 상태가 비효율적이거나 비윤리적임을 알고, 이에 대해 무언가를 하려는 의지이다."라고 말한다. 그는 소수의 사람에게 거액의 대출을 제공하는 대신 많은 사람에게 소액 대출을 제공한다는 혁신적인 아이디어를 실행했다. 그는 고국인 방글라데시에서 자신이 설립한 그라민Grameen 은행을 통해 주로 여성 기업가들에게 소액 대출을 제공했다. 유누스는 전통 금융 시장에서 소외되기 일쑤였던 이 여성 기업가들이 대출금을 상환할 뿐만 아니라(그라민 은행의 고객 상환율은 99%라는 놀라운 수치를 기록한다.)[32] 그 자금으로 창업부터 가족 부양에 이르기까지 놀라운 일을 해내는 것을 보여주었다. 그는 기존의 금융 시장은 대다수 사람에게 맞지 않는다고 믿었고 이 체제를 깨는 것을 평생의 업으로 삼았다.

유누스가 2020년 가을 내 수업에서 강의하기로 했을 때 나는 이게 꿈인가 싶어 볼을 꼬집어야 했을 정도로 흥분했다. 그는 학생들에게 코로나 이후의 세상을 어떻게 준비할 것인지 이야기하면서 현재 상황에 의문을 제기하는 체인지메이커를 비유로 들었다. 그는 사람들이 왜 그토록 팬데믹 이전에 갔던 길로 되돌아가고 싶어 하는지 묻더니, 그때를 그리워하는 대신에 이를 기회 삼아 낡은 도로 대신 새로운 도로를, 즉 우리를 더 공정한, 건강한, 연결된 미래로 인도할 새로운 도로를 건설하자고 제안했다. 가능한 한 빨리 '노멀'로 돌아가라는 조언은 잘못되었다고 그는 말했다.

우리는 낡은 구조에 이의를 제기하고 이를 대체할 나은 구조를 찾을 수 있어야 한다. 현재 상태에 의문을 제기하는 체인지메이커인 우리에게 '뉴노멀'이 달려 있고 뉴노멀을 만드는 것은 우리의 몫이다.

확산적 사고 연습

레슨 2 요약

- 호기심은 배울 수 있다. 엔지니어인 라일라 올그렌이 그랬듯 세상을 조금 다르게 볼 수 있는 능력과 의지가 있다면 누구나 새로운 가능성을 만들어 낼 수 있다.
- 변화를 일으키는 것은 단순히 더 많은 위험을 감수하는 것이 아니라 더 현명한 위험을 감수하는 것이다.
- 모두가 한 방향으로만 향하고 있다면 이는 반대 방향에서는 무엇이 가능할지 생각해 볼 가치가 있다는 신호이다.
- 우리는 새로운 아이디어를 많이 떠올리게 해주는 확산적 사고를 사용해야 할 때와 하나의 행동 방침을 선택하는 수렴적 사고를 사용해야 할 때를 구분할 수 있다.

도전 과제

- 호기심에 기대어 확산적 사고를 연습한다. 무함마드 유누스의 비유를 사용해 지금 내가, 혹은 내가 속한 조직이 걷고 있는 길에 대해 생각해 본다. 그 길 대신에 낼 수 있는 다른 대안은 어떤 것이 있는가? 그중 하나를 선택하려면 감수해야 할 위험을 파악한 후 위험 지수를 활용해 그 선택이 현명한 위험인지 판단해 본다.

레슨 3
체인지메이커는 겸손과 자신감을 갖춘 사람이다

말레이시아에서 활동하는 체인지메이커인 그웬 이 웡Gwen Yi Wong은 늘 자신 있는 태도를 보인다. 금속 테 안경 뒤로 보이는 웡의 시선에서는 빠르게 작동하고 있을 두뇌의 움직임이 느껴진다. 아주 어렸을 때부터 자신은 혁신가였다고 기억하는 웡은 의미 있는 프로젝트를 만들고 다른 사람과 연결하고 남을 돕고 영감을 주고자 하는 강한 열망을 가지고 있다.

그렇기 때문에 웡이 공동 설립한 단체인 트라이브리스Tribeless가 내놓은 첫 번째 제품, 공감 박스Empathy Box로 전 세계의 주목을 받았을 때 대부분의 사람은 웡이 크게 성공했다고 여겼다. 현재 30개국이 넘는 곳에서 사용되는 공감 박스는 조직의 팀이나 단체가 공감, 존중, 상호 이해를 실천할 수 있도록 돕는 도구인데 웡은 공감 박스의 얼굴이나 마찬가지이니 말이다.

웡은 트라이브리스 초기에 탄탄한 팀을 구축했고 외부에서 볼 때 트라이브리스는 웡의 리더십 아래 도약하고 있었다. 하지만 내부적으로는 기하급수적인 성장의 무게에 짓눌려 고군분투하고 있었다. 웡은 자신의 정체성이 제품 개발에 너무 얽매여 있는 것 같아 걱정하고 있었다. 그는 비전 제시와 변화의 촉매제라는 자신의 가장 강력한 능력과 제품 관리 및 운영이 지상 과제인 트라이브리스가 필요로 하는 리더의 특성은 일치하지 않을지도 모른다는 것을 깨달았다.

"나는 비즈니스 마인드를 가진 훌륭한 스타트업 CEO가 아니었습니다. 그리고 자식 같은 트라이브리스는 사실 다른 사람 손에 크는 것이 나을 거라고 판단했습니다." 웡은 결국 자신의 자리를 내 놓기로 결정했다.[33]

CEO 자리에서 물러나야 한다는 사실을 깨닫기까지 웡은 몇 달간 힘든 과정을 거쳐야 했다. "이 자리에서 내려오는 법을 배움으로써 나는 다른 많은 것을 놓게 되었습니다. 트라이브리스에 매달리며 짊어졌던 감정적인 짐, 내 안에 내재되어 있던 사회적 기대, 그리고 가장 중요하게는 나는 완벽하고 현명하며 흠잡을 데 없는 사람이라는 생각 등을 말이죠." 겸손에 뿌리를 둔 웡의 이 결정은 정말 어려운 일을 해낼 수 있다는 자신감이 있었기에 가능했다.

체인지메이커들의 멘토로서 나는 웡과 완전히 같은 처지에 있는 많은 리더를 지원했지만 그들 중 상당수는 웡이 보여준 자기 인식이 부족했다. 또 일부는 자존심이 지나치게 높아서 웡이 당시 인식한 것처럼 조직을 위해, 그리고 자기 자신을 위해서도 가장 좋은 선택은 효과가 없는 일에 매달리지 않고 한발 물러서는 겸손함을 갖는 것임을 인식하지 못했다. 웡은 자신의 강점을 더 잘 발휘할 수 있는 리더십 팀에 남았고 트라이브리스의 공동 설립자가 CEO로 승진했다.

"리더십은 모든 것을 다 갖춘 척하거나 다른 사람에게 무엇을 해야 하는지 지시하는 것이 아닙니다. 겸손한 태도, 취약성을 인정하는 자세, 자신을 기꺼이 마지막에 둘 줄 아는 것이지요."[34] 웡이 내게 말했다. 웡이 자신감과 겸손을 모두 포용한 사람이었기에 트라이브리스는 더 높은 곳으로 날아오를 수 있었다.

체인지메이커의 마인드셋을 개발하려면 종종 상반되는 것으로 여겨지는 두 가지 특성을 동시에 갖춰야 한다. 강력한 개인적인 시야와 동시에 다른 사람들과 협력하는 열린 마음을 유지해야 하고, 추진력과 결단력을 발휘해 연달아 등장하는 장벽을 뚫고 나가면서도 언제 한 발짝 물러나 재충전해야 하는지를 알아야 한다.

앞으로 배우게 되겠지만 체인지메이커는 반은 자신감으로 반은 겸손으로 섞인 중간 지점을 찾는 것이 아니라, 자신감 있고 용기 있는 자세로 스스로에게 확신을 가지면서도 겸손한 자세로 다른 이들을 신뢰하고 그들과 협력하고 배우는 데 열려 있는 두 지점에 동시에 도전한다.

이 장에서는 자신과 타인에 대한 신뢰를 키우는 방법과 통제력을 잃지 않고 느슨하게 통제하는 방법, 겸손을 실천함으로써 자신감 있게 자기 확신을 발휘하는 방법을 알아볼 것이다.

겸손이 최고의 강점이 된다

경영진을 대상으로 겸손의 중요성에 대해 강의하기 시작하면 어리둥절해 하는 청중의 반응이 이제는 익숙하다. 그럴 때 나는 중요한 메시지를 전한다. "겸손함은 나약함이 아닙니다." 나는 이 말을 반복하는 것으로 겸손함을 나약함으로 인정하는 억측에 정면으로 맞선다. 내 주장을 뒷받침하는 데이터가 있기 때문에 나는 (고집은 부리지 않고)자신 있게 말할 수 있다. 겸손은 사실 리더가 가질 수 있는 큰 강점 중 하나다.

에이미 오우Amy Ou, 데이비드 월드먼David Waldman, 수잰 피터슨 Suzanne Peterson이 수행한 「CEO의 겸손함은 중요한가? CEO의 겸손과 기업 성과에 대한 조사」라는 제목의 연구는 매우 명확한 그림을 보여준다.[35] 이들은 105개 기업 CEO들에게 겸손의 수준을 측정하는 테스트를 실시한 후 기업에 관해 조사했다.

결과는 겸손한 CEO는 자신과 직원 간의 임금 격차를 줄이고, 더 다양한 경영진을 고용하며, 직원에게 지도하고 혁신하는 능력을 부여하는 것으로 나타났다. 겸손한 리더가 이끄는 조직에서는 직원 이직률이 낮고 직원 만족도는 높으며, 결정적으로 기업의 손익 결과도 개선되었다.

캐나다 연구자가 실시한 어느 연구에 따르면 겸손함이 낮은 리더는 갈등 상황에서 과잉 반응할 가능성이 크다고 한다.[36] 아울러 듀크대학교의 다른 연구는 어떤 사람이 지적으로 겸손할수록 잘못된 정보를 받아들일 가능성이 작고, 명료하지 않은 정보를 더 잘 처리하며, 잘못된 길인지 알면서도 약해 보일까 두려워 계속 그 길에 남게 될 가능성이 작다고 한다.[37]

체인지메이커가 되는 데 겸손은 왜 중요한 것일까? 겸손함의 부재는 변화를 추구하는 리더들 사이에서 종종 치명적인 결점으로 작용한다. 잘 알려진 두 가지 예를 들어보겠다.

하나는 불명예를 안게 된 테라노스Theranos의 창업자 엘리자베스 홈즈Elizabeth Holmes다. 홈즈는 혁신적이라고 주장한 혈액 검사 제품을 계속 밀어붙였지만 소비자들이 그의 주장에 실체가 없다는 사실을 알게 되자 결국 자신의 제국이 무너지는 것을 지켜보아야 했다.

겸손이 부족한 또 다른 예로는 넷플릭스 다큐멘터리 〈파이어 꿈의 축제에서 악몽의 사기극으로〉를 통해 문화적 교훈으로 영원히 남게 된 파이어 페스티벌Fyre Festival의 실패가 있다. 인스타그램 인플루언서와 유명 뮤지션들을 홍보에 활용해 지상 최고의 음악 축제라고 홍보했던 이 페스티벌은 최상의 이벤트를 약속한다는 말로 수천 달러의 참가비를 받았지만 참가자들에게 제공된 것은 대충 만든 샌드위치와 연방긴급사태관리국에서 재난 시 제공할 만한 텐트였고 뮤지션들의 불참으로 폭동에 가까운 사태가 벌어져 참담한 실패로 끝을 맺었다. 페스티벌 주최자인 빌리 맥팔런드Billy McFarland는 자신의 계획이 실패했다고 인정하는 것을 미루는 바람에 수억 달러의 사기 혐의로 수차례 소송을 당했으며 형사 수사를 받기도 했다.

겸손을 찾아서

『좋은 기업을 넘어 위대한 기업으로』의 저자 짐 콜린스Jim Collins는 데이터를 기반으로 엄밀하게 기업을 분석하는 것으로 유명하다.[38] 2001년 콜린스와 그의 팀은 미국 은행인 웰스 파고Wells Fargo와 뱅크오브아메리카Bank of America처럼 매우 유사한 두 기업을 비교 분석해 왜 한 기업은 번성하고 다른 기업은 정체하는지를 조사했다. 데이터는 기업 전략과 시장 포지셔닝에 대한 연구 결과 외에도 '위대한' 기업의 리더들이 치열한 결단력과 겸손이라는 두 가지 공통점을 가지고 있음을 드러냈다. 어느 기업이 진정으로 위대한 기업이 될 수 있었던 결정적인 이유 중 하나는 기업의 리더가 겸손했기 때문이라는 사실은 콜린스를 포함해 많은 사람을 놀라게 했다.

회의적인 대상에게, 즉 연구 대상이 된 기업처럼 선도적인 기업에서 일하는, 겸손이 강점이 된다는 사실을 바로 보지 못하는 사람들에게 겸손의 개념을 설명할 때 콜린스는 거울과 창문이라는 은유를 사용한다.

겸손하지 않은 리더는 칭찬을 받았을 때 그것을 자신을 향한 칭찬으로 받아들인다. 그리고 겸손하지 않은 리더는 비난을 받으면 그것이 자신을 향한 비난일지라도, 창문 너머에 있는 다른 사람에게 비난을 넘긴다.

반면 겸손한 리더는 그 반대로 행동한다. 칭찬을 받으면, 그것이 자신을 위한 칭찬일지라도 자기 팀과 그 칭찬을 공유한다. 반대로 비난을 받으면, 그것이 자신을 향한 것이 아니더라도 거울에 비친 자신을 받아들이듯 비난을 받아들인다.

칭찬이나 비난을 받을 때 당신은 어떻게 대응하는가? 이끌었던 팀이 칭찬을 받는다면 그 칭찬을 혼자만 받는 대신 다른 사람들과 나누는 겸손함을 발휘할 수 있는가? 무언가 잘못되었을 때 당신의 잘못이 아니더라도 리더로서 나서서 책임을 지겠는가?

신뢰는 체인지메이커의 막강한 힘이다

스타트섬굿을 이끌던 초창기에 나는 팀원들이 "앨릭스, 이거 어떻게 생각해요? 여기서 마케팅 전략을 어떻게 짜야 할까요?"라는 질문을 얼마나 자주 하는지를 기준으로 내 리더십 능력을 평가하곤 했다. 그리고 속으로 이렇게 생각했다. "와, 난 대단한 리더구나. 내 조언을 필요로 하는 사람이 이렇게 많을 만큼 내가 중요하구나."

하지만 실제로 나는 자신과 팀의 기대치에 미치지 못했다. 나는 병목 같은 존재였다. 직원들에게 권한을 주지 않았고 내 자존심은 회사의 성장을 가로막고 있었으며 나는 주당 75시간 일하는 생활에 지쳐 있었다.

나를 모든 것의 중심에 두다보니 내 리더십은 회전목마 중간에 서 있는 기둥이 되어 버렸다. 내 주변으로 많은 활동과 흥분이 회전하고 있어서 움직이고 있다는 착각이 들었지만 줄곧 우리는 계속 한자리에 고정되어 빙글빙글 돌고 있었다. 이런 상황에서 나는 어떻게 자신을, 그리고 더 정확하게는 우리 팀을 그 회전목마에서 내려오게 했을까?

나는 신뢰를 가지고 지도하는 법을 배웠다.

글로벌 사회의 구성원인 우리는 역설에 직면하게 된다. 세계화, 소셜 미디어, 온라인 소매업, 원격으로 이루어지는 분산된 근무 형태 등 오늘날 세계를 형성하는 모든 주요 트렌드를 떠올려 보자. 모두 신뢰라는 기반 위에 자리를 잡고 있다. 신뢰하고 신뢰받는 능력은 그 어느 때보다 중요해졌다. 하지만 이토록 신뢰가 부족한 적도 없었다.

퓨 리서치 센터Pew Research Center에 따르면 1958년부터 2021년까지 연방 정부를 '항상 또는 자주' 신뢰한다고 답한 미국인의 수는 1958년 73%에서 현재 25% 미만으로 크게 감소했다.[39] 한편 미국인이 71%는 서로에 대한 신뢰가 줄어들고 있다고 했고 70%

는 이러한 신뢰 감소로 인해 함께 문제를 해결하기가 더 어려워졌다고 답했다. 응답자의 62%는 사람들이 다른 사람을 돕기보다는 자신을 챙길 가능성이 더 크다고 보았고 3분의 1 이상이 자기 고용주를 신뢰하지 않는다고 했다.[40] 예를 들어 스웨덴의 신뢰 수준은 훨씬 높은 것처럼[41] 국가별로 차이는 있지만 전반적인 추세는 명확하다. 제도, 조직, 서로에 대한 신뢰는 급락하는 중이다.

신뢰는 그 어느 때보다 중요해졌지만 지금만큼 부족한 적도 없었다. 변화를 주도하려면 다른 사람을 신뢰하고 다른 사람으로부터 신뢰를 얻을 수 있는 능력이 필요하다. 어떻게 신뢰라는 막강한 힘을 목표 달성에 활용할 수 있을까?

신뢰 도약Trust Leaps

옥스퍼드대학교, 구글 같은 일류 대학교와 기업에서 강연하는 레이철 보츠먼Rachel Botsman은 「우리는 기관에 대한 신뢰를 멈추고 낯선 사람을 신뢰하기 시작했다」라는 제목의 테드 강연에서 신뢰에 관한 도발적이지만 올바른 해석을 내놓았다.[42] 보츠먼은 신뢰란 '미지와의 확실한 관계'라고 말한다. 많은 이들이 상호 간의 완벽한 믿음이 있어야 신뢰 관계를 맺을 수 있다고 생각하지만 결국 우리가 하게 될 '신뢰 도약'은 도약하는 방향에 무엇이 있을지는 보장할 수 없다는 점을 인식한 채로 하는 것이라고 가르친다.

보츠먼은 유럽의 차량 공유 서비스인 블라블라카BlaBlaCar를 예로 든다. 블라블라카 사용자들은 한 번도 만난 적이 없는 사람과 함께 차를 탈 때마다 신뢰 도약을 경험한다. 이러한 신뢰 도약은 수십 년 전에는 상상도 할 수 없었던 일이지만(자기 앞에 선 크라이슬러에 무작정 올라타는 것을 1970년대에는 상상이나 할 수 있었을까?) 우버Uber나 리프트Lyft 같은 차량 공유 서비스 덕분에 이제는 많은 사람이 낯선 사람의 차를 일상적으로 사용한다. 우리는 이러한 신뢰 도약을 꾸준히 경험하는 중이다.

보츠먼의 정의에서 특히 주목할 부분은 '이성적으로 신뢰하려고 하면 결국에는 실패하게 된다.'는 부분이다. 언젠가는 미지를 확실히 믿는 관계를 맺어야 하고 기꺼이 신뢰하고 도약해야 한다는 뜻이다.

당신이 최근에 경험한 신뢰 도약은 어떤 것이었는가? 신뢰하기로 결심하게 된 계기는 무엇인가?

신뢰를 다지는 3가지 기둥

우리는 신뢰를 이분법적으로 여기는 경향이 있다. 관계에 신뢰가 존재하거나 존재하지 않는다고 말이다. 하지만 체인지메이커가 신뢰를 효과적으로 적용하기 위해서는 신뢰에 있는 미묘한 차이를 충분히 이해하는 것이 중요하다. 신뢰는 서로 연관된 세 가지 기둥으로 구성된다.

1. 자신을 신뢰하기.

2. 타인을 신뢰하기.

3. 타인의 신뢰 얻기.

각각의 측면은 그 자체로도 중요하지만 신뢰의 막강한 힘을 온전히 발휘하기 위해서는 서로를 강화하는 세 가지 기둥을 전부 세울 수 있어야 한다. 두 개만 있다면 신뢰의 기반이 흔들릴 수 있다.

첫 번째와 두 번째 기둥만 있고 세 번째 기둥은 없다면 팀과 협력자들로부터 고립되어 다른 사람의 최선을 이끌어내는 리더가 아닌 개인 참여자로 남을 위험이 생긴다.

첫 번째와 세 번째 기둥은 있는데 두 번째 기둥이 없다면 오만하거나 냉담한 모습을 보일 수 있으며 고집을 부리는 자신감을 드러내게 될지도 모른다.

마지막으로, 두 번째와 세 번째 기둥만 있고 첫 번째 기둥이 없다면 자신의 재능, 통찰력, 전문성에 완전히 기댈 수 없어 팀의 공동 노력에 대한 영향력과 기여도가 제한될 수 있다.

신뢰의 세 기둥을 각각 살펴보고 기둥을 활용해 어떻게 견고한 기반을 구축할 수 있는지 알아보자.

신뢰의 첫 번째 기둥: 자신을 신뢰하기

신뢰의 첫 번째 기둥이자 많은 사람이 꾸준히 애를 쓰는 부분은 바로 자신을 신뢰하기이다. 자기 신뢰는 어떻게 키울 수 있을까? 먼저 신뢰를 끌어내는 습관을 기르는 것을 제안하고 싶다.

퇴역한 미 해군 사령관 윌리엄 H. 맥레이븐William H. McRaven은 오사마 빈라덴Osama bin Laden을 제거한 작전을 조직하고 감독하는 등 뛰어난 경력을 가지고 있다. 존경받는 경력을 쌓고 다수의 훈장을 받은 리더인 그가 자신의 뒤를 따르는 신진 군 지도자나 다른 분야 지도자에게 해주는 조언은 무엇일까? 인맥 관리 방법에 관한 복잡한 이론을 설명할까? 다각적인 전략 실행에 대한 전술적인 조언을 줄까? 아니다.

지금은 유명해진 2014년 텍사스대학교 졸업식 연설을 보자.[43]

"매일 아침 자고 일어난 자리를 정돈하면 하루의 첫 번째 과제를 완수한 것이 됩니다. 작은 뿌듯함을 느낄 수 있고, 다른 과제를 하고, 이어서 또 다른 일을 할 의욕이 생길 것입니다.

잠자리를 정돈하는 것은 또한 사소한 일들의 중요성을 깨닫게 합니다. 작은 일을 제대로 하지 못한다면 큰일도 제대로 할 수 없습니다.

만일 당신이 불행한 하루를 보냈다면 집에 돌아왔을 때 정돈된 잠자리가 나를 맞이할 것이고 내일은 나아질 거라는 용기를 줄 것입니다."

그의 말처럼 자신을 신뢰하는 첫 단계는 신뢰를 끌어내는 습관을 들이는 것이다. 작은 과제를 꾸준히 완료하는 것으로 더 크고 두려운 일도 자신 있게 해낼 수 있다는 자신감을 기르자.

재미있는 예를 들어보겠다. 나와 스타트섬굿을 공동 설립한 톰

도킨스Tom Dawkins는 할 일 목록을 작성할 때마다 제일 위에 늘 같은 문구를 적는다. 그의 첫 번째 할 일은 바로 '할 일 목록 만들기'다. 이렇게 하면 목록을 다 나열하자마자 첫 번째 작업을 완료한 것으로 표시할 수 있고 따라서 앞으로 나아가는 데 작은 추진력을 얻을 수 있다.

자기 신뢰를 키우는 두 번째 단계는, 가면 증후군imposter syndrome은 지극히 정상이며 우리가 생각하는 것보다 훨씬 더 흔하다는 사실을 기억하는 것이다. 원래는 '가면 현상imposter phenomenon'이라고 불렸던 이 증후군은 심리학자 수잰 임스Suzanne Imes와 조지아주립대학교의 교수 폴린 로즈 클랜스Pauline Rose Clance가 1978년에 처음 이론화했다.[44] 더 최근에는 작가 루치카 툴시얀Ruchika Tulshyan과 조디 앤 부레야Jodi-Ann Burey가 「여성에게 가면 증후군이 있다고 말하지 않는다」는 제목의 글에서 '자신의 능력을 의심하고 자신이 사기꾼이라고 느끼는 것'으로 가면 증후군을 정의했다.[45]

거의 모든 사람이 살면서 한 번쯤 가면 증후군을 경험하게 된다. 아카데미상 수상 배우 내털리 포트먼Natalie Portman과 전 스타벅스 CEO 하워드 슐츠Howard Schultz처럼 사기꾼과는 정반대이며 사회적으로 성공한 사람이라고 인정받는 사람들 사이에도 가면 증후군이 널리 퍼져 있다. 대부분이 어느 정도는 느끼고 있지만 나는 특히 여성, 유색인종, 부모나 그 윗세대에서 대학에 다닌 경험이 없어 자신이 가족에서 대학 진학 1세대인 경우 가면 증후군이 더 많다는 사실을 발견했다. 이는 가면 증후군을 개인의 문제가 아니라 사회 구조 전체의 문제로 봐야 한다는 툴시얀과 부레야의 주장과 부합한다.

나를 포함해 가면 증후군을 느끼는 사람들에게 좋은 소식은 이러한 감정을 활용해 보다 생산적인 결과를 내는 방법을 배울 수 있다는 것이다.

매사추세츠 공과대학 교수 바시마 튜픽Basima Tewfik은 가면 증후군의 특징 중 하나로 개인이 인식하는 자신의 역량과 실제 역량 간의 차이를 꼽았다.[46] 자신을 신뢰하는 법을 배우면 이러한 격차를 줄이는 데 도움이 될 수 있다. 의대생들을 대상으로 한 연구에서 튜픽은 가면 증후군을 경험한 학생들은 그렇지 않은 학생들에 비해 '더 공감하고, 더 잘 경청하고, 더 나은 질문을 했으며' 심지어 눈을 더 잘 마주치고 더 호감을 주는 보디랭귀지를 사용한다는 점도 확인했다.

가면 증후군이 있다고 자책하는 대신, 거의 모든 사람이 이 증후군을 느낀다는 사실을 기억하자. 그리고 자신이 느끼는 것보다 실제로는 더 유능할 수 있다는 것을 염두에 둔다면 가면 증후군이 원동력이 될 수도 있다. 이런 생각이 당장 가면 증후군을 덜 불편하게 해주지는 못하겠지만 적어도 자신을 더 신뢰하는 촉매제는 될 수 있다.

신뢰의 두 번째 기둥: 타인을 신뢰하기

높은 성과를 내고 있는 사람일수록 다른 사람을 신뢰하지 못하는 경향이 있다. 그들은 자기 성공의 상당 부분을 '올바른' 방식대로, 즉 자신의 방식대로 해왔기 때문이라고 믿는다.

학생 중 한 명이 나를 찾아와 팀 프로젝트에서 팀원들이 자신의 기준대로 프로젝트를 수행하지 않아 차라리 혼자서 프로젝트 전부를 하고 싶다며 불평했다. 이 학생은 복수 전공과 부전공을 병행하며 4.0에 가까운 학점을 유지하는 전형적인 우수한 학생이었다. 이 학생과 이야기를 나누면서 나는 그가 혼자 작업하는 것이 가장 효율적인 방식이라고 생각하도록 훈련받았다는 것을 깨달았다. 혼자서 작업하기를 선호하는 그의 마음은 이해할 수 있었다. 결국 학교에서는 단순한 문제 풀이든 표준 학력 시험이든 스스로 자신을 위해 학습하는 능력에 따라 성적이 매겨진다. 이런 성향을 가진 학생이 학교에서는 인상적인 결과를 낼 수 있을지 몰라도, 다른 사람을 신뢰하는 것이 결정적인 직장 세계에서는 좋은 결과를 내기 어렵다는 사실을 나는 잘 알고 있었다.

나는 이 학생이 다른 사람을 신뢰하는 법을 배우는 체인지메이커가 될 수 있도록 세 가지 구체적인 접근 방식을 제안했다.

1. **작게 시작한다**: 많은 체인지메이커가 프로젝트에 대한 통제력을 잃는다는 생각에 압도되어 다른 사람을 신뢰하는 것은 곧 통제력을 잃는 것과 같다고 여긴다. 나는 남을 전적으로

| 1부 | 체인지메이커는 누구인가?

신뢰하는 대신 작게 신뢰의 발걸음을 내디디라고 조언한다. 프로젝트 참가자들이 각자의 방식으로 작은 부분이라도 기여할 수 있는 기회를 주자. 그렇게 해서 작업이 잘 진행되면 (보통 예상보다 훨씬 더 잘 진행된다.) 다음에는 조금 더 큰 역할을 맡기는 것이다. 신뢰는 이분법적이지 않다. 미국과 소련의 핵 구축 회담에서 당시 미국 대통령 로널드 레이건Ronald Reagan이 자주 인용한 러시아 속담처럼 '신뢰하되 검증해야 한다.' 남에게 약간의 신뢰를 주고 그 신뢰가 검증되면 다음에는 조금 더 큰 신뢰를 주도록 하자.

2. **'무엇'은 명확하게, '어떻게'는 유연하게**: 환경을 파괴하지 않고 지속 가능한 도시를 주제로 이벤트를 기획해야 한다고 가정해 보자. 다른 사람에게 이 일을 위임하고 싶지만 권한을 어느 정도로 위임할지 확신이 서지 않는다면 어떻게 해야 할까. 이벤트의 비전과 반드시 수행해야 하는 사항에 대한 개요를 제공하되, 이 계획을 실제로 달성하는 방식에 대해 융통성과 창의성을 발휘할 수 있는 여지를 많이 제공한다. 이벤트를 함께 준비하는 담당자에게 현대적인 분위기를 원하며 패널은 남성 두 명, 여성 두 명으로 구성하고 최소 오십 명이 참석했으면 한다고 개요를 알려줄 수 있다. '무엇'에 해당하는 부분으로 명확하게 제시하는 것이다. 하지만 이를 '어떻게' 달성할지는 상대에게 맡겨야 한다. 담당자는 자기가 가진 인맥을 활용하거나 관련된 인물들에게 안내 메일을 보내 참가자들

을 모집할 수 있다. 페이스북으로 광고할 수도 있고 이메일 홍보 캠페인을 할 수도 있다. 이러한 세부 내용은 우리에게 중요하지 않다.(그리고 중요하지 않아야 한다!)

원하는 최종 결과가 무엇인지 윤곽을 잡았다면 다른 사람이 자신의 방식으로 그 비전을 실행하도록 신뢰해야 한다. 그 방식은 우리가 제안하는 방식보다 더 효율적일 수도 있다.

3. **위험으로부터 자신을 보호한다**: 작게 신뢰하는 것으로 시작하고 무엇은 명확하게, 어떻게는 유연하게 유지한다고 해도 상대를 신뢰하기로 도약하는 것은 여전히 굉장히 두려울 수 있다. 특히 맡기려는 일이 자신에게 큰 의미가 있는 일이라면 더욱 그렇다. 그럴 땐 최악의 시나리오가 무엇인지 파악하고 이를 극복하기 위해 사전에 계획을 세워두자. 타인을 무조건적으로 신뢰할 필요는 없다. 다른 사람을 신뢰하는 것이 점차 편해지면 어떻게 신뢰할 것인지, 언제 신뢰할 것인지를 더 잘 판단하게 될 것이다. 타인을 신뢰하는 것이 익숙해지기 전까지는 신뢰가 깨질 수도 있다는 가능성에 대비하는 것이 좋다.

예를 들어 앞서 언급한, 지속 가능한 도시에 관한 이벤트를 기획하도록 위임했다면 이벤트 2주 전에 모든 계획을 완료하라는 마감 기한을 제시할 수 있다. 이렇게 하면 담당자가 준비를 완료하지 못했다는 최악의 경우가 발생하더라도 내가 혼자서 직접 행사 준비를 진행할 수 있다. 이런 식으로 위험

| 1부 | 체인지메이커는 누구인가?

에 대비하면 일이 잘못되더라도 너무 늦기 전에 대비할 수 있다.(아마도 이런 일은 생기지 않겠지만 말이다.)

학생은 내 조언을 기꺼이 신뢰했고 팀 프로젝트를 수행하는 데 활용했다. 이 팀의 최종 발표는 훌륭했다. 팀원 모두 발표를 맡았고 이들이 발표한 개념은 나를 찾아온 학생이 이야기한 것에서 크게 진보했기에 그가 팀원들을 신뢰하기로 도약했다는 것을 확인할 수 있었다. 학생이 팀원들에게 보인 신뢰의 결과로 팀의 성과가 향상되었을 뿐만 아니라 그 자신 또한 체인지메이커로서 향상된 잠재력을 얻게 되었다.

신뢰의 세 번째 기둥: 타인의 신뢰 얻기

이제 다른 사람을 기꺼이 신뢰할 준비가 되어 있을 것이다. 하지만 다른 사람 역시 나를 신뢰하게 하려면 어떻게 해야 할까?

신뢰는 홀로 있지 않고 믿음직함과 영원히 얽혀 있다. 한쪽이 자신이 믿음직하다는 것을 증명하면 다른 쪽은 더 쉽게 신뢰하게 된다.

인간에게는 '상호 신뢰'라는 본능이 있기에 우리는 잠재적으로 적이 될 수 있는 사람도 협력자로 전환하여 신뢰와 믿음직함의 선순환을 이룰 수 있다.

공유 경제에 비유해서 좀 더 자세히 살펴보겠다. 공유 차량 서비스를 이용하는데 별 1점이 아닌 별 5점 승차 경험을 기대한다고 해보자. 별 1점짜리 승차를 예상하고 공유 차량 서비스를 이용한다면 운전자의 운전 실력을 더 따지게 되고, 더 간섭하고, 더 긴장하게 될 것이다. 그 결과 운전자는 자신의 최고 실력을 다할 수 없게 되고, 따라서 승객의 신뢰를 얻지 못할 가능성이 더욱 커진다. 반면에 별 5점짜리 승차 경험을 기대하며 공유 차를 타면 서로가 최선을 다할 수 있는 조건에서 서비스를 이용하게 되고, 좋은 승차 경험과 나아가 좋은 관계가 형성될 수 있다. 놀라운 일이다. 다른 사람이 신뢰할 만한 가치가 있다고 믿으면 그 사람도 자기가 그럴 자격이 있다는 것을 보여주기 위해 열심히 노력한다니 말이다.

따라서 타인의 신뢰를 얻기 위한 나의 첫 번째 조언은 내가 먼저 상대를 신뢰하자는 것이다. 이것이 바로 신뢰 도약의 정의다. 세련되고도 단순한 이 방법으로 우리는 선순환의 고리에 적극적으로 진입할 수 있게 된다.

타인의 신뢰를 얻기 위한 방법으로 내가 체인지메이커에게 하는 조언이 더 있다. 투명성, 취약성, 그리고 아이디어에는 엄격하게 그러나 사람에게는 부드럽게 대하기이다.

투명성부터 살펴보자. 무슨 일이 일어나고 있는지에 대한 정보가 부족할 때 우리는 눈에 보이는 점이라면 무엇이든 연결해 이야기를 만들어내는 경향이 있다. 그리고 이야기를 만들어낼 때 스스로를 이야기의 주인공이자 피해자로 만드는 경향이 있다. 하지만 신뢰를 얻을 만한 가치가 있는 사람으로서 우리는 거짓이 섞인 이야기가 아닌 정확한 이야기가 나올 수 있도록 도와야 한다.

우리는 종종 안 좋은 정보로부터 타인을 보호하려고 하지만, 나는 대부분의 경우 정보를 덜 공유하기보다는 더 공유하는 쪽으로 가야 한다고 주장한다. 친구 중 한 명은 자기가 근무하던 스타트업에 애정을 갖고 있었는데 창업자 겸 CEO가 갑자기 회사가 문을 닫는다는 소식을 알리자 크게 당황했다. 친구는 온갖 종류의 새로운 수익 기회를 구상하고 있었고, 자금 흐름이 어려워지는 상황에 대비해 확실한 해결 방안도 몇 가지를 준비해두고 있었지만 CEO는 이 사실을 몰랐다. CEO가 몇 주 전에라도 솔직히 재정 상태에 대해 알렸다면 내 친구를 포함해 조직 전체가 해결책을 모색했을 것이다. CEO가 보여준 신뢰 부족은 결국 스타트업의 몰락을 앞당겼고 나와 친구는 CEO가 투명하게 회사를 이끌었다면 상황이 어떻게 달라졌을지 궁금해할 수밖에 없었다.

이제 취약성을 보자. 연구자이자 베스트셀러 작가인 브레네 브라운Brené Brown은 이 주제에 관한 놀라운 연구를 수행한 바 있다. 그는 '사람들은 대체로 자기가 가진 취약성을 약점이라 생각한다. 그러나 타인은 그 취약점을 당신의 강점으로 보는 경향이 있다.'는 연구 결과를 도출해냈다.[47]

이 역설은 우리는 다른 사람이 드러내는 취약성은 가치 있게 여기지만 자신에게 있는 취약성은 약점이라 여기고 이를 드러내기를 꺼려한다는 것을 알려준다. 체인지메이커가 타인에게 취약한 모습을 보이는 것은, 즉 인간적이고 온전한 자신을 열린 자세로 정직하게 보이는 것은, 나른 사람들이 우리에게서 편안함을 느끼고 우리를 신뢰하게 만드는 놀라운 방법이다. 체인지메이커로서 우리는 갑옷을 입고 무적으로 보여야 한다고 자주 생각하게 된다. 하지만 이 무적의 갑옷이 오히려 다른 사람들이 우리를 신뢰하지 못하게 만드는 경우가 있다. 물론 취약성은 동정심을 얻기 위한 도구가 아니다. 취약성에도 경계가 있어야 한다. 체인지메이커가 되는 데 겸손과 자신감이 필요한 것처럼 취약성을 강점으로 전환하려면 개방성과 경계 설정이 필요하다. 이 두 가지를 모두 갖추면 신뢰를 촉진하는 데 도움이 된다.

마지막으로 믿음직스러워지고자 하는 체인지메이커에게 나는 아이디어에는 엄격하지만 사람에게는 부드럽게 대하라고 조언한다. 변화를 주도하다 보면 다른 사람들의 기분을 상하게 하는 경우가 있다. 합의를 보는 것은 쉽지 않을 수 있지만 합의를 이끄는 과정이 반드시 무례해야 하는 것은 아니다. 신뢰를 가장 잘 유도하는 대화는 사람들이 자신의 생각을 말할 수 있고 팀원들이 아이디어를 놓고 씨름할 수 있는 대화다. 이때 우리는 아이디어를 제안하는 사람과 아이디어 자체를 분리할 수 있어야 한다. 끔찍하다고 생각되는 아이디어라도 그 아이디어 뒤에 있는 사람을 소중히 여기고 존중해야 한다. 아이디어는 비판하되 사람은 비판하지 않아야 한다는 것이다.

내 의견에 반대하는 용기를 가진 사람을 존중하고 반대의 목소리를 낸 것에 대해 칭찬하며 동시에 가능한 한 최고의 아이디어를 찾는 데 집중하자. 캘리포니아대학교 버클리 캠퍼스 동료인 모튼

한센Morten Hansen이 그의 저서 『위대한 직장인(원서 제목은 Great at Work로 한국어 번역서는 출간되지 않았다. —역자 주)』에서 제안했듯이 훌륭한 팀은 '싸운 후 단결한다.'[48] 다시 말하자면 각자 최선이라고 믿는 것을 열정적으로 옹호하며 답을 향한 최고의 접근 방법을 찾기 위해 온몸으로 씨름한다. 하지만 일단 공감대가 형성되면 모두가 그 아이디어를 중심으로 단결해 한마음으로 전진한다.

스스로 기꺼이 신뢰 도약을 한다면 신뢰는 막강한 힘을 발휘할 수 있다.

팀 스포츠로 보는 체인지메이킹

다른 사람들을 통해 혹은 다른 사람들과 함께 우리는 가장 중요한 체인지메이킹 작업을 수행하게 될 것이다.

효과적으로 협업하는 능력, 즉 다른 이들의 참여를 이끌고 그들과 협력하는 데 자신감과 겸손함의 균형을 맞추는 능력은 체인지메이커로서의 성패를 결정하는 중요한 요소다.

『뉴욕 타임스』가 '오페라의 상주 파괴자'[49]라고 부른 유발 샤론Yuval Sharon은 전통적인 예술 형식 전반에 변화의 파문을 일으켰다. 그는 움직이는 차량, 기차역, 엘리베이터 복도 등에서 오페라를 연출했다. 그는 오래된 오페라 작품을 재창조하여 오페라 내부에 존재하는 식민지 권력 구조를 비판하기도 했다. 하지만 샤론은 혼자서 이런 기발한 시도를 하는 인습 파괴자가 아니다. 그가 로스앤젤레스에 설립한 실험적인 오페라 그룹인 디 인더스트리The Industry는 협업을 한 차원 발전시켰다. 이 그룹의 작품 중 대다수가 연출가가 한 명이 아니라 두 명이며 한 명의 수석 작가 대신 두 명의 공동 작가가 있고 두 명의 작곡가가 있는 작품도 있다.[50] 샤론은 조직원들끼리 대화를 해야만 하는 구조를 만들어 한계를 뛰어넘는, 창의력으로 가득 찬 협업을 이끈다.

협력자인가, 타협자인가?

규모가 크든 작든, 예술과 관련된 일이든 아니든, 협업을 하려면 갈등을 통해 생산적으로 일해야 한다. 토머스-킬만 갈등 관리 유형 검사Thomas-Kilmann Conflict Mode Instrument, 줄여서 TKI 모델이라고 부르는 도구로 갈등에 대해 이해하고 협업에 관해 좀 더 깊게 살펴보겠다.[51] 이는 갈등과 의견 불일치를 어떻게 다룰지 알려주는 간단하지만 강력한 도구이다.

두 개의 축이 있는 그래프를 그려보자. 세로축은 '자기주장성'을 가리키는데 이는 '자신의 관심사를 충족시키려고 노력하는 정도'로 낮은 정도에서 높은 정도로 표시한다. 가로축은 '타인수용성'을 가리키며 '상대방의 관심사를 충족시키려고 노력하는 정도'로 역시 낮은 정도에서 높은 정도로 표시한다.

두 척도를 기준으로 당신은 어느 위치에 있는가? 답에 따라 우리가 갈등에 어떻게 반응하는지를 알 수 있다. 앞으로 살펴보겠

지만 그래프에는 가장 효과적으로 협업을 이끌어낼 수 있는 놀라운 자리가 있다.[52]

- 두 척도 다 낮은 점수를 주었다면 '회피'에 해당한다. 자신이나 동료의 관심사를 충족시키려고 노력하지 않고 갈등을 회피하는 편이다.
- 자기주장성은 높지만 타인수용성은 낮다고 평가했다면 '경쟁'에 해당한다. 동료의 관심사는 희생하며 자신의 관심사를 충족시키려 한다.
- 자기주장은 낮지만 타인수용성은 높다고 평가했다면 '수용'에 해당한다. 자신의 관심사를 희생하면서 동료의 관심사는 충족시키는 것이다.

이 그래프에서 가장 이상적인 좌표는 어디일까? 많은 사람들이 갈등에 접근하는 가장 좋은 방식은 자기주장성과 타인수용성 모두에서 적절한 입장을 취하는 것이라고 생각한다. 하지만 이러한 입장은 실제로 '타협'이라는 어수선하고 불편한 중간 지대에 놓이게 한다. 자신과 동료의 관심사를 일부만 만족시킬 수 있는 타협점을 찾으려고 노력하지만 결국 양쪽 모두 만족하지 못하고 일을 끝내게 된다.

동료와 함께 방과 후 프로그램을 구상한다고 가정하자. 나는 초등학생용 체험 과학 프로그램을 만들고 싶은데 동료는 고등학생용 봉녕상 세삭 과성을 반틀고 싶어 한다. 어쩌면 증학생용 기술 교육 프로그램을 운영하는 것이 나와 동료가 애초에 원했던 계획의 중간에서 찾은 타협점이 될지도 모르겠다. 하지만 이 답은 우리 둘의 강점, 관심사 또는 열정을 살리지는 못한다. 누구에게도 도움이 되지 않는, 특히 학생들에게는 소용이 없는 타협이다.

역설적으로 보일 수 있겠지만 최고의 협업은 자기주장성(자신의 필요를 챙기는 것)과 타인수용성(동료를 배려하는 것)이 모두 높을 때 이루어진다. 이것이 바로 TKI 그래프에서 '협력'이라고 표기되는 부분, 즉 자신과 동료의 관심사를 완전하게 만족시킬 수 있는 원원 해결책을 찾으려고 노력하는 지점이다. 협력은 다양한 방식으로 새로운 가능성을 열어준다. 이 예시에서는 고등학생들이 창의적인 교육용 동영상을 제작하고 연기해 초등학생들에게 과학을 가르치는 프로그램이 나올 수 있을 것이다.

이것이 바로 이 장 시작에서 언급한 역설의 구체화이다. '고집부리지 않는 자신감'이 자신감과 겸손을 동시에 갖는다는 것을 의미하듯 협력은 자신의 목표를 추구하면서도 동시에 다른 사람의 목표도 뒤쫓는 것이지 실망스럽게 중간 지점에서 풍한 채로 머무는 것이 아니다.

실제로 협력하기

동료의 장점을 최대한 끌어내면서 최고의 체인지메이커로서 활동하는 데 집중할 수 있는 방법이 있다. 내가 아는 가장 대담한 동료 중 한 명인 스콧 시게오카Scott Shigeoka는 점점 더 양극화되어 가는 이 세상에서 가교 역할을 아름답게 수행하고 있다. 시게오카는 인종, 종교, 정치적 이념 등을 넘어 긍정적인 대화와 이해[53]를 탐구하는 '차이 줄이기Bridging Differences'라는 운동을 출범하는 데에 참여했다. 시게오카는 다른 사람들, 특히 자신의 신념과 가치에 공개적으로 적대적인 사람들과 소통하는 기회를 꾸준히 찾는다. 그들의 마음을 바꾸고 싶어서가 아니라 이해하고 싶어서다. 그렇게 함으로써 자기 신념 체계의 반대편에 있는 사람들과 의미 있는 관계를 구축할 수 있도록 지원한다. 다리를 놓기 위한 시게오카의 첫 번째 조언은 '공통된 인간성 인식하기'에서 시작하라는 것이다. 그는 다른 사람들과 의미 있게 협업하려면 —이전에 언급한 겸손에 관한 설명과 마찬가지로— '내가 진실을 독점하고 있지 않다는 사실을 기억하라'고 한다. 그렇다고 우리의 신념이나 가치를 포기하라는 것은 아니다.

시게오카의 조언처럼 다른 의견을 가진 동료와 협력을 시작할 때 알맞은 출발점은 각자의 가치관 중에서 일치하는 부분을 찾는 것이다. 예를 들어 나와 매우 다른 정치적 신념을 가진 사람과 협업을 해야 하는 경우가 생길 수 있다. 이러한 신념은 서로 다른 정책 선택이라는 결과로 나타날 수 있지만 그 신념을 뒷받침하는 안전, 건강, 안녕과 같은 가치는 생각보다 서로 비슷할 가능성이 크다. 이러한 가치를 공동의 목표에 연결하려면 긴 다리가 필요하겠지만 상반적인 협력 관계에서조차도 모든 당사자가 공유하는 가치가 있을지도 모른다는 가능성을 인식하는 것은 매우 중요하다.

훌륭한 협력자가 되기 위해서는 나중에 일을 빠르게 진행할 수 있도록 처음에는 느리게 시작해야 할 때도 종종 있다. 가치를 내세워 이끌고 조율하는 첫 단계는 빠르게 진행되지 않는다. 하지만 협력 전에 미리 시간을 투자하여 가치를 먼저 조율하고 논의하면 향후 의사 결정을 훨씬 더 빠르게 내릴 수 있다.

협력에 관한 마지막 교훈은 바로 과정이 중요하다는 것이다. 물론 운이 좋으면 의지나 설득을 통해 같은 결과를 더 빠르게 얻을 수도 있겠지만, 동료가 자신이 과정의 일부라고 느끼지 못하고 완전한 참여자로 인정하지 않는다면 변화가 지속될 가능성은 적다. 많은 체인지메이커가 자기 의견이나 아이디어를 제일 먼저 공유하고 싶어한다. 이는 자신감과 연결되는 부분으로 중요하다. 하지만 다른 사람들이 먼저 아이디어를 공유할 수 있도록 한발 물러서서 기다리는 겸손함 역시 중요하다. 동료들은 아마 내가 생각하지 못한 아이디어를 제안할 것이다. 그리고 내가 떠올렸을 아이디어를 제안한다면 더욱 좋다. 훌륭한 아이디어를 낸 것에 대해 칭찬하고 그 수고를 인정하면서 동시에 여전히 내가 원하던 결과를 얻게 되었다는 사실을 즐기면 되는 것이다.

이번 장을 마무리하는 이 시점에서, 2018년 말에 겸손하면서도 자신감 넘치는 모습으로 물러난 웡과 조직에 어떤 일이 있었는지 궁금하지 않은가? 웡은 다시 한 번 자유롭게 실험하고 혁신하며 사람, 제품, 디자인을 향한 그의 타고난 강점을 살릴 수 있게 되었다. 2020년 4월, 전 세계가 대면 근무에서 원격 근무로 전환하던 바로 그 시기에 트라이브리스는 온라인 버전의 공감 박스를 출시하며 물성이 있는 제품 생산에서 디지털 제품 생산으로 넘어갔고, 윙은 여기에서 역할을 할 수 있었다. 윙은 CEO 자리를 포기하기로 한 결정이 어떤 결과를 가져올지 전혀 상상하지 못했지만 '조직에 권한을 부여하고, 조직을 신뢰하고 투자한 과정이 우리를 여기까지 오게 했습니다.'라고 말했다.

　윙처럼 이제 우리는 변화를 주도하는 데 있어 자신감과 겸손, 신뢰와 믿음직함, 느림과 빠름을 '동시에' 포용하는 체인지메이커가 되었다. 이는 다음 체인지메이커의 마인드셋 개념인 '자신을 넘어서고 타인을 섬기기'를 살피는 데 도움이 될 것이다.

changer's playbook 3
겸손 근육 기르기

레슨 3 요약
- 겸손은 약점이 아니라 강점이다. 데이터에 따르면 겸손한 리더는 매출부터 팀 참여도까지 모든 면에서 훨씬 나은 성과를 거두는 것으로 나타났다.
- 신뢰를 얻으려면 종종 우리가 먼저 신뢰해야 한다. 리더십의 회전목마에서 내려 한 발짝 물러나 다른 사람에게 신뢰를 줄 수 있는 방법이 있는지 살펴본다.
- 진정한 협력은 나와 타인 모두가 각자 필요로 하는 것을 적극적으로 옹호하는 동시에 다른 사람들의 관심사를 충족시킬 수 있는 방법을 찾아 모두가 원원하는 해결책으로 이어질 때 이루어진다.

도전 과제
- 겸손의 근육을 강화한다. 칭찬을 받으면 그 칭찬을 함께 나눌 수 있는 다른 사람이 있는지 살펴본다. 팀원 중 누군가 비난을 받으면 나도 책임을 질 수 있는 방법이 있는지 생각해 본다. 그런 다음 내가 더 겸손한 모습을 보이면 다른 사람들은 어떻게 반응하는지 곰곰이 생각해 본다.

레슨 4

체인지메이커는 나를 넘어서는 사람이다

내 성격 때문인지 아니면 여유로운 캘리포니아에서 보낸 시간 때문인지 모르겠지만 내가 기업가, 임원, 학자로서 보낸 경력을 통틀어 정장을 차려입은 사람과 미팅한 횟수는 한 손에 꼽을 수 있을 정도다. 지금부터 하는 이야기에 등장하는 정장을 입은 사람은 겨우 스물한 살이어서 더욱 놀라웠다. 우리는 샌프란시스코 포트레로 힐 지역의 가파른 경사면을 오르내리는 걷기 미팅을 하려던 참이었는데 그에게는 안쓰럽게도 그날은 계절에 맞지 않게 덥기까지 했다. 우리는 악수를 하고 샌프란시스코 베이와 오클랜드 힐의 멋진 전망을 선사해 줄 언덕 위로 출발했다.

이 청년은 체인지메이커가 되는 것에 관해 대화를 나누고 싶다

레슨 4 체인지메이커는 나를 넘어서는 사람이다   125

고 연락해왔다. 하지만 나는 시작부터 이 대화가 내가 평소에 하던 멘토링과는 다를 것임을 알 수 있었다. 그가 신은 로퍼 때문만은 아니었다. 그는 그날 우리가 오를 언덕만큼이나 높은 야망을 갖고 있었지만 그의 방향 감각은 샌프란시스코를 처음 방문한 관광객만큼이나 희박했다. 그에게는 단 한 가지 야망이 있었다. 포브스 선정 30세 이하 30인 명단에 오르는 것이었다.

"그런 인정을 받기 위해 어떤 성취를 하고 싶나요?" 내 물음에 귀가 먹먹해질 것 같은 침묵이 흘렀다.

그는 뭘 해야 할지 모르겠다면서도 그 명단에 오르고 싶다고 되풀이했다. 나는 솔직함과 공감을 적절히 섞어가며 그가 거꾸로 생각하고 있다고 말했다. 그는 목적을 수단으로 착각하고 있었다.

"계획을 뒤집어야 해요." 나는 망설이지 않고 말했다. "다른 사람에게 미치는 영향은 지배할 수 없습니다. 하지만 다른 사람에게 영향을 미치는 자신의 능력과 결정은 지배할 수 있어요. 당신이 그 명단에 오를지 여부는 어느 날 낯선 사람들이 회의실에서 결정할 것입니다. 그것은 우리가 어떻게 지배할 수 없죠. 우리가 할 수 있는 일은 바로 지금, 여기에서 다른 사람들의 삶을 개선하기 위한 방법을 찾기로 결심하는 것입니다." 나는 그에게 자신을 뛰어넘는 체인지메이커가 되라고 당부했다.

"포브스가 당신을 선정할 거라고 장담할 수는 없지만, 그 과정에서 당신은 많은 사람의 삶을 개선할 수 있다는 약속은 할 수 있어요. 그것은 상위 30위 안에 드는 것보다 훨씬 더 의미 있는 일이고 당신에게 훨씬 더 큰 자율성을 부여할 거예요."

산책을 계속하면서 나는 자신을 넘어선다는 마인드셋이 어떤 의미인지 설명했다.

이 마인드셋의 네 가지 요소는 서번트 리더십servant leadership 실천하기, 윤리적 리더십 실천하기, 장기적 사고하기, 비전을 구상하고 적용하기이다. 바꿔 말하면 '의미 있는 목표(비전)를 향해 장기간(장기적 사고), 올바른 방법(윤리적 리더십)으로 다른 사람을 섬기는 것(서번트 리더십)'이라고 정리할 수 있다.

이 공식은 명성이나 부를 보장하지 않는다. 하지만 이 공식을 적용하는 체인지메이커는 자신을 확장하고 주변 사람에게 긍정적인 영향을 미칠 수 있는 기회를 얻게 될 것이다.

이 장에서는 네 가지 요소를 모두 이해하고 적용하여 자신을 넘어서는 체인지메이커가 되는 방법을 배울 예정이다.

타인 섬기기

오늘날 리더십이 처한 상황과 미디어, 정치, 비즈니스에서 리더십이 묘사되는 방식을 살펴보면 리더십은 부정적이고 심지어 위험해 보이기까지 하다. '권력에 굶주린', 혹은 '타락한' 같은 결국에는 자신만을 위하는 사람을 묘사하는 표현을 떠올릴 수도 있다. CEO와 직원 간 증기히는 임금 격차나 유권자보나 사신의 이익을 우선시하는 정치 지도자들의 이기적인 행동을 지적할 수도 있다.

이는 우리가 너무 자주 보는 리더십의 모습일 수 있다. 하지만 진정한 리더십의 모습은 절대로 아니다. 자신만을 위하는 리더십이 단기적으로는 리더의 욕심을 채워줄 수는 있겠지만, 지속적이고 긍정적인 변화를 이끌어내는 효과적인 리더 유형은 아니다. 자신만을 위하는 리더십을 단기간 잘 유지할 수는 있겠으나(게다가 일시적으로 성공을 거둘 수도 있겠으나) 자신을 우선시하는 태도로 결국 발목이 잡힐 것이고 장기적으로 긍정적인 영향을 미치는 체인지메이커는 분명히 될 수 없다.

자신 이상을 바라보는 리더의 마인드셋은 자신을 서번트 리더로 간주하는 것에서 시작한다.

시대를 초월한 접근법

서번트 리더십은 수천 년 전으로 거슬러 올라가는 개념이면서 동시에 급변하는 세상에서 리더십을 발휘하기 위한 현대적인 접근법이다. 서번트 리더십은 공식적인 조직과 비공식적인 조직, 대규모 변화를 위한 노력과 소규모 집단에 모두 동일하게 적용할 수 있다.

이 관념은 2,600년 전 중국의 철학자 노자의 가르침으로 거슬러 올라간다.

"가장 훌륭한 통치자는 백성이 존재를 거의 인식하지 못하는 통치자이다……현자는 자신을 내세우지 않고 말이 적다. 현자가 임무를 달성하고 해야 할 일을 성취하면 모든 백성은 이렇게 말할 것이다. '우리가 스스로 이루어냈도다!'"⁵⁴

이 개념은 미군에서도 볼 수 있다. '장교는 가장 나중에 먹는다'는 말을 들어본 적 있는가? 식사 시간에 장교들은 계급이 낮은 순서부터 높은 순서로 줄을 서서 밥을 먹는다. 가장 상급 장교는 부하 장교들이 다 먹은 후에야 식사를 하게 된다는 뜻이다. 이는 공식적인 규칙은 아니다. 어디에 성문화되어 있지도 않고 위반 시 처벌 받는 것도 아니다. 그러나 서번트 리더십을 아주 잘 실행한 예시로, 자신의 이익보다 섬기는 사람들의 이익을 우선시하는 행동이다.

수십 년간 기업 경영에 종사한 로버트 그린리프Robert Greenleaf는 1970년에 쓴 에세이 「리더의 역할을 하는 서번트」에서 '섬김이 리더십의 특징이 되어야 한다.'⁵⁵며 서번트 리더십이라는 용어를 널리 알렸다.

그린리프에 따르면 서번트 리더십은 '섬기고 싶다는 자연스러운 감정'에서 시작되며 '리더가 되고자 하는 의식적인 선택'으로 이어진다. 그린리프의 설명을 보면 정장을 입은 내 멘티가 리더가 되려는 계획을 반대로 세웠음을 알 수 있다. 서번트 리더십은 리더가 되고자 하는 열망에서 시작하지 않는다. 먼저 다른 사람을 섬기는 것으로 시작하고 거기서부터 의식적으로 리더가 되라고 사르친다.

마지막으로 그린리프는 서번트 리더인지 확인하는 가장 좋은 방법은 '섬김을 받는 사람들이 인격적으로 성장하는가?'라고 묻는 것이라고 알려준다. 다시 말해 우리가 다른 사람을 섬길 때 그 사람이 더 강해지고, 더 유능해지고, 스스로 서번트 리더가 되고자 하는 의지가 강해지는지를 보라는 것이다.

서번트 리더십은 실제로 어떤 모습일까? 내가 직속 부하 직원을 대할 때 최우선으로 여기는 것은 직원이 최고의 성과를 보일 수 있도록 최대한 지원하는 것이다. 업무에 무엇이 방해가 되며 내가 어떻게 개입해서 도울 수 있는지 물어본다. 내가 가장 잘 안다고 생각하지 않고 직원들을 섬기려고 적극적으로 노력하며 직원에게 필요한 것이 무엇인지 그들이 가장 잘 알고 있다고 믿고 직원들의 말에 귀를 기울인 다음 행동으로 옮긴다. 관리자로서 내 역할은 동료를 대신해 어려운 대화를 나누거나 중요한 발표를 위한 전략을 세우는 데 도움을 주거나 회의실 예약이 가능한지 확인하는 등 사소한 일까지 전부 포함한다는 의미다. 직원의 성장에 방해가 되는 것이 무엇이든 다 막아주고 직원이 업무에서 더 강해지고 더 유능해질 수 있도록 돕는 공격적인 라인맨(미식축구에서 최전방 공격수 –편집자 주)이 내 역할이다.

다른 이들을 섬기겠다는 의식적인 선택에서 이 모든 것이 시작된다.

행동하는 서번트 리더십

서번트 리더십이 우리 모두가 지향해야 할 자신을 넘어서는 마인드셋이라면, 이 개념이 너무 드문 것 같은 정치 영역은 어떻게 해석해야 할까? 정치 인재를 채용하는 현재 제도가 잘못되었다고 생각하는 것은 에밀리 체르니악Emily Cherniack도 마찬가지였다.

체르니악은 미국 봉사단체인 아메리코AmeriCorps에 참여하고, 일 년에 하루를 자원봉사하며 보내는 캠페인인 비더체인지Be The Change의 창립 멤버로 활동해 25만 명의 활동가를 모집하는 등 오랜 기간 서번트 리더십을 발휘한 바 있다. 체르니악은 2009년 한 정치인의 선거 참모로 우연히 정치에 입문했다. 자신이 지원하던 정치인이 예비선거에서 탈락해 커리어를 계속 이어나가지는 못했지만 체르니악은 이 경험을 통해 인재를 발굴하고 지원하는 현 정치 제도가 얼마나 엉망인지 확인할 수 있었다.

체르니악은 "정치권의 인재 파이프라인은 의도적으로 배타적이며, 변화를 이끄는 리더가 성공적으로 공직에 출마하는 것을 막는 심각한 장벽이 있다."며 "이를 바꿀 수 있는 유일한 방법은 파이프라인을 바꾸는 것"이라고 말했다.[56]

이 문제를 해결하기 위해 체르니악은 2013년에 미국 민주주의를 활성화하기 위한 활동, 특히 군대나 평화봉사단 같은 병역에 종사한 적이 있는 서번트 리더를 모집하는 비영리, 초당파적 단체인 뉴 폴리틱스New Politics를 설립했다. 뉴 폴리틱스는 서번트 리더가 미국 최고의 문제 해결사이자 체인지메이커에 속하며 그 어느 때보다 이들의 리더십이 필요하다고 말한다.

유능한 정치인을 찾아 당선되도록 돕는 대신 뉴 폴리틱스는 서번트 리더십의 대본을 철저히 따른다. 이 조직은 의식적으로 다른 사람을 섬기기로 선택한 헌신적인 이력이 있는 개인을 찾고, 개인의 특정 정치적 신념이나 당선 가능성 대신 서번트 자질에 초점을 맞춘다. 그리고 이미 자신을 넘어서는 마인드셋을 가진 이러한 리더들이 당선될 수 있도록 정치와 정책에 대한 훈련을 실시한다. 이렇게 여야를 막론하고 많은 사람이 미국 의회에 절실히 필요하다고 생각하는 정치 지도자가 될 수 있도록 준비시킨다.

지역, 주, 국가 차원에서 뉴 폴리틱스가 지지하는 서번트 리더가 여럿 활동하고 있다. 서번트 리더십 마인드셋이 의미 있고 체계적인 변화를 촉진하는 데 도움이 된다는 것이 증명된 셈이다.

5분의 친절

서번트 리더십은 산업과 분야에 상관없이 적용된다. 펜실베이니아대학교 와튼스쿨 교수 애덤 그랜트Adam Grant의 훌륭한 책 『기브앤테이크(한국에서는 생각연구소에서 2013년에 번역서를 출간했다. −역자 주)』에서는 다른 용어를 사용해 서번트 리더십을 다룬다.[57]

책에서 그랜트는 기버giver, 테이커taker, 매처matcher라는 세 가지 유형의 페르소나를 구분한다. 테이커는 다른 사람에게서 최대한 많은 것을 얻어내려고 한다. 매처는 주는 것과 받는 것의 균형을 완벽하게 맞추는 것을 목표로 삼는다. 기버는 대가를 바라지 않고 다른 사람에게 기여한다.

그랜트는 기버가 다른 두 유형에 비해 드물며 어쩌면, 당연하게도, 번아웃을 경험할 가능성이 더 크다는 사실을 발견했다. 하지만 엄밀한 데이터 분석을 통해 기버가 탁월한 영향력을 발휘하는 리더와 체인지메이커에게 영감을 주는 것으로 특히 자리를 잘 잡고 있다는 사실도 발견했다. 서번트 리더십을 어떻게 실천할지 방법을 찾고 있다면 그랜트의 '5분의 친절'이라는 개념부터 시작해 보는 게 어떨까? 스스로 질문해 보자. "내가 보답을 기대하지 않고 다른 사람을 위해 5분 동안 할 수 있는 일은 무엇일까?" 서로 만나면 정말 즐거워할 것 같은 두 사람을 이메일을 통해 소개하거나 동료, 상사 또는 친구에게 노고에 감사하는 메모를 작성할 수도 있겠다. 단 5분으로 다른 사람을 섬기는 서번트 리더가 될 수 있다.

체인지메이커는 윤리적인 리더이다

일부 리더는 최소한의 노력만 하고 단순히 나쁜 사람이 되는 것만 면하려고 한다. 이러한 접근법이 단기적으로는 효과가 있을 때도 있다. 하지만 체인지메이커로서 우리는 더 높은 기준을 열망할 수 있고 또 그래야 한다. 체인지메이커 리더는 단순히 '해를 끼치지 않는' 선을 넘어 적극적으로 긍정적인 영향을 끼치는 데 집중해야 할 도덕적 의무가 있다.

홍보 및 마케팅 기업인 콘 커뮤니케이션스Cone Communications에서 실시한 연구에서 소비자의 85%, 특히 밀레니얼 세대의 91%가

보다 윤리적이고 자기 가치와 일치하는 것으로 인식되는 브랜드로 바꿀 의향이 있다고 답했다.[58] 또한 밀레니얼 세대 중 62%와 성인 전체 중 대다수가 '책임감 있는' 기업에서 일할 수 있다면 급여가 줄어도 이직할 의향이 있다고 답했다.

리더이자 소비자인 체인지메이커는 윤리가 단순히 있으면 좋은 것이 아니라 반드시 갖춰야 할 것이라고 믿는다. 글로벌 PR 기업 에덜먼에서 발표한 2020년 에덜먼 신뢰도 지표Edelman Trust Barometer에 따르면 CEO들은 윤리에 대한 압박을 받고 있다.[59] 응답자의 76%가 CEO들이 정부의 강요 조치를 기다리지 말고 긍정적인 변화를 주도해야 한다고 답했다.(이는 전년 대비 11% 포인트 증가한 수치이다.) 응답자의 과반수는 CEO들이 동일 임금부터 환경까지 다양한 문제에 대해 긍정적인 변화를 일으킬 수 있다고 믿으며 직원 응답자 중 71%는 CEO들이 문제에 대응하는 것이 '매우 중요하다'고 답했다.

우리는 당연하게도 리더에게 더 많은 것을 기대한다. 또한 미사여구와 현실이 일치하지 않는 '목적 세탁purpose washing'이나 긍정적인 영향력을 행사하겠다는 공허한 약속을 꿰뚫어 보는 소비자의 능력도 점점 더 향상되고 있다. 이는 2020년 백인 경찰의 과도한 진압에 흑인인 조지 플로이드가 살해된 후 소셜 미디어에서 일어난 파장으로도 확인되었다. 아마존부터 로레알에 이르기까지 여러 브랜드가 "흑인의 목숨도 소중하다."는 뜻으로 흑인 인권 탄압과 인종차별에 반대하는 '블랙 라이브스 매터Black Lives Matter'시위에 대한 지지를 표명했지만, 경영진 구성부터 정책에까지 기업의 조치가 이를 반영하지 않는다는 사실을 알게 된 일반 소비자들의 비판이 쏟아졌다.

자신을 넘어서는 체인지메이커가 된다는 것은 윤리적 리더십을 형식적인 최소한의 기준으로 보지 않고 자신의 지위를 이용해 팀과 공동체에서 다른 사람들을 이끌고 더 큰 목표를 향해 함께 나아가는 기회로 받아들이는 것을 의미한다.

윤리적 리더십의 세 가지 요소

오늘날 효과적이고 윤리적인 리더가 되는 데 필요한 세 가지 요소는 진정성, 일관성, 포괄적인 참여다.

우리 중 대다수, 특히 디지털 원주민인 밀레니얼 세대와 Z세대는 옳은 일을 하겠다는 공허한 약속을 꿰뚫어보는 데 아주 능숙하다. 따라서 윤리적 리더는 진정성에서 출발해야 한다. 미투(#MeToo)와 같은 사회 운동이 일어났을 때 많은 리더가 대의를 지지하는 공개 성명을 발표했지만 행동 변화까지 이어지지는 않았다. 윤리적이기 위해서는 먼저 진정성을 갖고 자신의 행동과 말이 일치하는지, 나아가 타인에게 본보기가 될 수 있는지 확인해야 한다. 자신을 넘어서는 마인드셋에는 말 이상의 것이 필요하다. 자신의 행동이 무엇보다도 기업의 정책과 미사여구에 부합해야 한다.

하지만 단순히 한순간에 옳은 일을 하는 것만으로는 충분하지 않다. 윤리는 일시적이지 않고 지속적이다. 올바른 일을 일관되게 실천하면 다른 사람들이 의미 있는 변화를 일으키도록 영감을 주는 리더가 될 것이다. 수년간 성소수자의 권리를 옹호해 온 애플의 CEO 팀 쿡Tim Cook에게서 그 예를 볼 수 있다. 그는 개인적으로는 자선 활동을 통해, 업무적으로는 자신의 행동과 기업 정책을 통해 오랫동안 평등이라는 대의를 옹호해왔다. 획기적인 미국 대법원 판례로 남게 된 오베르게펠 대 호지Obergefell vs. Hodges 판결로 동성 결혼이 법적으로 보장된 권리가 되자 많은 리더와 기업이 이 운동을 지지하기 시작했다. 이는 환영할 만한 일이지만, 이 영역에서(여기서 애플의 모든 정책을 살펴보지는 않겠다.) 꾸준히 윤리적 리더십을 발휘해 온 쿡과 같은 리더들은 이를 지지하는 집단이 생기기 전에 진정으로 자신을 넘어서는 마인드셋을 구현해 왔다고 할 수 있다. 그들은 윤리적 정책을 추진하는 데 있어 다른 리더들의 본보기가 되기도 했다.

세 번째이자 마지막 요소는 모든 종류의 이해관계자를 윤리적 리더십에 포괄적으로 참여시키는 것이다. 윤리적 리더십은 모든 종류의 사람들을 더 많이 참여시킬 때 더욱 강력해진다. 아웃도어 기업인 레이rei는 '#OptOutside'라는 블랙 프라이데이 캠페인(2015년부터 블랙프라이데이에 매장 문을 닫고 직원들에게 야외 활동을 장려한 레이의 캠페인. 과도한 소비에 반대하고 직원들에게 과중한 업무를 주지 않겠다는 경영자의 생각이 반영된 캠페인이다. ―편집자 주)에서 이를 증명했다. 윤리적 입장을 취한 건 소비자들만을 위해서가 아니라 직원들을 위해서였기도 했고, 직원들에게 유급 휴가를 제공함으로써 이를 보여주었다. 이러한 움직임이 뭉쳐서 하나의 운동이 이루어졌다. 고객은 혜택을 받지만 직원은 하루치 급여를 받지 못하는 등 이해관계자 중 일부에게는 불만을 샀을 만한 상황은 벌어지지 않았고, 오히려 직원과 고객 모두가 운동에 참여했다.

냉동 제품 코너를 넘어 영향력을 넓혀가는 인기 아이스크림 회사인 벤앤제리스Ben & Jerry's에서는 윤리적 리더십의 세 가지 요소가 모두 실현되는 것을 볼 수 있다. 벤앤제리스의 글로벌 운동 전략 책임자인 크리스토퍼 밀러Christopher Miller는 『하버드 비즈니스 리뷰』와의 인터뷰에서 이렇게 말했다. "우리는 우리의 가치에 뿌리를 둔 운동과 옹호 활동을 지속하고 있습니다. 우리는 NGO나 정책 분야에서 종사한 경험이 있는 사람들로 이루어진, 사회적 가치를 실현하는 팀과 팬들과 소통하고 아이디어를 판매하는 방법을 아는 세계적 수준의 마케팅 팀이 함께 일하고 있습니다. 따라서 어떤 일이 발생했을 때 우리는 이에 대응할 특권, 힘, 소통 능력을 발휘할 수 있습니다."[60] 벤앤제리스의 CEO 매슈 매카시Matthew McCarthy도 이렇게 덧붙였다. "우리가 이런 일을 하는 것은 아이스크림을 더 많이 팔기 위해서가 아니라 사람을 소중히 여기는 가치관을 따르기 때문입니다."

벤앤제리스가 기업의 사회적 책임에서 돋보이는 이유는 공급업체부터 소비자, 공동체 구성원에 이르기까지 지역사회와 진정성 있게 소통하는 방식에 있다. 밀러는 조지 플로이드 사망 사건에 대한 내응에 관해 이렇게 설명했다. "저와 저희 팀은 친구, 동업자, 파트너로 구성된 꽤 큰 집단을 관리하고 있기 때문에 어떠한 대응이라도 이들과 확인 후 실행합니다. 벤앤제리스에서 낸 블랙 라이브스 매터 성명서에는 매우 구체적인 네 가지 정책 권고 사항이 있었습니다. 이는 본사 회의실에서 만들어낸 것이 아니에요. 저희는 최전선에 있는 사람들의 목소리를 전하고자 합니다."

그렇다면 아직 가치를 명확하게 표현하지 못한 기업은 어떻게 해야 할까? "옳은 일을 시작하는데 나쁜 순간은 없습니다. 오늘부터 동물 보호 단체인 휴메인 소사이어티The Humane Society를 지지하는 가치를 내세울 수 있겠고 아니면 도시락을 제공하는 활동을 할 수도 있을 거예요. 무엇이든 좋습니다. 아무런 가치가 없는 일이란 있을 수 없어요."라고 매카시는 주장한다.

신속하게, 하지만 서두르지 말고

변화는 시간이 걸린다. 나와 일하는 많은 체인지메이커들은 원래 성급한 편인데 이러한 성향이 행동으로 이어지기 때문에 많은 경우 도움이 된다. 하지만 실질적이고 지속적인 변화를 만들어내는 것은 전력 질주가 아니라 마라톤이다.

우리가 새로운 습관을 들이기 위해 스스로 목표를 설정할 때도 이 점을 알 수 있다. 새로운 습관을 만들겠다고 결심했다가 1~2주 만에 포기한 적이 얼마나 잦은가? 유니버시티칼리지 런던

대학교의 건강 심리학 연구원인 필리파 랠리Phillippa Lally가 동료들과 함께 습관 형성에 관해 연구하고 유럽 사회심리학 저널에 발표한 내용에 따르면, 새로운 습관이 형성되는 데에는 66일이 걸린다고 한다.[61] 이는 체인지메이커들이 장기적으로 노력해야 하는 이유를 강조해 준다.

어쩌면 분기별로 실적 결산을 하는 미국 기업의 경향을 따르게 되어서 그런 것일 수도 있겠지만 많은 개인과 조직이 자신을 넘어 장기적으로 생각하는 데 어려움을 겪는다. 하지만 수익은 조직의 건전성을 보여주는 하나의 단면일 뿐이다. 경영 컨설팅 회사인 맥킨지McKinsey는 15년 동안 615개 기업을 장기 지향적인 기업과 단기 지향적인 기업으로 나눠 비교했다.[62] 이 연구를 통해 단기적인 사고와 전략을 채택하는 기업의 비율이 증가하고 있지만 장기적인 관점에 집중하는 기업이 2001년부터 2014년까지 47% 더 높은 매출 성장을 보였으며 급변하는 경향도 적다는 것이 확인됐다. 맥킨지의 보고에 따르면 "장기적인 관점을 가진 기업의 수익은 같은 기간 다른 기업보다 평균 36% 더 성장했으며 경제적 이익은 평균 81% 더 증가했다."

많은 리더들이 단기적인 성과에 집중해야 한다는 압박을 느낄 수밖에 없는 환경에 처해 있다. 분기별 실적이 발표될 때마다 달려드는 월스트리트 애널리스트부터 소셜 미디어에서 바이럴되는 콘텐츠를 —2014년 아이스버킷 챌린지를 기억하는가?— 놓치지 말아야 한다는 압박까지. 경기 전체를 내다보거나 준비하지 않고 눈앞의 장애물 해결에만 집중하다 보면 리더는 지쳐서 지속적인 변화를 이루지 못하는 경우가 많다.

자신을 넘어서는 체인지메이커들은 실질적이고 지속 가능한 변화는 급조로 이루어지지 않는다는 점을 인정하고 넓은 시야로 장기간 변화 과정에 임한다. 큰 그림을 보고 인내심을 발휘할 수 있는 능력은 체인지메이커를 차별화하는 요소로 점점 더 부각되고 있다.

시드 에스피노사Sid Espinosa가 내 수업에 강연하러 왔을 때 나는 그가 젊은 나이에 어떻게 그렇게 많은 것을 성취했는지에 대해 얘기할 거라고 예상했다. 당시 에스피노사는 마이크로소프트의 자선사업 담당 수석 이사였으며 캘리포니아주 팰로앨토에서 라틴계 최초로 시장을 역임한 바 있었는데 나이는 이제 겨우 서른 살이었다. 그는 기업과 공동체에 필요한 변화에 대해 이야기하면서 자신을 개인 단거리 선수로 여기는 것을 멈추고 이어달리기의 선수라고 생각하라고 말했다. 에스피노사는 우리가 일으키고자 하는 모든 변화가 우리의 커리어나 삶이 이어지는 동안에 실현되는 것을 보지 못할 수도 있다고 했다.

나는 이 말에 학생들의 열망이 꺾일 것으로 생각했지만 학생들은 오히려 이 조언에 해방감을 느꼈다. 학생들은 에스피노사가 다른 사람들이 시작한 중요한 일을 이어받아 이행하고 뒤에 올 사람들에게 나은 세상을 남겨주라고 조언하는 것으로 받아들였다.

에스피노사의 조언은 기업뿐만 아니라 사회 변화 환경에도 동일하게 적용된다. 우리는 단기적으로 재정적 목표나 기타 다른 목표에 대한 책임이 있을 수 있다. 그럴 때 미래의 다른 사람들에게 어떻게 바통을 넘길지 고민하면 부담을 덜 수 있다. '신속하게, 하지만 서두르지 않는다.' 전설적인 캘리포니아대학교 농구 코치 존 우든John Wooden의 말에 주목하자. 당장 할 일에 신경 쓰면서도 실현하는 데 시간이 오래 걸릴 수 있는 중요한 변화는 서두르지 않아도 된다.

무한게임

사이먼 시넥Simon Sinek은 그의 저서 『인피니트 게임The Infinite Game(한국에서는 세계사에서 2022년에 번역서를 출간했다. —역자 주)』에서 이 개념을 훌륭하게 묘사한다.[63] 시넥은 뉴욕대학교 명예교수인 제임스 P. 카스James P. Carse가 1980년대에 수행한 연구로 우리 모두가 참여하는 게임을 유한게임과 무한게임으로 나눈 개념[64]을 발전시켰다. 모노폴리나 농구 같은 유한게임은 정해진 규칙, 합의된 목표, 승자가 결정되는 명확한 시점이라는 특징이 있다. 무한게임은 시작이나 끝이 명확하지 않고 알려진 플레이어와 알려지지 않은 플레이어가 있으며 정확한 규칙도 없다. 시넥에 따르면 비즈니스, 정치, 심지어 인생도 무한게임이라고 볼 수 있다. 나는 무한게임의 전형적인 예로 '변화 주도하기'도 추가하고 싶다.

무한게임에서는 플레이어가 언제든지 게임에 참여하거나 그만둘 수 있기 때문에 명확한 승자가 없다. 예를 들어 지원이 부족해

지거나 계속할 의지가 없으면 게임을 그만두어도 된다. 시넥은 무한게임을 할 때 누가 이기고 누가 지는지에 관한 생각을 멈추고 그 대신 시간의 시험을 견딜 수 있는 강력하고 건강한 조직을 구축하는 데 집중해야 한다고 조언한다.

더 건강한 환경, 더 나은 학교, 더 안전한 이웃, 더 많은 정보를 가진 시민을 만드는 것 같은 무한한 게임을 유한한 것으로 생각하지 않는다면, 우리는 장기적으로 다른 사람들에게 더 나은 서비스를 제공할 수 있는 위치에 서게 될 것이다. 무한한 게임을 축소하여 플레이함으로써 우리의 리더십과 조직은 외부 충격에 더 탄력적으로 대응하고 임시방편이 아닌 지속 가능한 결과를 향해 나아갈 수 있다.

무한한 마인드셋으로 일하기

무한한 마인드셋은 개인 체인지메이커에게도 도움이 될 수 있다. 학생들은 첫 직장에 대한 조언을 구하러 꾸준히 찾아온다. 그들과의 대화를 통해 나는 일정한 현상을 발견했다. 학생들은 장기적인 행복과 영향력을 희생하면서 단기적인 고통을 과도하게 통제하려는 경향이 있다는 것이다. 학생들은 자신이 희망하고 기대하는 단 하나의 완벽한 직장에 바로 취업하기 위해 유한한 게임을 할 자세를 보인다. 나는 학생들에게 당장은 어떻게 느껴질지 몰라도 첫 직장이 자신의 커리어를 정의하지 않는다는 점을 상기시켜준다. 취업은 '유한'하지만 커리어는 '무한'하며 그 과정에서 조절할 수 있는 무수히 많은 기회가 있다. 무한한 마인드셋을 갖추고 체인지메이커의 커리어 전체를 바라본다면, 1~2년은 긴 커리어의 한 순간에 불과하다는 것을 깨닫게 되기 때문에 장기적인 시각이 주는 불편함을 조금 더 오래 견뎌낼 수 있다. 이렇게 하면 학생들은 첫 일자리를 더 넓은 시야로 보면서 배움과 성장의 기회로 여기고, 앞으로 수십 년 동안 하고 싶은 일을 더욱 구체화할 수 있다.

나는 디자인 및 혁신 전문가인 내 친구 조슬린 링 말란Jocelyn Ling Malan의 조언을 학생들과 자주 공유한다. 조슬린은 첫 직장을 자신의 커리어에 관해 알려주는 여러 가설을 테스트하는 과정으로 생각하라고 말한다. 직장 생활을 하면서 "나는 작은 회사에서 일하는 것을 좋아하는가, 나는 빠르게 변화하는 환경에서 일하는 것을 선호하는가, 글쓰기 업무는 내가 수강한 수업만큼 성취감을 느끼게 해주는가." 따위의 질문을 스스로 해보라는 것이다. 구직 활동을 유한한 것에서 무한한 것으로 재구성함으로써 학생들은 첫 직장에 대한 새로운 관점을 개발할 수 있다.

에어비앤비의 무한한 투자 기간

에어비앤비는 '무한한 투자 기간'으로 전환해 회사 자체는 물론 이해관계자들에게도 장기적으로 많은 혜택을 제공한 대표적인 기업이다. 2018년 에어비앤비의 공동설립자 브라이언 체스키Brian Chesky는 '21세기형 기업 구축에 관한 에어비앤비 커뮤니티에 보내는 공개 서한'을 작성했디.[65] 서한에서 그는 "기업들은 20세기 유물에 따른 입빅에 직면해 있으며, 기업의 비전, 장기적 가치, 사회에 미치는 영향을 희생하면서까지 점점 더 단기적인 재정적 이익에 집중하는 것이 관습이 되어 버렸습니다. 21세기에 살고 있는 20세기 기업이라고 표현할 수 있겠습니다……우리는 에어비앤비가 두 가지 특징을 가진 21세기형 기업이 되기를 바랍니다. 첫째, 에어비앤비는 무한한 투자 기간을 누릴 것입니다. 둘째, 모든 이해관계자를 섬길 것입니다."라고 밝혔다.

그는 시넥의 무한게임 개념과 매우 유사한, 장기적인 비전의 중요성을 강조하며 서한을 이어나갔다.

"우리는 비전을 실현하고 그 비전이 반드시 사회에 도움이 되도록 점검해야 합니다. 우리는 세 이해관계자의 최선의 이익을 염두에 둘 것입니다. 에어비앤비라는 회사(직원과 주주), 에어비앤비라는 커뮤니티(게스트와 호스트), 그리고 에어비앤비 밖의 세상입니다."

에어비앤비가 순탄한 길만 걸어온 것은 아니다. 에어비앤비의 성장 과정에는 젠트리피케이션이나 주거 시설의 상업화 같은 중요한 문제에 대해 지역 정책 입안자나 이웃 주민들과 논쟁을 벌이는 일이 많았다. 에어비앤비의 무한한 투자 기간 이야기를 하면서 에어비앤비가 완벽하다고 말하려는 것은 아니나, 대부분의 기업이 몇 주 앞만 내다보는 환경에서 에어비앤비는 장기적인 사고의 모범을 보여주고 있다.

코로나19 팬데믹 당시 2020년 3분기까지 미국의 호텔 이용률은 50% 이상 감소했지만, 에어비앤비는 5% 감소에 그쳤다.[66] 장기 게임에 임하기로 결정하고, 리더와 조직이 장기적인 목표를 세웠기 때문에 단기적인 충격을 극복하는 데 더 유리한 입장이 될 수 있었다. 물론 에어비앤비는 제도적으로나 자체적으로 해결해야 할 과제를 여전히 안고 있다. 하지만 투자 기간이 무한한 기업이라는 포지셔닝 덕분에 직원부터 투자자까지 장기적인 지속 가능성에 대한 확신을 가지고 있다.

비전 공유하기

자신을 넘어서는 마인드셋의 마지막 단계는 다른 사람들을 이끌어 비전을 공유하고 개발하는 것이다.

캘리포니아대학교 버클리 하스 경영대학원의 전 학장인 리치 라이언스Rich Lyons는 비전을 단순하지만 강력한 방식으로 정의한다. '다른 사람들이 따를 수 있도록 미래에 대한 그림을 그리는 것'이라고 말이다.

이 그림을 그리고 명확하고 설득력 있는 미래 지향적 비전을 표현하는 능력은 리더십에 매우 중요하다. 산타클라라대학교 리비 경영대학원의 교수진인 제임스 코제스James Kouzes와 배리 포스너 Barry Posner는 사람들이 구체적으로 동료에게서 어떤 특성을 찾고 리더에게서 어떤 특성을 찾는지 파악하기 위해 대규모 연구를 진행했다.[67] 이 연구에서 응답자의 72%가 '리더가 미래 지향적이기를 바란다'고 답했다. 반면 동료가 미래 지향적이기를 바란다고 답한 이들은 27%에 불과했다. 이 점에서 리더와 동료 간 가장 큰 차이가 나타났다. 미래를 보고 미래를 묘사하는 그림을 그리는 능력은 팀원에서 리더로 성장할 수 있는 가장 큰 차별화 요소 중 하나이다.

체인지메이커로서 어떻게 하면 다른 사람의 참여를 유도하고 다른 사람에게 영감을 줄 수 있는 그림을 구상하고 그릴 수 있을까? 언어학 분야와 마케팅 분야에서 얻은 두 가지 중요한 통찰이 있다.

스타트섬굿을 시작할 때 나와 동료들은 두 가지 중요한 질문을 던졌다. 우리가 해결하고자 하는 문제는 무엇인가? 그리고 그 문제를 어떻게 해결하려고 하는가?

우리는 웹사이트에 방문하거나 모금에 참여하려는 사람들에게도 같은 질문을 던져 답을 구하고자 했다. 그러나 모두를 만족시키는 답은 쉽게 나오지 않았다.

우리는 다행히 사회과학자이자 사회적 기업가인 힐디 고틀리프 Hildy Gottlieb의 도움을 받을 수 있었다. 그는 다양한 분야에 종사하는 리더들과 교류하며 이들이 변화를 주도하기 위한 더 강력한 질문을 던질 수 있도록 돕고 있다.

고틀리프는 우리가 던지는 질문이 기부자나 모금 활동가로부터 최고의 결과를 이끌어내는 질문이 아니라는 사실을 깨닫게 해주었다. 그는 "문제에 대해 질문한 다음 그 문제를 해결하기 위한 해결책을 물으면 해결책의 범위가 제한되므로 이 방식은 −1에서 0으로 가는 데만 도움이 된다."고 말했다.

고틀리프의 조언에 따라 우리는 '당신이 만들고자 하는 미래는 무엇인가?', '이 미래를 어떻게 실현하고 있는가?'라고 질문했다.

새로운 질문이 가져온 영향은 엄청났다. 모금 활동가들이 제공한 스토리와 비전이 훨씬 더 많은 영감을 불러일으켰을 뿐만 아니라, 이러한 새로운 비전 덕분에 사이트를 통해 모금된 금액은 크게 증가했다.

질문을 바꾸자 −1에서 1로 갈 수 있는 길이 만들어졌고, 모금 활동가들은 후원자들이 기꺼이 참여할 수밖에 없는 미래의 그림을 그릴 수 있었다. 비전은 더 이상 문제 해결에만 국한되지 않았다. 우리는 모두 미래를 창조하는 일에 참여할 수 있게 되었다. 새로운 질문으로 우리 모두는 더 호감 가는 그림을 그릴 수 있었고, 그 결과 더 많은 사람이 우리의 비전에 동참했다.

비전을 명확하게 표현하기

비전을 만들 때 작용하는 언어의 힘을 알았으니 이제 다른 사람들이 동참하도록 설득력 있게 비전을 정의하고 표현하는 방법을 알아보자.

진정으로 관심을 끄는 비전을 세우려면 1년 또는 5년의 포부를 넘어 수십 년의 관점에서 생각해야 한다. 일으키고자 하는 변화를 상상하고 10년, 20년, 30년 후의 모습을 명확하고 설득력 있게 그릴 수 있는가? 이 정도의 규모로 비전을 명확하게 표현하면 저절로 단기적인 사고에서 벗어나 장기적인 사고를 할 수 있게 되며 결정과 행동이 이렇게 공유된 미래를 향하도록 만들 수 있다.

비전 속에 간추려진 변화는 본질적으로 단기간에 이루어지지 않는다. 몇 주가 아니라 수년에 걸쳐 지속적인 노력이 필요한 전략이다. 매슈 켈리Matthew Kelly는 그의 저서『장기적인 시각(원서 제목은 The Long View로 한국어 번역서는 출간되지 않았다. −역자 주)』에서 몇 년이 아닌 수십 년 단위로 생각하는 것이 왜 변화를 주도하는 시각을 크게 바꿔주는지 자세히 설명한다. "대부분의 사람은 자기가 하루에 할 수 있는 일을 과대평가하고 한 달에 할 수 있는 일을 과소평가한다. 1년 안에 할 수 있는 일은 과대평가하고 10년 안에 달성할 수 있는 일은 과소평가한다."[68]

대담해지는 것을 두려워하지 말자. 나와 주변 사람들이 명확하고 확신 있게 에너지를 집중할 그림을 머릿속에 그려 보자. 영감을 주는 미래에 대한 좋은 예는 스페이스엑스spaceX와 볼보Volvo에서 볼 수 있다. 스페이스엑스가 그리는 미래는 '인류의 화성 탐사와 정착을 가능하게 한다.'[69]이고 볼보가 그리는 미래는 '볼보의 새로운 자동차를 타고 심각한 부상을 입거나 사망하는 사람은 없어야 한다.'[70]이다. 볼보는 안전 개선에 대해 이야기할 수 있었고 스페이스엑스는 특정 임무에 대한 포부를 나열할 수도 있었다. 하지만 두 회사 모두 명확하고 설득력 있는 비전을 제시하여 팀원들이 그 비전의 일부가 되고 비전을 실현할 수 있도록 격려한다.

이러한 비전은 기업을 차별화시켜줄 뿐만 아니라 조직이 이러한 비전을 실현하는 데 도움을 주고자 하는 체인지메이커를 끌어들이는 역할도 한다.

나만의 비전 개발하기

체인지메이커들로부터 가장 흔하게 받는 질문 중 하나는 자신이나 팀을 위한 비전 선언문을 어떻게 개발하느냐는 것이다. 비전을 찾고 정의하는 데 어려움을 겪는 체인지메이커에게 내가 주는 팁은 두 가지이다. 하나는 다른 사람에게서 영감을 구하라는 것이고 다른 하나는 자신의 비전에 대한 피드백을 받으라는 것이다.

- **영감을 구한다**: 비전 선언문을 정의하거나 구체화할 때는 존경하는 사람이나 자신과 비슷한 변화를 추구하는 조직 등 다른 이에게서 영감을 구하는 것을 권유한다. 비전 선언문은 조직적 차원과 개인적 차원 양쪽에서 사용할 수 있다. 개인용 컴퓨터 혁명이 시작되었을 때 마이크로소프트에서 내놓은 기업 비전은 훌륭했다. '모든 책상과 모든 가정에 컴퓨터를.'[71] '체인지메이커로 가득 찬, 체인지메이커가 이끄는 세상'과 같은 개인 비전 선언문도 있다.(누구의 비전인지 맞혀 보아라!) 아내 리베카와 나처럼 가족을 위한 비전을 세울 수도 있다. '친절하고 건강하며 용기 있는 아이를 키운다.' 또는 세 명으로 구성된 팀의 관리자가 되어 '매일 최선을 다해 일하면서 기쁨과 성취감, 의미를 찾는다.'라는 팀 비전을 세울 수도 있다. 영감을 주는 다른 개인, 팀, 조직을 바라보며 그들의 비전 중 내가 공감하는 부분이 있는지 살펴 보자. 있다면 그 내용을 내 비전에 반영하는 것도 좋다.
- **피드백을 받는다**: 피드백을 요청하는 것을 두려워하지 않는다. 내가 제시하는 비전이 다른 사람들이 진정으로 따르고 싶어 하는 그림인지 확인하는 가장 좋은 방법은 사람들과 적극적으로 공유하고 그들의 반응을 살피는 것이다. 고무적인 비전은 빈 방에서 만들어지지 않는다. 비전은 근본적으로 사람 중심적이다. 따라서 비전을 실험하고 다듬을 때 인간적인 요소를 반드시 포함하길 바란다. 앞에서 언급한 비전 선언문을 작성한 관리자와 함께 일할 때 나는 그 관리자에게 비전 초안을 팀원들과 공유하라고 권유했다. 이 관리자는 '성취'를 더 강조해야 한다는 피드백을 팀원들로부터 받았고, 기꺼이 비전을 수정했다 이를 통해 이 관리자의 비전은 팀 전체에 지극을 일으켰고

> 관리자는 동료들이 원하는 방식으로 그들을 지원하는 서번트 리더로서 입지를 다질 수 있었다.

'왜?'라는 질문으로 진정한 비전에 도달하기

나는 체인지메이커에게 항상 크게 생각하라고 격려한다. 애초에 할 수 있다고 생각한 것보다 더 크게 말이다. 비전 선언문에 담긴 야심을 부끄러워하지 말고 정말로 포용하는 것이 중요하다. 결국에 파트너, 팀원, 기부자를 모으는 데 사용하는 것이 비전 선언문이다. 해결이 불가능할 것 같은 상황에 놓일 때 바라봐야 할 것도 비전 선언문이다. 비전 선언문은 진정으로 의미 있는 것을 추구하기 위해 그런 상황을 견뎌내야 한다는 것을 상기시켜 준다.

비전을 가지고 리더십을 발휘하고 싶지만 어디서부터 시작할지 잘 모르겠다면, 개인으로서 또는 주도하고자 하는 긍정적인 변화를 위해 자신만의 비전을 확인하고 만드는 데 도움이 되는 몇 가지 방법을 더 살펴보길 바란다.

첫 단계는 적극적으로 일상에서 벗어나 생각에 몰두할 시간을 마련하는 것이다. 숲속을 산책하는 것도 좋고 일정표에 '생각하는 시간'이라고 적어두는 것도 좋다. 어떤 방법이든 실천해 보자. 편지함에 들어오는 모든 이메일에 응답하면서 동시에 큰 비전을 세우는 것은 불가능하지는 않지만 어려운 일이다.

생각에 몰두할 기회를 마련했다면 이제 스스로에게 '왜?'라는 질문을 던져 비전의 바탕을 파악하자. 나는 수년간 체인지메이커를 지도하며 이 접근법을 직감적으로 사용해 왔지만 이 방식은 발명가 토요다 사키치Toyoda, Sakichi가 개발하고 도요타 자동차 조직 전체에서 사용하는 '왜를 다섯 번 묻기' 기법과 매우 유사하다는 사실을 나중에 알게 되었다. 하지만 체인지메이커로서 나는 왜를 다섯 번 묻는 것만으로는 충분하지 않은 적도 많았다. 그래서 나는 현재 상태에 의문을 제기하고 비전의 본질에 도달하기 위해 '필요한 만큼' 왜라는 질문을 하라고 주장한다! 다음은 최근에 로스앤젤레스의 어느 에듀테크 기업가와 나눈 대화이다.

기업가	제 비전은 자금이 부족한 로스앤젤레스의 학교에 다니는 학생들에게 나은 교육을 제공하는 것입니다.
나	왜 그렇게 하고 싶으신가요?
기업가	학생들이 학교에서 더 좋은 성과를 낼 수 있기를 바라거든요.
나	그게 왜 중요한가요?
기업가	더 좋은 성과를 낸다는 것은 곧 더 많은 것을 배운다는 의미 아닐까요?
나	그게 왜 중요하죠?
기업가	그래야 대학이든 직장이든 학교 졸업 후의 삶을 더 잘 준비할 수 있기 때문이죠.

나	왜 더 잘 준비해야 하죠?
기업가	그래야 인생에서 더 많은 것을 성취할 수 있을 테니까요.
나	왜 더 많은 것을 성취해야 하죠?
	(이쯤 되니 기업가는 내 질문이 지겨웠겠지만 나는 미소를 지으며 답을 요구한다.)
기업가	남들에 비해 꼭 월등히 많은 것을 성취할 필요는 없겠지만, 적어도 더 많은 자원을 가진 학교에 다니는 학생들과 같은 수준의 성취를 이룰 기회는 줘야 하지 않겠습니까?
나	그게 왜 중요한가요?
	(거의 다 왔다!)
기업가	누구나, 어디서나 자신의 꿈을 추구할 권리가 있기 때문입니다.
나	왜요?
기업가	로스앤젤레스 시민들은 자신의 권리를 충분히 누릴 수 있는, 보다 정의롭고 공평한 도시에 살길 원해요. 저는 그 시작으로 교육의 변화를 요구하는 것입니다.
나	좋아요! 이제 지금까지 나온 답을 합쳐 봅시다.
기업가	우리는 누구나, 어디서나 자신의 꿈을 추구하는 데 필요한 교육과 기술을 가질 수 있는 더 정의롭고 공평한 로스앤젤레스를 만듭니다.

이 답에 도달하기까지 일곱 번의 왜가 필요했다. 왜라는 질문을

통해 우리는 기업가가 실현하고자 하는 진정한 비전에 도달할 때까지 파고들고 또 파고들 수 있었다.

* * *

이 장에서 배운 마인드셋 개념을 적용하여 올바른 방식으로, 장기간, 의미 있는 목표를 향해, 진정으로 자신을 넘어서며, 다른 사람들을 섬기는 체인지메이커가 될 수 있을 것이다.

서번트 리더십 실천하기

레슨 4 요약

- 서번트 리더십은 고대의 관행이면서 동시에 매우 효과적인 현대적 경영 접근법이다.
- 일에 윤리 의식을 포함시키는 데 늦은 때란 없다.
- 체인지메이킹은 장기적 마인드셋이 필요하다. 체인지메이킹은 마라톤이지 전력 질주가 아니다. 데이터에 따르면 장기적인 관점은 지속되는 변화를 실현할 가능성을 더 높여준다.
- 야심 찬 비전을 세우는 것을 두려워하지 마라. 비전은 남과 나를 차별화하는 좋은 도구이다. 좋은 비전은 남들에게 영감을 주어, 내가 이끄는 변화에 참여하고 싶게 만든다.

도전 과제

- 서로를 알면 도움이 될 두 친구를 소개해 주는 것처럼 빠르고 쉽게 할 수 있는 5분의 친절을 찾아 실천한다.
- 자신, 팀, 가족 또는 조직을 위한 나만의 비전 선언문을 만든다. 사람을 끌어당긴다고 판단되는 비전 선언문들에서 영감을 얻을 수 있다. 초기에 피드백과 의견을 얻을 수 있도록 비전 선언문을 최소 세 명과 공유한다.
- 무한한 투자 기간이 주어진다고 가정하고 체인지메이커로서 다르게 해볼 만한 일을 두세 가지 고민해보고 구체적으로 계획한다.

레슨 5

체인지메이커는
유연한 사람이다

"그래요, 우리는 할 수 있습니다!Yes we can!"

이 말을 기억하는가? 2008년 버락 오바마Barack Obama의 대통령 선거 캠페인 구호였다. 마음을 흔드는 이 구호는 노동 지도자출신의 인권 운동가인 돌로레스 우에르타Dolores Huerta에게서 비롯됐다.

우에르타는 동료인 세사르 차베스Cesar Chavez가 농장 노동자들을 위해 함께 노동조합을 만들자고 제안했을 때 처음에는 농담이라고 생각했다. 우에르타는 자녀가 열한 명인 미혼모였고 이를 거절할 이유는 많았다. 하지만 초등학교 교사 시절에 키운 깊은 공감 능력이 차베스의 제안에 응하는 동기가 되었다. 우에르타는 신발도 없이 공복 상태로 교실에 들어오는 아이들을 떠올렸고 농장 노동자들과 가족들을 지원하기 위해 행동에 나서야 한다는 것을 깨달았다. 당시 노동자들은 시간당 1달러도 안 되는 임금을 받으며 해가 뜰 때부터 질 때까지 일하면서도 화장실, 찬물, 휴식 시간 조차 제대로 누리지 못하는 경우가 허다했다.

협상가로서 공식적인 경험이 전혀 없었음에도 불구하고 우에르타는 차베스와 함께 전국적인 포도 불매운동을 주도했다. 이 대담한 운동은 결국 포도 재배자들이 미국 역사상 최초로 농장 노동자들과 직접 계약을 맺는 결과를 가져왔고, 그 과정에서 수백만 명의 사람들이 참여하게 되었다. 우에르타의 이러한 작업은 포도 재배자들에게 나은 임금과 복지, 그리고 절실히 필요했던 노동 권리에 대한 보호로 이어졌다. 그리고 "당신들은 할 수 없다."라며 노동자들을 공격적으로 밀어내는 세력에 맞서 우에르타는 "씨 세 뿌에데!Sí se puede!" 즉, "우리는 할 수 있다!"라는 스페인어 운동 구호를 만들었다.

우에르타가 이끈 변화는 이렇게 시작되었지만 그녀가 남긴 유산은 농업 분야를 훨씬 넘어섰다. 경력 전반에 걸쳐 우에르타는 이번 장에서 살펴볼 체인지메이커 마인드셋의 핵심 요소인 '늘 학생의 자세로'의 모습을 보여 주었다.

우에르타는 효율적으로 대변하는 방법을 익히면서 변화를 위한 필수 요소인 융통성을 적용했다. 예를 들어 여성과 어린이를 시위에 참여시키는 것을 지지했다. 자신과 차베스가 두둔하는 변화가 가져오는 혜택은 가족 전체가 누릴 수 있으며 다양한 참가자가 모습을 보인다면 비폭력적인 옹호 활동을 강화할 수 있다는 점을 인식한 것이다.

우에르타는 공감을 리더십의 특징으로 삼아 항상 자신이 대변하는 사람들의 입장에서 생각했다. 캘리포니아주 운전면허 시험이 스페인어로 제공되도록 하고 농장 노동자들이 장애 보험을 누릴 수 있게 싸우는 등 여러 분야에서 노력했다. 우에르타는 자신이 나서지 않았다면 목소리를 낼 수 없었을 사람들을 위해 평생을 바쳤다.

역사학자 마리오 T. 가르시아Mario T. García의 저서 『돌로레스 우에르타 읽기(원서 제목은 A Dolores Huerta Reader로 한국어 번역서는 없다.-역자 주)』[72]에 자세히 소개된 것처럼 우에르타는 인종, 계급, 성별로 인한 편견에도 불구하고 많은 것을 성취하고 실패에도 무너지지 않는 회복탄력성을 실천했다. 비폭력 시민 불복종 운동과 파업에 참여했다가 25번이나 체포되기도 했지만 변화를 위한 투쟁에 계속해서 모습을 드러냈다.

90대인 지금도 우에르타는 자신을 변화시키는 자세와 학생의 자세로 공동체 조직을 위한 재단을 이끌며 많은 단체를 지원하고 초기 활동의 정신을 이어가고 있다. 그렇게 평생을 바친, 변화를 위한 싸움을 계속하고, 왜라는 질문에는 명확하게, 어떻게라는 질문에는 유연하게 대응하고 있다.

우리 모두 돌로레스 우에르타처럼 늘 학생인 자세로 체인지메이커가 되기 위해 유연성, 공감 능력, 회복탄력성을 기르는 법을 배울 수 있을까?

'왜'는 명확하게 '어떻게'는 유연하게

코미디언 디미트리 마틴Demetri Martin은 몇 년 동안 성공을 주제로 한 이미지를 만들어 인터넷에 올렸다. 그의 이미지들은 성공하는 길에 대한 거품을 멋지게 터뜨렸다.[73] 인기를 얻은 이미지 하나를 보자. 제목은 '성공'이고, 왼쪽에는 CFO라면 누구나 보고 싶어 할 우상향하는 직선 화살표가 있다. 이 화살표로 표현된 그래프는 '사람들이 생각하는 성공'이다. 바로 오른쪽에는 '실제 성공의 모습'이라는 표시가 붙은 다른 그래프가 있는데 마치 어린아이가 뜨개질하려다가 엉킨 실처럼 생겼다. 위로 갔다 아래로 갔다 거꾸로 되돌아갔다 여기저기로 이동하는 선이다. 두 번째 그래프의 종점은 첫 번째 그래프의 종점과 같은 높이에 있지만 종점에 도달하는 경로는 잘못된 길로 가거나 반대 방향으로 가거나 같은 지점으로 반복해서 이동해 지저분해 보인다.

요점은 분명하다. 우리는 성공이 완벽한 직선 경로를 그릴 것이라는 환상을 가지고 있지만(그리고 우리가 진행하는 프로젝트가 이 비현실적인 틀에 완벽하게 맞지 않으면 자신을 비난하게 되지만), 실제로는 어떠한 성공이든, 어떠한 변화 추진 운동이든 필연적으로 방해를 받거나 경로를 변경해야 하거나 저점을 경험하게 된다.

성공에 도달하는 비결은 처음부터 하나의 전략으로 운 좋게 성공하는 것이 아니라 피할 수 없는 모든 돌발 상황과 도전 과제와 말썽거리가 닥쳐도 그에 맞게 적응력을 유지하는 것이다. 권투선수 마이크 타이슨Mike Tyson이 간결하게 말한 것처럼, "누구나 얼굴에 주먹을 맞기 전까지 계획이 있다."

적응력이란 우리가 얼굴에 맞는 이러한 타격에 유연하게 대처하고 변화를 위한 전략이 성공 지점에 도달하게끔 계속 싸워나가는 것이다.

변화를 주도하면서 적응력을 유지하려는 체인지메이커에게 나는 '왜', 즉 목적은 명확하게, '어떻게', 즉 방법은 유연하게 대하라고 조언한다. 더 큰 목표, 비전, 변화에 대해서는 확고한 책임을 유지하되 이를 달성하기 위한 방법에 관해서는 기꺼이 조정하거나 피벗pivot, 즉 선회할 수 있어야 한다. 목표나 가치를 변경하라는 말이 아니다. 앞으로 나아가기 위한 더 효과적인 길을 찾으라는 것이다. 윤리 및 규정 준수 컨설팅 기관인 LRN의 창립자 더브 사이드먼Dov Seidman은 피벗을 이렇게 설명한다. "농구에서 피벗은 한쪽 발을 제자리에 단단히 고정시키고 다른 쪽 발을 더 나은 방향으로 이동시키는 매우 신중한 동작입니다. 정치 지도자나 회사 간부나 교육자의 경우 인간의 깊은 가치에 닻을 내리고 있기를 우리는 바랍니다."[74]

'왜'에 관한 집중을 유지하면 자신감을 가지고 피벗 할 수 있다.(물론 고집을 부리지 않는 자신감을 말한다!) 왜는 명확하게, 어떻게는 유연하게 유지하면 개인과 조직 모두에 도움이 된다.

피벗 실행하기

데리어스 그레이엄Darius Graham은 다양한 상황과 조건에서 변화를 추진해 왔다. 그 모든 과정에서 그레이엄은 그가 강하게 끌린 단 하나의 목적에 집중했고 이 자세는 여러 분야와 역할에 걸쳐 그에게 큰 도움이 되었다. 그가 목적을 세우고 피벗한 과정을 살펴보자.

로스쿨을 갓 졸업한 그레이엄은 기업 파산 관련 분야에 취업했다. 그 일이 자신과는 맞지 않다는 것을 금방 깨달았지만 그레이엄은 그래도 지식을 얻고 싶었기 때문에 1년 동안 그 자리를 유지했다. 업무를 하면서 그레이엄은 자신이 일하던 기업이 얼마나 많은 자원을 통제하고 있는지, 동시에 워싱턴DC 전역에 자원이 얼마나 불균등하게 분배되어 있는지를 알아차리게 되었다. 또한 이를 알게 됨으로써 자기 삶이 바뀌고 목적의 틀이 잡혔다는 것을 깨달았다.

그레이엄은 자신의 목적을 '우리 공동체와 세계에는 온갖 종류의 문제가 있으며 이를 해결하는 데 필요한 답과 자원은 활용되기를 기다리고 있지만 문제와 해결 방안은 일치하지 않다는 사실을 인식하는 것'이라고 말했다. 그는 공동체, 특히 전통적으로 소외된 집단과 대규모 기관의 자원을 연결하여 우리가 공동으로 직면한 문제를 효율적이고 효과적으로 해결하는 것을 평생의 업으로 삼았다.

그레이엄은 자신의 목적을 실천에 옮기기 위해 워싱턴DC 전역의 풀뿌리 공동체 운동에 수백 달러의 소규모 보조금을 제공하는 DC 사회 혁신 프로젝트를 시작했다. 그는 영감을 받기 위해 여러 체인지메이커들을 만났는데 그 과정에서 누군가의 해결책에 '지원할 가치가 있다.'는 믿음이 뒷받침되면 적은 금액의 지원금도 변화의 힘을 발휘할 수 있다는 것을 깨달았다.

머지않아 꿈에 그리던 자리가 그를 찾아왔다. 볼티모어에 있는 존스홉킨스대학교에서 사회 혁신 연구소 책임자로서 학생들이 주도하는 소셜 벤처 기업을 지원하는 일을 제안받은 것이다. 그곳에서 그레이엄은 자신의 목적에 기반하여 지역 사회의 체인지메이커들이 대학생들과 함께 이 프로그램에 참여할 수 있도록 했다. 반대 의견도 있었지만 결국 그레이엄은 변화를 일으키는 데 성공했다. 그의 경력에서 경험한 첫 번째 피벗은 목적에 단단히 중심을 잡은 상태로 일어났다.

이후 그레이엄은 또 다른 기회를 얻었다. 이번에는 빈곤층 지원 재단인 해리 앤드 저넷 와인버그 재단Harry and Jeanette Weinberg Foundation에서 첫 번째 볼티모어 지역 프로그램 디렉터 역할을 맡게 된 것이다. 이를 위해 그레이엄은 학계에서 자선 활동 분야로 전환하는 피벗이 필요했다. 자신의 목적이 확고했던 그레이엄은 새로운 제안을 쉽게 수락할 수 있었고, 지금은 영향력 있는 재단의 자원을 활용해 도시 전역의 공동체 주도 해결책을 지원하고 있다.

그레이엄은 볼티모어 미술관의 임원이자 공공 참여 위원회의 공동 의장으로도 활동하는 등 삶의 다른 영역에도 목적을 적용한다. 미술 애호가인 그는 미술계에 변화를 촉진하고자 미술관에 기부금을 조성할 작품 세 점의 판매를 시작했는데, 이 기금은 소외된 계층을 위한 저녁 시간 확대와 같은 중요한 과제를 지원할 것이다.

그레이엄은 비교적 짧은 경력 동안 이미 많은 피벗을 이루어냈다. 그가 이룬 각각의 피벗은 개별적인 의미만을 지니는 것이 아니라 서로를 발판으로 삼는다. 피벗을 거듭할 때마다 그레이엄은 목적에 점점 더 가까워졌고 개인과 해결 방안이 변화를 실현하는 데 필요한 자원과 연결되도록 창의적인 방법을 계속 찾을 수 있었다.

스타트섬굿의 시작

피벗은 조직 차원에서도 매우 중요하다. 공동 설립자인 톰과 내가 스타트섬굿을 처음 구상했을 때 우리에게는 전 세계의 체인지메이커들이 선한 일을 시작하도록 돕는다는 분명한 목적이 있었다. 처음 이 목표를 달성하기 위해 브레인스토밍을 할 때만 해도 여러 가지 아이디어가 떠올랐다. 우리는 소셜 벤처 기업이 자금을 조달하는 방식을 대중화해 체인지메이커가 시작하는 데 필요한 금융 자본을 확보할 수 있도록 도울 필요가 있다고 보았다. 하지만 고통스러운 딜레마에 빠졌다. 조직이 영향력을 입증하기 전까지는 자금을 모으는 것이 거의 불가능한데, 영향력을 입증하기 위해서는 자금 확보가 필수였다. 또 벤처 기업의 비전에 공감하고 성장과 발전을 지지할 고문단, 공동체 구성원 및 기타 사람들로 구성된 네트워크도 필요했다.

톰의 샌프란시스코 아파트에서 늦게까지 커피를 마시며 일하던 어느 날 밤 우리는 마침내 깨달았다. 여러 일을 동시에 진행하려고 한다면 어느 것 하나 제대로 해낼 수 없고 결국 실패할 것이라는 것을. 우리의 목적은 명확했지만 방법을 구체화해야 했다.

궁극적으로 우리는 초기 단계 자본에 대한 접근성을 혁신해야 벤처 기업이 체인지메이커로서의 잠재력을 발휘할 수 있을 거라 보았다. 그 순간 우리는 체인지메이커의 자금 조달을 돕는 데에만 집중하기로 피벗했다. 이는 스타트섬굿 설립 후 첫 몇 년간 우리의 목표가 되었다.

조직이 확장하고 공동체가 성장하자 우리는 방법을 재검토했고 체인지메이커를 지원하기 위해 다른 유형의 자본을 도입할 수 있다는 것을 깨달았다. 그렇게 팟캐스트와 온라인 회의 등 체인지메이커의 지적 자본을 지원하는 프로그램을 추가해 체인지메이커가 좋은 일을 하는 데 필요한 전략과 아이디어를 얻을 수 있도록 지원했다.

그 늦은 밤, 목적을 향한 확고한 신념을 잃지 않은 채로 우선

단 하나의 방법에 집중하자는 통찰이 있었기에 이 모든 것이 가능했다. 미래를 그리기 위해 우리는 조직의 DNA에 적응력을 쌓아야 했다.

역동적인 환경에서 살아남기

1980년에 설립된 인사 컨설팅 회사 라이트 매니지먼트Right Management는 연간 1,200만 건 이상의 채용 면접을 진행한다. 이 기업이 2014년에 발표한 동향 보고서인 플럭스 리포트Flux Report는 오늘날 급변하는 환경에서 성공하려면 무엇이 필요한지 뚜렷한 그림을 그려준다.[75] 보고서에 실린 설문조사에 따르면 영국과 아일랜드의 인사 책임자 중 91%가 앞으로 몇 년간은 변화와 불확실성에 대처하는 능력을 중심으로 인재를 채용할 것이라고 답했다.

체인지메이커인 우리에게 이는 희소식이다. 하지만 이렇게 매우 역동적인 환경에서 살아남는 것뿐만 아니라 성공하는 데 필요한 유연성을 어떻게 개발할 수 있을까?

조지메이슨대학교 심리학 교수인 스티브 자카로Steve Zaccaro는 "어떤 리더가 다른 리더보다 변화에 더 잘 적응하는 요인은 무엇일까?"라는 질문에 답하는 데 평생을 바쳤다.[76] 유연성에 초점을 맞춘 연구를 통해 자카로는 유연성이라는 개념이 지닌 뉘앙스를 언급하며 실제로 유연성은 인지적, 정서적, 성향적 등 세 가지 종류로 나뉜다고 설명한다. 이 세 가지 모두 체인지메이커에게 매우 중요하다.

1. **인지적 유연성**: 자카로는 인지적 유연성을 '다양한 사고 전략과 정신적 틀을 사용할 수 있는 능력'이라고 정의한다. 잠재적으로 서로 상충하는 여러 전략이나 시나리오를 동시에 고려하는 능력이라고 보면 된다. 서로 다른 두 전략을 염두에 두는 능력 말이다.

   상충하는 전략을 동시에 듣고, 받아들이고, 처리할 수 있는 능력과 새로운 연결고리를 보고 활용할 수 있는 이러한 유형의 유연성을 '전략적' 유연성이라 부르기도 한다. 스타트섬굿의 사례에서 나중에 한 가지 방법만 추구하기로 결정했지만 그 전에 여러 방법을 동시에 염두에 둔 것과 유사하다.

2. **정서적 유연성**: 자카로에 따르면 이 유연성은 '자신의 감정과 타인의 감정을 다루는 접근 방식을 다양하게 변화시킬 수 있는 능력'이다. 이 능력으로 다양한 감정 반응을 보일 수 있다. 팀원을 해고해야 하는 난처한 상황에 처해 있다고 해보자. 울먹이면서 지지와 위로를 부탁하며 감정을 내세우는 식으로 대응하는 사람이 있을 것이다. 퇴직금에 대한 세부 사항이나 해고의 정당성을 묻는 등 보다 분석적으로 대응하는 사람도 있을 것이다. 정서적으로 유연한 리더는 이렇게 다양한 반응을 보이는 개인의 사정에 맞게 대응할 수 있다. 일률

적으로 접근하기보다 감정적 신호와 성향을 알맞게 조절해 다른 사람들을 더 잘 지원하는 것이다. 이를 앞서 나온 서번 트 리더십의 개념(레슨 4 내용 참조)과 연결해보면 자신의 감정 을 제쳐두고 다른 사람의 감정에 맞춰 더 잘 섬기는 것이라고 도 할 수 있다. 쉽지는 않지만 변화를 주도하는 데 있어 감정 적인 측면을 지원하는 유연성을 활용한 강력한 방법이다.

3. **성향적 유연성**: '낙관적이면서도 동시에 현실적인 태도를 유 지하는 능력'이다. 간단히 말해, 성향적 유연성은 현실에 발 을 붙인 채로 낙관적인 태도를 유지하는 능력이다. 압도적으 로 무섭고 불확실한 미래를 마주할 때 대부분 선택하게 되 는 쪽은 두려움에 기반한 비관이나 맹목적인 낙관 중 하나 다. 성향적 유연성을 적용하면 불확실함을 이겨낼 수 있다. 유연성을 발휘하면 현재 상황이 무섭다는 사실을 솔직하게 인정하면서 동시에 (우리가 만들어갈 수 있는)더 밝은 내일이 올 거라 믿을 수 있다. 세상에는 여전히 좋은 일이 많다고 믿고, 우리의 행동은 절망에 대한 해결책이 될 수 있다는 사실을 기억하며 필요한 예방 조치를 취하는 것이 성향적 유연성이 다. 패배를 인정할 이유를 찾는 대신 다른 사람을 도울 기회 를 찾는 것이다. 우리는 각자의 정체성과 상황에 따라 각기 다른 방식으로 위기를 경험하지만 체인지메이커의 이 특성 을 키울 수도 있다. 성향적 유연성은 모호함에 기대게 해주 며 낙관주의와 현재 대면하고 있는 문제 사이에서 균형을 찾

게 해준다.

체인지메이커에게 세 가지 유형의 유연성이 모두 필요하지만 긍정적인 변화를 이끌기 위해서는 성향적 유연성이 절대적으로 중요하다. 체인지메이커로서 우리는 가장 힘겨운 상황과 시나리오를 파악해 능동적으로 대처해야 하며, 수많은 장애물과 비방하는 사람들에 맞서야 한다. 성향적 유연성을 활용하면 상황의 심각성을 인식하는 동시에 '낙관주의를 실천'하는 데 도움이 될 것이다.

어떻게 공감할까?

2014년 로지 린더Rosie Linder는 아이들에게 공감을 가르친다는 단 하나의 목표를 염두에 두고 페피 팔스Peppy Pals라는 앱을 만들었다. 경영자이자 어머니로서 겪은 경험을 통해 린더는 (공감 능력이 중요한 요소가 되는)감성 지수가 적어도 지능 지수만큼 혹은 그 이상 중요하다는 사실을 깨닫게 되었다. 페피 팔스 앱은 3세부터 사용할 수 있는데, 아이들은 말을 하지 않는 귀여운 동물 캐릭터를 보며 감정을 인식하고 감정에 이름을 붙이고 다른 사람의 감정에 공감하는 것을 배운다. 심리학자와 연구자들이 협력해 개발한 이 앱은 아이들이 감정과 미세한 표현을 인식하고 이에 반응하도록 도와준다. 스웨덴 웁살라대학교 군나르 보네Gunnar Bohné가 수행한 연구에 따르면 미취학 아동이 실제로 앱을 통해 감정을 인식하고 사용할 수 있는 것으로 나타났다.[77]

체인지메이커 마인드셋에 필수인 공감을 이렇게 키우는 경험은 학생들이 성장하여 체인지메이커가 될 수 있는 좋은 발판이 된다. 뒤에서 로지 린더가 아이들의 공감 능력을 키우는 프로그램을 만든 과정은 다시 살펴볼 예정이다.

다른 관점 그려보기

캘리포니아대학교 버클리 캠퍼스 그레이터 굿 과학 센터Greater Good Science Center에서는 공감을 '다른 사람의 감정을 감지하고 다른 사람이 생각하거나 느끼는 것을 상상하는 능력'이라고 정의한다.[78] 여기서 중요한 점은 공감과 동정은 같지 않다는 점이다. 공감한다고 해서 마음을 바꾸거나 자신의 신념과 타협할 필요는 없다. 그보다는 다른 사람의 입장이 되어 그 사람의 관점에서 주변을 바라보는 것이 옳다.

다른 사람, 특히 내 의견에 반대하는 사람의 관점을 볼 수 있는 능력은 변화를 주도하는 기본 구성 요소가 된다. 최소한 우리는 변화를 추진하는 우리의 행동이 다른 사람에게 어떤 영향을 미칠지 이해할 수 있어야 한다.(연구 결과에서 알 수 있듯이 이 점을 간과하는 경우가 너무 많다.) 만일 기본적인 수준을 넘어 공감을 실천한다면 변화를 잘 받아들일 수 있는 문화를 조성하는 데 도움이 될 것이다.

공감하는 리더

2018년 『하버드 비즈니스 리뷰』에 실린 어느 기사에서 컨설팅 기업 두아르테Duarte의 최고 전략 책임자 패티 산체스Patti Sanchez는 '조직 변화를 이끄는 비결은 공감'[79]이라며 혁신을 이루고 새로운 길을 개척하기 전에 먼저 변화의 영향을 받게 될 사람들과 공감을 실천해야 한다고 주장했다. 하지만 산체스는 경영진의 50%가 변화를 모색할 때 팀의 감정을 고려하지 않는다는 사실을 발견했다! 변화를 주도하는 임원 두 명 중 한 명은 변화가 다른 사람에게 어떤 의미가 될지 생각하지 않는다. 하지만 진정으로 변화를 일으키는 체인지메이커가 되려면 정기적으로 공감을 실천해야 한다.

글로벌 기업의 임원들과 일할 때 나는 그들이 편견과 사각지대를 인식하도록 지도한다. 문화와 맥락은 매우 중요하기 때문에 메시지를 보내기 전에 단 하나의 부서나 한 단계의 관리자 층에서 메시지를 읽고 검토하면 결정적인 뉘앙스와 관점을 놓칠 가능성이 크다. 나는 이 리더들에게 다양한 직급, 출신 지역, 회사 재직 기간 등 조직 전체를 대표하는 직원 자문위원회를 구성하고 정기적으로 이들에게 조언과 의견을 구하라고 조언한다. 나는 경영진이 직원들과 양방향으로 소통할 수 있도록 직원들이 피드백을 공유하고 경영진은 아직 인지하지 못했지만 직원들에게 중요한 문제를 제기할 수 있도록 경영진이 직원에게 요청하게 한다.

이는 어려운 일이다. 그리고 이러한 수준의 공감을 실천하려면 많은 시간과 노력과 에너지가 필요하다. 하지만 체인지메이커로서 우리는 스트레스와 압박감을 극복하고 다른 사람들이 우리의 변화를 어떻게 인식할지 생각해 볼 시간을 가져야 한다. 우리가 그들이라면 어떻게 반응할까?

공감에서 시작하지 않는다면 변화하려는 우리의 노력은 전진을 멈출 것이다.

공감은 전염된다

심리학자 에릭 누크Erik Nook와 동료들은 5부로 구성된 「친사회적 순응」이라는 제목의 연구에서 개인이 타인의 공감 행동을 관찰하면 자신의 공감 감정도 변화한다는 사실을 증명했다.[80] 즉, 집단의 공감 규범이 개인의 공감 행동에 영향을 미친다는 것이다. 따라서 체인지메이커인 우리가 스스로 공감을 실천하고 주변 사람들에게도 공감을 장려해 공감의 선순환을 일으켜야 한다.

나는 제자 중 한 명인 아우로라 로페즈Aurora Lopez를 통해 한 사람에게서 다른 사람으로 공감의 힘이 전달되는 것을 직접 목격했다. 아우로라는 어렸을 때 자기가 고등학교 졸업은커녕 캘리포니아대학교 버클리 캠퍼스 같은 학교에 진학할 것이라고는 상상도 못했다고 실토했다. 특히 고등학교 1학년 어느 날 누군가 문을 두드리는 소리를 들었을 때 더욱 그랬다고 했다.

한 경찰관이 찾아와 교육청에서 아우로라가 주소지를 기준으로 배정된 고등학교가 아닌 외삼촌의 주소를 사용하여 팰로앨토에 있는 헨리 M. 건 고등학교에 재학 중이라는 사실을 발견했다고 알려주었다. 열다섯 살에 자신을 낳은 어머니와 이모, 조부모의 보살핌을 받으며 자란 아우로라는 지각하지 않으려고 아침 6시에 일어나 등교 준비를 했다. 하지만 이제는 모든 것이 바뀔 참이었다.

2015년 아우로라는 주소지에 맞게 배정된 우드사이드 고등학교로 전학하게 되었다. "이런 학교에 다니게 되었으니 저는 성공과는 멀어졌다고 생각했어요." 아우로라는 당시를 이렇게 기억한다.[81] 하지만 전학간 학교의 역사 선생님이었던 파블로 아길레라Pablo Aguilera를 만나게 되면서 아우로라의 감정은 바뀌기 시작했다. 아길레라 선생님은 아우로라와 비슷한 성장 배경을 가진 라틴계이고 같은 도시에서 자랐으며 그 역시 우드사이드 고등학교를 졸업했다. 아길레라 선생님은 학생들에게 자기가 스탠퍼드대학교를 졸업했다고 말하곤 했다. 자랑하려는 것이 아니라 자신과 같은 유색인종 학생들에게 그들도 대학에 갈 수 있으며 대학에 갈 자격이 있다는 것을 보여주고 싶었기 때문이다.

아우로라에게서 잠재력을 본, 그리고 어쩌면 자신의 모습도 약간 본 아길레라는 아우로라에게 시간을 투자해 아우로라가 대학에 합격할 거라는 생각이 들지 않더라도 적어도 한 곳 이상에 지원서를 제출하게 했다. 아우로라는 이렇게 말했다. "선생님은 실제로 산호세주립대 지원서를 쥐여주고 저를 교실로 들어가게 하더니 문을 닫고 '지원할 때까지 나올 생각 하지 마.'라고 하셨어요."

아우로라는 산호세주립대에 입학해 그곳과 지역 커뮤니티 칼리지에서 1년을 보낸 후 내가 있는 버클리 캠퍼스로 편입했다. 버클리에서의 첫 학기에 아우로라는 체인지메이커가 되는 길 수업을 신청했다. "리더십에 대한 제 관점에 혁명을 일으킨 수업이었어요. 체인지메이커 개념을 마음에 새기고 매일 실천하려고 노력했습니다." 아우로라는 학교 신문인 『버클리 뉴스』와의 인터뷰에서 자기 경험에 관한 질문에 이렇게 답했다.

아우로라는 이후 세 학기 동안 내 밑에서 조교로 일했는데, 정말 놀라운 일들을 해냈다. 아우로라가 채점한 과제를 검토해 보니 많은 학생에게 개인적인 격려와 신뢰를 담은 메모를 적어둔 것이 보였다. 그렇게 하라고 시킨 적이 없는데 주체적으로 한 일이었다. 특히 대학 진학 1세대 동료들을 향한 공감이 돋보였다. 아우로라는 "정말 잘 쓴 보고서예요. 1세대 대학생으로 학업을 이어 나가는 것이 얼마나 힘든 일인지 잘 알아요. 내 도움이 필요하다면 어떤 식으로든 돕고 싶어요."라는 내용으로 메모를 적고 연락처와 소셜 미디어 계정을 남겼다. 아우로라가 이렇게 개인적으로 뻗은 손길은 매우 특별해서 어느 부모는 자기 아들이 받은 아우로라의 메모에 감동받았다며 인스타그램에 올린 적도 있다. 아우로라는 고등학생 때 파블로 아길레라가 물려준 공감의 바통을 이어받아 대학생이 된 후 더욱 많은 학생에게 공감을 널리 전파했다.

이 개념은 체인지메이커가 하는 특정한 노력에도 적용될 수 있다. 학교 내 괴롭힘을 예로 생각해 보자. 프린스턴대학교 심리학

교수인 엘리자베스 레비 팔럭Elizabeth Levy Paluck과 러트거즈대학교 및 예일대학교 동료들이 진행한 연구에 따르면, 소수의 중학생이 학교 내 괴롭힘에 반하는 공개적인 입장을 취하도록 권한을 부여하자 사회적 연결을 통해 공감하는 문화가 확산되었다. 이 연구는 '갈등 환경을 변화시키는 또래 영향력의 힘'[82]을 드러낸다.

공감의 문화는 긍정적인 변화를 촉진한다.

공감 훈련

나는 학생들에게 반직관적인 과정을 통해 공감 능력을 키우는 체험적 훈련을 시킨다. 바로 강적과 공감하는 데 도전하는 것이다. 이 훈련을 고안할 때 마음챙김에 관한 바이런 케이티Byron Katie의 뛰어난 연구와 특히 「일은 훈련이다」[83]라는 제목의 안내 보고서에서 영감을 얻었다.

지난 한 해 동안 나를 가장 짜증나게 하거나 화나게 했던 사람과 상황을 적는 것으로 훈련은 시작한다. 어질러 놓은 물건을 치우지 않는 룸메이트나 나를 외면하는 대학생 모임이나 내 아이디어를 무시하는, 조별 과제를 같이 맡은 조원 등이 있을 수 있다.

해당하는 사람과 상황을 적었으면 자신의 가장 비판적인 면을 발휘해 그 행동이 그 사람에 대해 무엇을 말하는지 추정해 본다. 앞서 레슨 3에서 투명성에 대해 살필 때 얘기했듯이 정보가 완전하지 않을 때 우리는 자신을 이야기의 주인공이자 피해자로 만드는 경향이 있다. 이 훈련에서 나는 학생들이 관찰 가능한 행동을 바탕으로 판단을 내릴 때 이야기의 앙면을 마음껏 상상해보라고 한다. 자기 몫을 전혀 하지 않는 조원이 있는가? 원래 제멋대로 구는 편인지도 모른다. 도로가 합류하는 부분에서 갑자기 끼어드는 운전자는 어떤가? 분명 자신이 남보다 더 중요하다고 생각하는 배려심 없는 얼간이일 것이다.

이때 나는 학생들에게 간단한 질문을 던진다. "이 가정이 사실일까요?" 한동안 침묵 상태를 유지한 뒤 다음 질문을 던진다. "한 치의 의심 없이 여러분의 판단이 사실이라고 100% 확신할 수 있나요?"

몇몇의 긴장한 웃음소리가 정적을 뚫는다.

나는 이어서 또 다른 질문을 한다. "자신의 판단을 100% 확신할 수 없다면 상대방은 무엇을 생각하고 느끼고 있을까요?" 나는 '늘 학생의 자세로' 호기심을 발휘해 상대방의 입장이 되어 그 사람의 시각에서 시나리오를 상상해 보라고 권한다.

학생들이 상대방의 입장에서 상황을 상상해 본 다음에는 끝에서 두 번째 질문을 한다. "이 사람은 어떤 가치관을 가지고 자신의 행동을 결정할까요?"

예를 들어 누군가가 말할 시간을 주지 않고 재촉한다면 그 사람이 내세우는 가치는 효율성일 수 있다. 여기서 옳고 그름을 판단하자는 것은 아니다. 다만 가치를 분리하면 훨씬 더 높은 수준에서 상황을 분석할 수 있다. 그리고 학생들은 누군가의 관찰 가능한 행동이 마음에 들지 않더라도 그 행동의 기저에 깔린 가치는 다를 수 있다는 사실을 깨닫게 된다.

공감 수업을 마무리하면서 묻는 마지막 질문은 이것이다. "새로운 관점이 생겼으니 앞으로 이 문제에 어떻게 접근할 수 있을까요?"

이런 공감 훈련 과정을 통해 해결이 불가능해 보였던 문제를 해결할 수 있다는 것을 깨닫고는 울먹이는 학생을 본 적도 있다. 아무리 마음에 들지 않는 사람이라도 그 사람의 입장에서 생각해보면 새로운 관점과 해결책을 찾을 수 있다는 사실을 깨닫고 나면 삶과 일에서 완전히 새로운 접근 방식을 취하는 것을 보기도 했다. 공감은 호기심, 적응력, 유연성과 결합하여 어떠한 체인지메이커라도 늘 학생의 자세로 남을 수 있도록 도와준다.

회복탄력성 기르기

우리 자신을 돌보고 마음, 몸, 에너지, 웰빙 등 우리에게 가장 소중한 자원에 투자하는 행위는 체인지메이커에게 필요한 중요한 실천 중 하나다.

변화를 주도하는 것이 얼마나 어려운지 잊어서는 안 된다. 정말 어렵다. 개인 한 명보다 훨씬 더 크며 체계적이고 오랜 기간 지속되어 온 문제를 해결하려고 할 때는 특히 지치기 쉽다. 변화를 주도하는 과정 중에 매일 높은 수준의 해로운 스트레스에 직면할 가능성이 높은 유색인종 체인지메이커에게는 특히 그렇다. 대니엘 D. 킹Danielle D. King, 압디파타 A. 알리Abdifatah A. Ali, 코트니 L. 맥클루니Courtney L. McCluney, 코트니 브라이언트Courtney Bryant 등의 학자들이 『하버드 비즈니스 리뷰』에 실은 「흑인 직원에게 휴식을 취하고 회복할 시간을 제공하라」[84]는 글에서 이를 강력하게 보여 준다.

체인지메이커는 우리의 일에 온갖 정성을 쏟지만 장기적으로 강인하게 버티는 데에도 같은 정성을 쏟아야 한다. 시인이자 활동가인 오드리 로드Audre Lorde가 말한 것처럼 "나를 돌보는 것은 방종이 아니라 자기보호이다."[85]

교육자이자 작가인 스티븐 코비Stephen Lovey는 내가 아는 최고의 비유를 통해 자기 관리가 중요한 이유를 설명한다. 코비는 이를 '톱 갈기'[86]라고 한다. 커다란 나무를 톱질하고 있다고 상상해

보자. 아마도 나무가 쓰러질 때까지 톱질하고 또 톱질하는 모습을 떠올릴 것이다. 이는 대부분이 변화에 접근하는 방식이다. 우리는 행동을 멈추고 고민하지 않고 끝날 때까지 하던 일을 이어나간다. 하지만 코비는 현재 상태에 의문을 제기하고 다르게 생각하라며 "톱질하느라 너무 바빠서 톱날을 갈 시간을 마련하지 못하면안 된다."라고 조언한다. 톱날은 시간이 지나면 무뎌진다. 많이 사용할수록 더 무뎌진다.

체인지메이커는 다른 사람을 위해 변화를 주도하려는 의욕이넘칠 때 자신을 위한 시간을 갖는 것에 쉽게 죄책감을 느낀다. 하지만 스스로를 돌보지 않는다면, 매우 중요한 자기 관리 습관을들이지 않는다면, 내가 스타트섬굿에서 일했을 때와 비슷한 결과를 보게 될 것이다. 톱질하고 톱질하고 또 톱질하면서 날이 갈수록 효율성은 떨어지고 피로도는 올라갈 것이다. 업무에서 잠시 벗어나 자기 관리를 통해 은유적으로 날을 다듬고 그렇게 훨씬 더효과적으로 톱질을 할 수 있다.

자기 쇄신하기

코비는 그의 책 『성공하는 사람들의 7가지 습관』에서 자기 쇄신의 네 가지 차원을, 그러니까 의도적으로 자기 관리를 실천함으로써 우리의 톱을 날카롭게 만드는 데 도움이 될 수 있는 삶의 네 가지 영역을 설명한다. 체인지메이커인 우리는 장기적으로 변화를 효과적으로 주도할 수 있는 위치에 서기 위해 각 영역에 투자해야 한다. 코비가 말하는 자기 쇄신의 네 가지 영역은 다음과 같다.[87]

- 신체적 영역: 이로운 식습관, 운동, 휴식
- 사회적·감정적 영역: 타인과 의미 있는 사회적 관계 형성하기
- 정신적 영역: 배우기, 읽기, 쓰기, 가르치기
- 영적 영역: 자연에서 시간 보내기, 명상, 음악, 미술, 기도, 봉사를 통해 영적 자아 확장하기

보편적인 방식이기는 하지만 이를 적용하는 것은 개인적이며, 각자에게 무한히 맞출 수 있다. 장기적으로 강인함을 유지하기 위한 자신만의 실천 방법을 개발하는 데 도움을 주고자 각 영역을 챙기기 위해 내가 하는 일을 공유한다. 다른 두 명의 체인지메이커에게도 각자의 방법을 공유해 달라고 했다. 신시아cynthia는 20대로 제품 관리 일을 하고 있고 하비에르Javier는 40대 컨설턴트이다.

신체적 영역

- 앨릭스: 운동은 내게 가장 큰 촉매제이기 때문에 매일 30분 이상 웨이트 트레이닝이나 인터벌 트레이닝을 꼭 하려고 한다. 또한 달리기도 시작했다. 아직은 약간씩 달리는 중이다.(내게 모든 변화가 쉬운 것은 아니라는 증거다!)

- 신시아: 대학 시절에는 매일 두어 시간밖에 자지 않았지만 지금은 반드시 매일 8시간은 자려고 한다. 그러기 위해 밤 10시에는 자리에 누워 다음 날 충분히 쉰 상태로 일어나려 한다.
- 하비에르: 운동과 영양 섭취의 균형을 잡는 것으로 이 부분을 챙긴다. 매일 건강한 아침 식사를 하는 것이 하루를 건강하게 시작하는 데 중요하다고 생각하며 매일 아침 출근 전에 가급적 운동을 하려고 한다.

사회적·감정적 영역

- 앨릭스: 친구들과 연락하며 지내는 것은 내게 매우 중요하지만 실천하는 것은 정말 어렵기 때문에 두 가지 방법을 활용한다. 하나는 친구들과 매달 한 번 통화를 하고 통화가 끝날 때 다음 통화 일정을 정해 적어두는 것이다. 다른 방법은 20분 정도 여유 시간이 생기면 즉흥적으로 친구들에게 무작위로 전화를 거는 것이다. 친구가 전화를 받을 수 있는 상황이라면 다행이고 그렇지 않다면 장문의 메시지를 남기고 회신을 달라고 부탁한다.
- 신시아: 직장 동료들과 소통하는 것이 매우 중요하다. 점심시간에는 가급적 밖으로 나가 점심을 먹으며 훌륭한 팀원들과 시간을 보내려고 노력한다.
- 하비에르: 매주 일요일 저녁 가족뿐만 아니라 친지도 함께

모여 식사를 하고, 자원봉사를 통해 자녀의 학교 행사에 참여한다.

정신적 영역

- 앨릭스: 내가 가장 쉽게 챙길 수 있는 부분이다.(따라서 다른 영역에 의도적으로 더 많은 시간을 할애하는 편이다.) 오디오북과 팟캐스트를 많이 들으며 새로운 아이디어를 접하고, 이 아이디어들은 정기적으로 뉴스레터 형태로 종합해 정리한다.
- 신시아: 나는 무료 온라인 강의와 유튜브 동영상을 많이 시청하여 호기심을 충족한다. 새로운 것을 배우고 싶을 때마다 실행으로 옮기는 편이다.
- 하비에르: 교회와 공동체에서 멘토링을 하며 항상 새로운 것을 배우고 가르친다.

영적 영역

- 앨릭스: 네 가지 영역 중 내가 가장 어려워하는 부분이다. 명상과 요가를 계속 시도해 보지만 아직까지 꾸준히 할 수 있는 루틴을 찾지 못했다. 자연 속에서 큰 기쁨과 영적 해방감을 느끼기 때문에 명상과 요가 위주로 더 접근하고자 한다.
- 신시아: 명상으로 챙긴다. 명상으로 언제 된다는 효과에 관해 듣고는 처음에는 의심했지만 아침과 저녁에 단 몇 분만 명상해도 영적으로 열리는 경험을 하는 것이 큰 차이가 있다

는 것을 알게 되었다.

- 하비에르: 교회에서 활동하기 때문에 다른 사람들과 함께 공동체 안에서 영적인 부분을 챙긴다. 피아노와 기타를 연주하며 음악을 통해서도 영적으로 연결되는 시간을 가지려고 노력한다.

지금 가장 많이 톱을 갈고 있는 영역은 어디인가? 조금만 더 신경을 쓰면 가장 큰 효과를 낼 수 있는 영역은 무엇인가? 톱날을 더욱 날카롭게 하려면 이 네 가지 영역에서 어떤 활동을 시도해 볼 수 있을까?

늘 학생의 자세를 유지하려면 장기간 강한 모습을 유지해야 한다. 회복탄력성과 쇄신을 위해 신중하게 계획을 세우고 습관을 들인다면 앞으로 수년간 체인지메이커의 노력을 이어 나갈 수 있을 것이다.

실패는 재산이다

의심과 두려움을 느끼는 것은, 특히 우리가 깊이 관심을 갖고 있는 무언가를 추구할 때 그러는 것은 드문 일이 아니다. 내 체인지메이커 수업을 참관한 사업가이자 투자자인 칼숨 라카니 Kalsoom Lakhani는 주저하지 않고 이를 인정했다. 라카니는 빠르고 단호하게 말하며 평소에 자신감이 넘치는 모습을 보여왔는데도 말이다.

수업을 듣는 학생 중 한 명인 섀넌Shannon이 라카니에게 말했다. "자신감이 부족했거나 실패할까 두려워 힘들었던 적이 있으신가요? 그런 적은 거의 없으셨을 것 같은데……."

섀넌이 질문을 끝내기도 전에 라카니는 답을 했다. "그럴 리가요. 오늘 아침에도 그랬는걸요!" 라카니의 대답에 교실에 있던 학생들은 전부 크게 놀랐다.

평범한 미국식 억양으로 영어를 구사하지만 라카니는 두바이에서 태어나 방글라데시 다카에서 자랐고 파키스탄 이슬라마바드에서 살다가 미국의 대학교에 진학했다.

버지니아대학교를 졸업한 후 라카니는 방산 도급 업체에서 일하면서 외교학 학위를 활용했다. 하지만 곧 이 분야가 자신의 천직이 아니라는 것을 깨달았다. 자기 가치관이나 이상과 완전히 일치하지 않았기 때문이다. 게다가 남성이 대다수인 군대 환경에서 유일한 여성 분석가로 지내면서 라카니는 존중받는다고 느끼지 못했다.

2007년 방산 업체에서 일하던 라카니는 '세계에서 가장 위험한 국가'라는 문구와 함께 파키스탄이 미국 시사 주간지 『뉴스위크』의 표지를 장식한 것을 보게 되었다. 성장기를 파키스탄에서 보낸 라카니는 그런 경멸적인 용어를 사용한 것은 부당하다고 느꼈다. 대부분의 미국인이 흔히 아는 것과 실제 파키스탄은 다르니 말이다.

그래서 라카니는 2008년 초에 파키스탄에 관한 블로그를 열었고 사람들이 다른 데서는 보지 못하는 뉴스와 통찰을 다루었다. 본업과는 반대로 이 역할은 라카니에게 힘을 실어주었다. 파키스탄의 예술가, 창업자 같은 체인지메이커들에 대한 글을 쓰면서 라카니는 파키스탄의 젊은이들이 얼마나 많은 잠재력을 가지고 있는지를 알게 되었다.

이를 계기로 라카니는 2011년 파키스탄 최초의 스타트업 육성 프로그램인 '인베스트2이노베이트Invest2Innovate'를 설립하게 되었다. 개발도상국에서도 충분히 혁신을 이룰 수 있다고 믿은 라카니는 이 모델을 캄보디아, 베트남, 방글라데시, 네팔 등 다른 국가로 확장해 나가고 있다.

가장 최근에는 파키스탄 최초의 여성 주도 벤처 캐피털 펀드인 '아이2아이 벤처스i2i Ventures'를 공동 설립하여, 10년 전 블로그를 통해 처음 도움을 주기 시작한 사람들과 같은 유형의 사람들에게 재정적 지원을 제공할 기회를 얻었다.

라카니처럼 큰 성취를 이룬 사람은 두려움을 느끼거나 자신을 의심하지 않을 것이라 짐작하곤 한다. 그러나 실제로는 그렇지 않은 경우도 많다. 라카니는 기업가 집안에서 자랐다. 라카니의 아버지는 서른 살이 되기 전에 첫 백만 달러 수익을 냈지만 라카니와 형제가 어렸을 때 번 돈을 전부 잃기도 했다. 라카니의 어머니는 두바이에서 에어로빅을 가르치며 아버지가 다시 사업을 시작하고 성공할 때까지 한동안 가족의 생계를 책임졌다.

어려운 시절이었지만 라카니는 아버지가 고생하는 모습을 직접 보면서 실패는 의미 있는 일을 하기 위한 과정의 일부일 뿐이라는 것을 깨닫게 되었다고 수업 시간에 공유해 주었다.

라카니는 어렸을 때 처음 말을 타는 법을 배웠는데 말에 올라타자마자 떨어져서 운 적이 있다고 했다.

"나는 무척 부끄러웠지만 아버지는 눈도 깜빡이지 않으셨어요. 옷에 묻은 흙을 툭툭 털어주시고는 '자, 이제 진짜 기수가 되었구나.' 라고 하셨지요."

라카니는 여러 국가를 가로지르며 일하는 중에도 자기 의심이나 두려움을 느끼지 않는 날이 거의 없다고 했다. 하지만 어릴 적부터 배운 교훈은 변화를 주도하는 것이 어려울 때도, 아니, 어려울 때 특히 계속 나아갈 수 있게 해준다고 했다.

그는 실패를 두려워하지 않는다. 두려움을 도전하고, 배우고, 성장하고 변화를 위한 노력을 계속할 기회로 받아들인다.

과학은 실패가 의미 있다고 한다

스웨덴의 대표적인 경영자이자 투자자인 미아 브루넬Mia Brunell은 "실패는 간단하게는 의미 있는 시도를 하고 있다는 것을 의미합니다. 실패 없이는 발전도 없지요."라고 내게 말한 적이 있다. 브루넬의 통찰은 개인과 공동체 차원의 데이터로 뒷받침된다.

「기업가적 의사결정에 대한 과학적 접근: 무작위 대조 시험에서 도출한 근거」라는 제목의 논문에서 연구원 아르날도 카무포

Arnaldo Camuffo, 알레산드로 코르도바Alessandro Cordova, 알폰소 감바르델라Alfonso Gambardella, 키아라 스피나Chiara Spina는 실패로부터 배우는 능력에 따라 기업가의 성공이 결정된다는 가장 설득력 있는 데이터를 제시했다.[88] 이들은 여러 이탈리아 스타트업의 창업팀을 대상으로 연구를 수행했는데, 한 그룹의 기업가가 가설 테스트라는 과학적 방법을 스타트업에 적용했고 이후 그렇지 않은 대조 그룹과 결과를 비교했다. 그리고 과학적 방법을 훈련받은 창업자들이 스타트업에서 더 높은 수익을 창출했으며 그 과정에서 많은 피벗을 할 가능성이 더 크다는 사실을 발견했다.

실험실에서 연구하는 과학자들은 실험을 실패라고 간주하지 않는다. 대신에 가설을 시험해보고 시험에서 얻은 데이터가 처음에 추측한 내용을 뒷받침하는지 확인한다. 얼마나 건강하게 실패를 대하는 사고방식인가! 혁신가로서 과학적 방법을 활용하고, 호기심에 기대고, 실패에 대한 두려움에서 벗어남으로써 이 기업가들은 실수로부터 더 빨리 배울 수 있었고 이러한 배움을 회사를 개선하는 데 적용할 수 있었다.

실패하는 특권

체인지메이커로서 우리는 실패를 두려워하지 않고 인정하며, 시도하지 않는 것보다 시도하고 실패할 용기를 갖는 것을 더 높이 사는 집단 문화를 형성할 기회가 있다. 또한 개인 차원에서는 위험 지수를 사용하여 잠재적인 실패가 얼마나 위험한지, 그 위험을 감수할 가치가 있는지를 판단할 수 있다. 우리의 마인드셋 또한 실패에 대한 대응에 중요한 역할을 한다. 실패를 원치 않는 좌절이 아닌 학습과 성장으로 이어지는 좋은 기회로 바꿀 수 있을까? 리더로서 우리는 어떻게 다른 사람들이 우아하게 '앞을 향해 실패'하는 법을 배우도록 도울 수 있을까?

첫 번째 단계는 힘의 불균형을 인식하고 개인적이든 제도적이든 다양한 이유로 모든 사람이 같은 방식으로 실패를 받아들일 수 없다는 점을 인정하는 것이다. 인종, 계급, 재능 등에 따른 제도적인 편견은 전통적으로 소외된 배경을 가진 체인지메이커가 실패로 인해 더 큰 파장을 마주하는 경우가 많다는 것을 의미한다. 우리는 모두 실패할 수 있지만 실패했을 때 모두가 동일하게 지지를 받거나 용인되는 것은 아니다.

두 번째 단계는 실수를 질책하지 않고 배움의 기회로 삼는 문화를 조성하는 것이다. 나와 같이 일하던 한 초급 팀원은 수백 명의 수신자에게 중요한 이메일을 보낼 때 숨은 참조 칸에 이메일 주소를 입력하는 대신 받는 사람 칸을 사용하는 실수를 저질렀다. 당황한 팀원은 자신의 실수가 회복 불가능한 일이 될까 봐 두려워하며 울음을 터뜨릴 듯한 얼굴로 나를 찾아왔다. 나는 이 상황이 물론 이상적이지는 않지만 후속 조치를 취하고 잠재적인 피해를 해결할 수 있는 방법을 찾을 수 있을 거라고 말했다. 우리 모두 이런 실수를 저지른 적이 있지만 단 한 번의 좌절로 우리를 정의해서는 안 된다고도 얘기했다. 사실 중요한 것은 우리가 실수를 했느냐가 아니다. 어쩔 수 없이 우리는 실수를 저지를 테니까 말이다. 중요한 것은 실수에 어떻게 대응하느냐다. 나는 무엇보다도 이 팀원이 메일을 보내기 전에 숨은 참조란을 확인해야 한다는 절대로 잊을 수 없는 교훈을 배웠다는 점을 강조했다. 단순한 실수에 실패를 받아들이는 마인드셋이 녀셔서 학습과 성상으로 이어진 것이다. 좋은 실패가 이루어낼 수 있는 효과란 이런 것이다.

일부러 실패하기

　실패를 방해물이 아닌 변화의 촉매제로 보는 법을 배우는 것처럼 실패와 건강한 관계를 맺는 것은 체인지메이커가 되는 길 수업을 관통하는 핵심 주제다. 학생들이 내 수업에서 이 주제를 배우는 방식은 이제 캘리포니아대학교 버클리 캠퍼스에서 전설이 되었다. 실패에 대한 수업을 마무리할 무렵에 나는 다음과 같이 짧은 문장 하나가 적힌 슬라이드를 띄운다.

　"밖으로 나가 실패하라."

　이 말을 본 학생들은 긴장이 섞인 웃음소리를 낸다. 하지만 내가 지침이 적힌 다음 슬라이드를 보여주자 단순히 웃기려고 띄운 슬라이드가 아니었다는 것을 깨달은 학생들의 미소 지은 표정은 금세 공포에 질린 표정으로 바뀐다.

　나는 15분 안에 교실 밖으로 나가 누군가에게 무언가를 요청하고 거절당하라는 과제를 내준다. 학생들은 일부러 거절 받도록, 즉 적극적으로 실패하도록 계획하고 실행해야 한다. 아무리 말도 안 되는 부탁을 하더라도 상대방이 해주기로 한다면 과제를 한 것으로 인정하지 않는다. 단호하게 거절당할 때까지 몇 번이고 다시 시도해야 한다. 어떤 일이든 부탁해도 되지만 두 가지 조건이 있다. 불법적이거나 위험한 일은 요청할 수 없으며 상대방에게 수업에서 내준 과제라고 밝혀서도 안 된다.

학생들이 보이는 반응은 인상적이다. 성취에 익숙한 캘리포니아대학교 학생들에게 실패하고 일부러 거절당하라는 당혹스러운 주문은 신체적인 반응을 일으킨다. 학생들의 얼굴은 빨갛게 달아오르고 이마에는 땀방울이 맺힌다. 심장이 주체할 수 없이 뛴다는 학생도 많다.

학생들에게 직접 실패해보라는 과제를 주는 이유는 바로 이러한 반응 때문이다. 이 학생들은 이미 어린 나이에 많은 것을 성취했지만 거절당하고 실패할 생각을 하니 두려움에 떨게 된다.

나는 학생들에게 격려의 말을 건네며 방금 강의에서 배운 개념을 되짚어주고 앞으로 15분 동안 어떤 일이 벌어질지 몰라 긴장한 채 교실을 나서는 그들에게 행운을 빌어준다.

학생들이 과제를 마치고 다시 강의실로 돌아오면 강의실 분위기는 크게 달라진다. 긴장한 채로 발을 질질 끌며 강의실을 나선 학생들은 활짝 미소 지은 채 활기찬 발걸음으로 돌아와 키득거리며 떠들썩하게 각자의 이야기를 나눈다. 학생들이 내는 소리가 너무 시끄러웠던 나머지 옆 강의실에 있던 교수가 찾아온 적도 있다.

학생들은 인생을 바꿀 중요한 교훈을 배웠다는 깨달음에 들뜬다. 실패를 통해 새롭고 건강한 관계를 발전시킨 것이다. 실패를 두려워하는 대신 체인지메이커의 열망을 이루기 위한 수단으로 받아들이는 법을 배우기 시작했다.

우리는 남은 수업 시간을 자신의 거절 경험을 되짚어보고 얻게 된 교훈을 공유하며 보낸다. 학생들의 이야기에서는 두 가지 핵심 교훈을 찾을 수 있었다.

첫 번째 교훈은 실패에 대한 두려움 때문에 우리가 분명히 원하는 것을 거절당할 거라고 확신하고 요청하지 못하는 경우가 많지만, 실제로는 애초에 요청하지 않는 것이 진짜로 실패하는 길이라는 것이다. 완전히 말도 안 된다고 생각한 부탁을 요청한 학생 중약 40%는 그 요청이 받아들여지는 경험을 했다. 비 오는 날 우산을 들고 있는 동료에게 다음 수업이 있는 강의실까지 캠퍼스를 가로질러 데려다 줄 수 있느냐고 부탁한 학생이 있었다. 놀랍게도이 친절한 동료는 그러겠다고 했다. 내 수업을 듣는 학생이 비에젖지 않고 강의실을 찾아갈 수 있도록 기꺼이 30분간 같이 걸었다고 한다. 한 학생은 카페에 가서 오렌지 주스를 무료로 달라고 했다. 주스를 무료로 받게 되자 실패하지 못한 학생은 다시 한 잔을더 달라고 했고 그렇게 카페에서 거절할 때까지 주스를 요청한 학생은 주스 여섯 잔을 들고 수업에 돌아왔다. 캠퍼스 체육관에 있는 모든 사람에게 생일 축하 노래를 불러달라고 부탁해 (실제로 생일이 아니라고 적극적으로 말했음에도 불구하고)노래를 듣고 온 학생도있었고, 누군가의 전화번호를 받아내 어쩌면 데이트 약속을 잡을기회가 생겨 크게 놀란 학생도 있었다.

자기 경험을 들려주는 학생들에게 나는 이 과제의 첫 번째 교훈, 즉 우리는 거절당할 것이라는 확신이 너무 커서 원하는 것을요구하지 못하는 경우가 많다는 사실을 깨닫도록 도와준다. 즉,우리는 처음부터 실패를 예상함으로써 실패를 준비한다는 의미다. 라카니가 이러한 마인드셋을 가지고 말에서 몇 번이고 떨어질 위험을 감수할 용기를 내지 않았다면 어땠을까. 요청하지 않는 것은 얻을 수 없다. 학생들은 이 과제를 통해 자기가 어떤 행동이 실제로 거절당할 것이라고 잘못된 예측을 할 때가 있으며 거절당할지 아닐지 확실히 알 수 있는 유일한 방법은 시도해 보는 것임을 깨닫는다.

이 과제를 통해 얻을 수 있는 두 번째 교훈은 실패의 아픔은 우리가 머릿속에서 생각하는 것만큼 고통스럽지 않다는 것이다.[89] 건설사 직원에게 불도저를 사용해 봐도 되는지 물어본 학생의 예를 들어보겠다. 이 요청은 즉시 단호하게 거절당했다. 하지만 이렇게 시작한 대화의 주제는 부동산 개발로 이어졌고, 이렇게 맺은 인연으로 이 학생은 건설 회사에서 인턴십을 얻게 되었다. 수줍음을 많이 타는 어떤 학생은 실패 과제에 주어진 15분 중 14분을 긴장한 채 복도를 서성이며 무언가를 요청할 용기를 끌어모으려 애를 썼다. 시간이 얼마 남지 않자 학생은 어떤 여성에게 그 사람이 신고 있는 신발을 신어 봐도 되냐고 긴장한 목소리로 물었다. "아니요. 그건 곤란해요. 이해해 줄 수 있죠?" 그 여성은 타당한 답을 주었다. 거절당하는 순간 자신이 눈물을 흘릴 줄 알았다는 내 학생은 가슴을 짓누르던 무거운 짐이 사라지는 것을 느꼈다. 학생은 혼나지도 않았고 비웃음을 사지도 않았다. 그 여성은 말도 안 되는 부탁을 친절하고 기분 좋게 거절했다. 수치심에 휩싸일 준비를 했던 그 학생은 심호흡을 하고 미소를 지으며 그 여성에게 감사 인사를 하고 교실로 돌아왔다. 이 학생은 나중에 학생회 선거에 출마해 당선되었다. 이 학생이 용기를 내 실패는 치명적이지 않다는 중요한 교훈을 배우지 않았다면 이 길이 가능하리라고 상상이나 할 수 있었을까?

나는 실패를 명예의 상징으로 여긴다. 수많은 실패를 겪지 않고는 의미 있는 변화가 일어나지 않기 때문이다. 변화를 주도한다는 것은 실패하는 것이고, 체인지메이커가 되는 것은 실패를 받아들이는 것이다. 실패가 편해질수록 우리는 더 효과적이고 빠르게 배우고 성장할 수 있으며, 늘 학생의 자세를 보이는 체인지메이커가 될 수 있다.

유연성 기르기

레슨 5 요약

- 목적은 명확하게 유지하되 방법에는 유연성을 발휘한다.
- 체인지메이커는 인지적, 정서적, 성향적 유연성을 실행하는데, 특히 성향적 유연성은 변화를 주도하는 데 매우 중요하다.
- 회복탄력성은 장기적으로 강한 상태를 유지하는 것이다. 신체적, 사회적·감정적, 정신적, 영적 영역을 의도적으로 관리하면 도전에 직면했을 때 잘 헤쳐나갈 수 있다.

도전 과제

- 실패 과제를 해본다. 거절을 당할 구체적인 목표를 가지고 무언가를 요청해 본다. 거절당할 때까지 계속 시도한 다음 이 과제를 통해 어떤 감정을 느꼈는지, 앞으로 실패를 더 편안하게 받아들이는 방법에 대해 어떤 통찰을 얻었는지 곰곰이 생각해 본다.

체인지메이커 리더의 탄생

기존의 리더상을
완전히 뒤엎어라

'함께하지 못하게 되어 유감입니다. 하지만 많은 뛰어난 후보자들 사이에서 2위를 차지했으니 매우 자랑스럽게 생각하시길 바랍니다.' 동정심을 담은 이메일은 이렇게 시작했다.

나는 캘리포니아대학교 버클리 캠퍼스에서 문을 연 리더십 센터의 이사 자리에 지원했다. 채용된다면 체인지메이커로서 내가 쌓아온 모든 경험을 한데 모으고 스톡홀름 리치 포 체인지 인큐베이터에서 리더십에 관해 배운 모든 것을 활용할 참이었다. 그러나 슬프게도 결과는 '불합격'이었다.

그들은 이메일로 나를 위로했지만 2등의 자리는 없었다. 하지만 나는 시간을 내준 직원들에게 감사 인사를 했고 계속 연락할 수 있기를 기대한다고 답했다.

그런데 놀랍게도 예상했던 것보다 훨씬 빨리 연락이 왔다. 1등을 차지한 지원자가 자리를 포기했고, 이제 그 자리는 내 것이 되었다는 내용이었다. 나는 바로 수락했다. 학계에서 일한 적도 없고 이미 정해져 있는 기금 모금 목표를 즉시 물려받아야 해서 큰 부담이 있는 역할이었지만, 의미 있고 반가운 도전이었다.

이 일을 통해 나는 평소 존경했지만 이전에는 만나지 못했던 많은 리더들과 소통할 수 있었다. 리더십 분야에서 내가 영웅으로 여기는 사람들과 이야기하며 리더로서 자신의 발전 과정과 오늘날의 리더십이 어떤 모습이라고 생각하는지 이야기할 수 있었다.

내가 그들에게 가장 많이 한 질문은 '자신만의 리더십 모델을 어떻게 개발했는가?'이다. 응답자들이 (75%라는 압도적인 비율로)가장 많이 한 대답은 '일을 하면서 어느 시점에 꼭 나쁜 리더를 만나게 되는데 그 사람과는 다른 리더가 되기 위해 의식적인 선택을 했다'는 것이었다. 나의 리더십 영웅들 대부분은 나쁜 리더십을 관찰한 후 의도적으로 그것과는 다르게 행동하기로 결심함으로써 훌륭한 리더가 되는 방법을 배웠다. 그들은 나쁜 리더십 경험을 불평하기보다 새로운 길을 개척하는 기회로 삼았다. 그리고 주체성을 가지고 다른 방식으로 동료들을 이끌었다.

이 장에서 우리도 리더십을 탈바꿈하는 방법을 배울 것이다. 내가 정의하는 리더십은 역할이나 직책에 따라붙는 것이 아니다. 내가 말하는 리더십은 평등하고, 모두가 동등하게 접근할 수 있다.

다른 사람을 섬기기 위한 의식적인 선택으로서 리더십을 행동으로 받아들이도록 권유한다는 점을 제외하면, 규정되지도 않는다.

나는 리더십을 '다른 사람들을 통해, 다른 사람들과 함께 의미 있는 일을 만들어내는 능력'이라고 정의한다. 이 정의는 리더십의 행위에 초점을 맞추고 있다. 리더십은 다른 사람을 통해 일어날 때도 있고 다른 사람들과 함께 일어날 때도 있다. 두 가지가 복합적으로 일어나기도 한다. 하지만 어떤 상황에서건 리더십은 의미 있는 행위가 되며 다른 사람과의 협력과 조화를 통해 이루어진다. (리더십은 아무것도 없는 상태에서 혼자서 발휘하는 것이 아니다.)

체인지메이커의 시선으로 21세기의 리더십을 다시 정의해 보자. 이제 20세기의 리더십 모델은 과거로 밀어내고, 리더십을 탈바꿈할 기회다. 지금부터 새로운 리더십에 필요한 네 가지 중요한 기술을 알아보겠다. 전부 나이, 직위, 경력에 관계없이 체인지메이커라면 누구나 접근 가능한 기술이며, 어떤 상황에서든 적용 가능하고 즉시 실행에 옮길 수 있는 것들이다.

리더처럼 행동하기

새로운 리더십을 실행하는 첫 단계는 허락을 기다리지 않는 것이다.

런던 비즈니스 스쿨 교수인 허미니아 아이바라Herminia Ibarra의 저서 『아웃사이트(한국에서는 시그마북스에서 2016년에 번역서를 출간했다. -역자 주)』는 내가 신입 리더에게 가장 자주 추천하는 책이다.[90]

책에서 아이바라는 "우리가 생각하는 방식을 바꿀 수 있는 유일한 방법은 습관적인 사고로 인해 하지 못하는 바로 그 일을 하는 것뿐이다. 이것이 변화의 역설이다."라고 말한다. 다시 말해, 리더이자 체인지메이커로서 우리는 생각만 할 것이 아니라 행동해야 한다. 이는 내가 제안하는 체인지메이킹 모델과도 일치한다. 우리는 변화를 일으키려고 하는 것이지 변화를 생각만 하려는 것이 아니니 말이다.

아이바라는 우리 자신의 리더십에 대해 고민할 수 있는 반직관적인 모델을 보여준다. 전통적인 리더십 모델에서는 먼저 사고에 집중해 생각하는 방식을 바꾼다. 그리고 이 생각을 바탕으로 행동으로 옮겨 행동을 바꾼다. 아이바라는 이 모델이 오늘날에는 맞지 않는 모델이라고 주장한다. 그는 생각한 다음 행동하는 대신 행동한 다음에 생각하라고 강조한다.

먼저 우리가 세상에 모습을 드러내는 방식을 바꿔야 한다. 일단 행동을 취한 후에 잠시 멈추고 그 행동이 효과적이었는지 곰곰이 돌이켜보며 다음에 어떤 행동을 이어 나갈지 고민하는 것이다. 이는 강화 사이클이다.

'내적 성찰이 아닌 실험이 리더십 개발의 비결'[91]이라고 아이바라는 말한다.

허락을 기다리지 말고, 리더가 될 수 있는 허락을 스스로에게 내리자. 그러면 우리는 리더처럼 생각하는 것에만 머물지 않고 리더처럼 행동하게 된다.

핵심 리더십 능력

아이바라의 통찰이 체인지메이커인 우리에게 중요한 이유를 살펴보자. 오늘날 조직, 역할, 기회는 끊임없이 진화하고 있으며 앞으로 그 속도는 더욱 빨라질 것이다. 오늘날 리더가 될 기회는 주어지는 것이 아니라 잡는 것이다. 물론 CEO라는 직함을 갖게 될 때까지 기다렸다가 마침내 자신이 리더라고 생각할 수도 있겠지만 먼저 스스로에게 리더십을 발휘할 권한을 부여하지 않는다면 그 자리에 도달할 가능성은 거의 없다.

아이바라는 가장 중요한 리더십 역량에 관한 연구를 수행했고 설문조사와 분석을 바탕으로 가장 중요한 여섯 가지 기술을 정리했다.

- 조직의 단위와 기능을 통틀어 협업하기
- 다른 사람에게 영감과 동기 부여하기
- 동의/지지 얻기
- 전략적 방향 제시하기
- 불확실성/모호성 조건에서 의사 결정하기
- 권위 없이 영향력 행사하기

이 목록이 마음에 드는 이유는 모호한 상황에서 결정을 내리는 경우처럼 일부를 제외하고는 모두 직급에 관계없이 누구나 할 수 있는 리더십 기술이기 때문이다. 협업하기, 다른 사람에게 영감 주기, 방향 제시하기, 권위 없이 영향력 행사하기 이 모든 것은 지금 바로 시작할 수 있는 일들이다. 다른 사람의 허락을 받을 필요는 없다. 스스로 리더십을 발휘할 권한을 부여하기만 하면 된다.

다른 사람들처럼 가만히 앉아서 허락을 기다리지 않고 스스로 리더가 되기를 허락한다면 자연스럽게 무리와 분리된다. 수잰 맥케니 클라르Suzanne McKechnie Klahr는 '기업가 정신을 통해 자원이 부족한 지역사회 청소년의 잠재력을 일깨우고 고등학교, 대학, 취업 생활의 성공으로 이끄는'92 영감을 주는 비영리단체인 빌드BUILD.org를 설립했다. 맥케니는 캘리포니아주 이스트 팰로앨토의 작은 주택 지하실에서 시작한 단체를 전국적으로 인정받는 단체로 키웠다. 맥케니는 빌드를 위해 수천만 달러를 모금했으며, 그 과정에서 벤처 투자가들도 부러워할 만한 실리콘밸리 인맥을 끊임없이 구축해 왔다. 그중 한 명이 잭 도시Jack Dorsey였다.

나는 기술 업계에서 매우 바쁘고 영향력 있는 리더이며 당시 트위터와 스퀘어의 CEO였던 잭 도시Jack Dorsey를 어떻게 이사회에 합류하도록 설득했는지 물었다. 맥케니는 두 마디로 그 비결을 알려주었다. "합류해달라고 했어요." 나중에 도시에게 왜 수락하기로 했는지 물었더니 비영리단체 이사회에 합류해 달라고 요청한 사람은 맥케니가 처음이었다고 답했다고 했다. 다른 비영리단체의 리더들은 도시가 너무 바쁠 거라 짐작했지만 맥케니는 도시에게 직접 물어보기로 스스로를 허락했다. 위험 지수도 계산해 봤지만 이점은 많고 단점은 거의 없는 행동이었다. 허락을 기다리기보다 행동하기를 선택함으로써 맥케니는 영향력 있는 동맹과 강력한 새 이사를 확보할 수 있었다.

나쁜 습관 깨기

수업에서 체인지메이커 리더십 단원을 시작할 때 나는 학생들에게 조를 지어 브레인스토밍(레슨 2에서 배운 확산적 사고 접근법을 사용)을 통해 평생 관찰한 나쁜 리더십의 특성을 모두 이야기하게 한다. 학생들은 자신이 경험했거나 직접 실천한 사례를 공유하고 각 사례에 대한 구체적인 예를 설명한다.

나쁜 리더십의 특성 목록을 작성한 후에는 각자 다른 조에 속한 사람과 짝을 지어 목록에 관해 토론하게 한다. 그러면 놀랍게도 나쁜 리더십 특성의 상당수가 비슷하다는 것을 확인할 수 있다.

나는 학생들에게 나쁜 리더십 특성 다섯 가지 이상을 나열했다면 손을 들어달라고 한다. 이어서 열 가지 이상을 적었다면 계속 손을 들고 있으라고 한다. 열다섯 개 이상 적은 사람은? 스무 개 이상 적은 사람은? 가장 많이 나열한 학생 한 명이 남을 때까지, 이어서 물어본다.

마지막까지 남은 학생에게 자기가 적은 목록을 소리 내서 읽으라고 한 뒤 다른 학생들에게는 겹치는 항목이 있으면 '탁!'하고 손가락을 튕기라고 한다. 이 수업은 이제 세계 최악의 즉흥 시 낭송 무대로 변한다.

"거만하다." 탁!

"권리를 내세운다." 탁!

"거들먹거린다." 탁!

이렇게 다함께 비효율적이거나 폭력적인 리더십을 묘사하는 명확하고 포괄적인 그림을 그린다. 그런 다음 나는 학생들에게 우리는 나쁜 리더십이 어떤 모습인지, 어떤 느낌을 주는지 알고 있으며 적어도 직관적으로는 훌륭한 리더십이 어떤 모습인지, 어떤 느낌을 주는지 알고 있지만, 오늘날 우리는 리더십 위기에 직면해 있다고 설명한다.

대부분의 사람들은 분명 나쁜 리더십이 어떤 모습이고 좋은 리더십이 어떤 느낌인지 알고 있다. 하지만 왜 세계적으로 리더십은 이렇게 열악한 상태일까? 나는 우리가 너무 오랫동안 리더십을 직책 때문에 부여되는 것으로 착각해 왔기 때문이라고 생각한다. 리더십은 실행하는 것이지, '되는' 것이 아니다.

네트워크의 힘을 활용해 리더십 발휘하기

새로운 리더십을 실행하는 두 번째 단계는 네트워크의 힘을 활용하는 것이다.

저자이자 활동가인 마거릿 휘틀리Margaret Wheatley와 데버라 프리즈Deborah Frieze는 "한 번에 한 사람씩 차례로 변화하여 세상이 바뀌는 게 아니다. 세상은 공통의 대의와 가능성에 대한 비전을 공유하는 사람들 사이에 관계망이 형성되면서 바뀐다."[93]고 말한다.

네트워크로 이루어진 세상에서 리더십은 혼자서 통제하고 영향력을 행사하는 것이 아니라 공동의 목표를 향해 다른 협력자들과 함께 무엇을 어떻게 기여할 수 있는지 생각하는 것이다. 펜실베이니아대학교 데이먼 센톨라Damon Centola 교수와 동료들이 실시한 연구는 이러한 네트워크 효과를 가시적으로 보여준다. 센톨라는 소셜 네트워크 내에서 '공모자(연구에 참여한 사람)'가 행동 규범을 바꾸는 실험을 수행한 뒤[94] 「사회적 변화를 일으키는 데 필요한 사람의 수」라는 제목으로 비즈니스 미디어인 『패스트 컴퍼니Fast Company』에 그 결과를 요약해 실었는데, 연구 결과에 따르면 "어느 공동체의 모든 사람이 새로운 사회적 규범을 따르는 변곡점을 만들기 위해서는 25%의 사람들만 먼저 그 규범을 받아들이면 된다."[95] 이는 네트워크를 통해 변화를 주도하는 것은 생각보다 훨씬 쉬우며 개인으로서 우리 모두가 가질 수 있는 영향력은 우리가 상상하는 것보다 훨씬 크다는 것을 의미한다.

네트워크의 힘으로 200명을 설득해내다

나는 어느 제조 기업의 중간 관리자인 세바스티안Sebastien이 센톨라의 통찰을 직장에 적용할 수 있게 도왔다. 지속 가능성에 대한 열정이 컸던 그는 동료들에게 음식물 쓰레기를 퇴비화 쓰레기통에 분리 배출하라고 이야기했다. 그러나 그의 말은 거의 무시되었다. 나는 실망한 세바스티안에게 네트워크 전략을 알려주었다. 일단 50명 정도만 분리 배출을 시작하도록 설득하는 전략이었다.

세바스티안은 더 접근하기 쉬운 장소에 퇴비화 쓰레기통을 설치해 50명이라는 소규모 인원의 관심을 끌었다. 그리고 그들이 동료와 지인에게 음식물 쓰레기 분리수거를 독려할 수 있도록 힘을 실어주었다. 그러자 세바스티안의 노력에 가속이 붙었다. 세바스티안이 한 번에 동료 200명 전부에게 효과적으로 접근할 수는 없었지만 50명에게는 접근할 수 있었고, 이 50명이 자기 친구와 동료에게 쓰레기 분리배출을 권유하도록 도움으로써 한 달 만에 세바스티안의 비전은 실현됐다. 네트워크의 영감과 활성화의 힘 덕에 음식물 쓰레기를 퇴비화 쓰레기통에 분리 배출하는 것이 조직의 표준이 되었다.

네트워크형 리더십과 사회 정의 운동

이러한 리더십 접근 방식은 개인이 아닌 네트워크를 중심으로 구축되고 있는 우리 시대의 가장 중요한 사회 변화 운동에서도 나타난다.

블랙 라이브스 매터 운동을 살펴 보자. 일부에서는 블랙 라이브스 매터를 비판하며 왜 이 세대에는 제2의 마틴 루서 킹 주니어Martin Luther King Jr.나 맬컴 엑스Malcolm X 또는 다른 독보적인 리더가 나오지 않았는지 의아해할 수 있지만, 이 운동은 사실 네트워킹형 리더십을 통해 무엇이 가능한지 보여주는 의도적이고 전략적인 접근법이다.

나는 역사학자 바버라 랜스비Barbara Ransby가 『뉴욕 타임스』 사설에 적은 내용에 동의한다. '블랙 라이브스 매터 시위를 통해 등장한 조직이 구식 리더십을 거부했기 때문에 어딘가 부족하다는 주장은, 이 시위를 가장 강력하게 해주는 점을 놓치게 한다. 경찰 폭력 외에 다양한 문제를 다루는 숙련된 지역 조직을 양성했다는 부분 말이다.'96

랜스비는 또 전미 유색인 지위 향상 협회National Association for the Advancement of Colored People; NAACP의 지도자 엘라 베이커Ella Baker의 말을 인용해 단 한 명의 카리스마 있는 지도자라는 구식 모델은 '평범한 사람들, 특히 여성과 저소득층, 그리고 노동 계급에 구세주가 필요하다고 말함으로써 그들의 권한을 박탈했다.'고 덧붙인다.

물론 공동 창립자 중 일부가 더 두드러지는 역할을 맡기도 했지만 블랙 라이브스 매터는 한 명의 리더 체제를 버리고 분산된 리더십을 통해 더 큰 것을 얻을 수 있었다. 네트워크를 기반으로 한 조직은 지역의 필요와 조건에 더 잘 적용될 수 있었고 더 많은 사람이 주인의식을 갖게 해 주었다.

마틴 루서 킹 주니어가 세운 개인의 업적은 비극적이게도 단절되었다. 하지만 수많은 조직원과 리더로 구성된, 변화를 주도하기 위한 네트워크 접근 방식을 갖춘 오늘날의 블랙 라이브스 매터 운동이 중단되는 것은 완전히 불가능한 일은 아닐지라도 훨씬 더 어려울 것이다. 오늘날의 사회 운동은 한 명의 체인지메이커가 아닌 여러 체인지메이커로 구성된 네트워크를 통해 긍정적인 변화를 이끌어내는 경우가 점점 더 많아지고 있다. 그 결과 조직은 더 복잡해졌지만, 탄력성은 훨씬 높아졌고 조직원 간 연결은 강화되었으며 확장성도 커졌다.

네트워크형 리더십을 위한 4단계

네트워크 내에서 효과적으로 일하는 체인지메이커가 되려면 어떻게 해야 할까?

스탠퍼드 대학에서 발간하는 사회 혁신 학술지인 『스탠퍼드 소셜 이노베이션 리뷰Stanford Social Innovation Review』에 실린 「당신이 들어본 적 없는 가장 영향력 있는 리더들」에서 제인 웨이-스킬런 Jane Wei-Skillern, 데이비드 얼리히만David Ehrlichman, 데이비드 소여 David Sawyer는 리더가 따라야 할 네 가지 구체적인 원칙을 나열한다.[97] 각 원칙은 앞에서 살펴본 체인지메이커 마인드셋의 특성과 매우 밀접한 관련이 있으며, 체인지메이커가 21세기 네트워크형 리더가 될 수 있는 좋은 위치에 있다는 것을 보여준다.

네트워크형 리더가 되기 위한 첫 번째 방법은 '통제가 아닌 신뢰에 집중하는 것'이다. 이는 관계를, 특히 장기 관계를 구축하는 것을 뜻한다. 혹은 아직 잘 모르는 다른 사람들과 관계를 맺기 위해 신뢰 도약을 할 수도 있다. 레슨 2에서 만난 코넥시오의 창업가 진 구오는 미래가 명확하게 보이지 않았을 때였지만 새로운 지역 파트너와 함께 코넥시오를 확장하기로 결정하고 이를 실천에 옮겼다.

두 번째는 '브랜드가 아닌 겸손에 집중하는 것'이다. 이는 대의를 위해 자신의 자존심을 내려놓고, 명성이 아닌 협업을 지향하며 함께 일하는 건강한 문화를 만드는 것을 의미한다. 이것은 블랙 라이브스 매터 운동의 특징이기도 하다.

세 번째 원칙은 '허브 형태가 아닌 교점 형태로 활약하는 것'이다. 모든 일을 혼자 하려들지 말고 다른 사람들이 기여하는 몫은 무엇이며 리더십이 어떻게 그들을 지원하고 보완할 수 있는지를 이해하는 것을 말한다. 레슨 3에 등장했던 트라이브리스의 전 CEO 그웬 이 윙은 조직에서 한 발 물러나 다른 사람들이 한 단계 더 성장할 수 있도록 지원하는 방식으로 이러한 접근 방식을 구체화했다.

네트워크형 리더가 되는 네 번째 방법은 '조직이 아닌 목적에 집중하는 것'이다. 이는 장기 공동 목표에 동참하고 함께 더 큰 비전을 그리는 데 동참하는 것을 의미한다. 무함마드 유누스는 이러한 접근 방식을 마음에 새겨 수많은 사람이 자신의 도시와 국가에서 소액 금융 이니셔티브를 시작하도록 영감을 주었다.

네트워크의 힘을 활용할 수 있는 체인지메이커는 다른 사람들을 통해, 그리고 다른 사람들과 함께 변화의 노력을 증폭시키고 장기적으로 강력한 힘을 유지할 수 있는 유리한 위치에 있게 될 것이다.

의미와 목적을 갖고 이끌기

새로운 리너십을 실행하는 세 빈째 단계는 목직을 가지고 이끄는 것이다.

목적은 얼마나 중요할까? 온라인 코칭 기업인 베터업BetterUp은 직장에서의 의미와 목적에 관한 연구를 진행하기 위해 다양한 인구통계학적 특성과 급여 수준을 가진 26가지 산업을 대표하는 2,285명의 미국 전문가를 대상으로 설문조사를 실시했다.[98]

설문에서 참가자들에게 의미 있는 직업을 갖기 위해 남은 평생에서 얻게 될 수입 중 얼마를 포기할 의향이 있는지 질문했다. 어떤 결과가 나왔을 거라 생각하는가? 무려 23%까지 포기할 의향이 있다는 답변이 나왔다! '의미'를 위해 평균적으로 벌 수 있을 것으로 예상되는 수입의 5분의 1 이상을 기꺼이 포기할 의향이 있다는 결과였다.(참고로 미국인들은 평균 소득의 21%를 주거비로 지출한다.) 설문조사 결과는 오늘날 사람들이 얼마나 의미와 목적의식을 갈망하고 있는지를 명확하게 보여준다. 체인지메이커 리더인 우리는 목적을 가지고 이끄는 법을 배움으로써 이러한 사람들을 이끌수 있는 좋은 위치에 설 수 있다.

세 개의 V

나는 목적을 갖고 이끄는 리더십을 비전vision, 가치values, 승리victories라는 세 개의 V 모델로 나눈다.

레슨 4에 나왔던 사람들이 동료와 리더에게 바라는 특성을 다룬 연구 결과를 다시 보자. '미래 지향적인가?'라는 부분이 가장 차이가 큰 특성이었다. 이는 미래를 그리는 능력이 유능한 리더와 믿을 만한 동료를 구분하는 요소라는 것을 말해준다.

'비전으로 이끄는 리더십'은 팀에 목적 의식을 심어줄 수 있는

| 2부 | 체인지메이커 리더의 탄생

초능력이다. 출처가 불분명하지만 그럼에도 이 모델을 훌륭하게 묘사하는 이야기가 하나 있다. 어느 기자가 미 항공 우주국 나사 NASA의 복도를 걷다가 한 청소부와 대화를 나누게 되었다. "나사에서 무슨 일을 하세요?" 기자가 물었고 청소부는 이렇게 답했다. "우주로 로켓을 발사하는 것을 돕고 있습니다."

이 이야기는 사명의 역할을 잘 보여주는 예시이다. 청소부는(중요하지만 알아주는 사람이 적고 보수는 낮은 일을 한다는 점을 명시해두겠다.) 나사의 사명에 완전히 몰입해 자신의 역할을 나사의 더 큰 비전과 연결할 수 있었다.

체인지메이커로서 팀을 위해 지속적으로 미래의 모습을 제시하고 팀원이 각자 맡은 개별 역할을 함께 만들어가는 전체 비전과 연결할 수 있도록 도울 수 있는가? 이것이 목적을 갖고 이끄는 리더십의 첫 번째 단계이다.

'가치로 이끄는 리더십'은 팀에 더 큰 무언가에 연결되는 업무 방식을 제공하는 것을 의미한다. 리더는 가치관이 목적 의식과 연결되도록 만들어야 한다. 하스 경영대학원 학장이었던 리치 라이언스를 통해 나는 가치로 이끄는 리더십을 경험했다. 우리는 윤리적 문제, 즉 학교에 절실히 필요한 수익을 가져다줄 수 있지만 도덕적으로 심각한 우려를 불러일으킬 수 있는 파트너십의 가능성에 대해 논의하고 있었다. 공교육에 대한 국가의 지원이 감소하는 상황에서 이 어려운 결정을 어떻게 내려야 할까? 이 문제에 대해 나는 이렇게 주장했다. "우리의 가치는 쉬운 결정을 내리는 데 도움을 주려는 것이 아닙니다. 가장 어려운 결정을 내리는 데 도움을 주기 위해 존재합니다. 이것이 우리가 가치에 투자하고 가치에 따라 이끌어야 하는 이유입니다. 파트너십을 결정하는 문제는 우리가 가치에 의지한 채 내려야 하는 꽤 어려운 결정 중 하나입니다." 라이언스 학장의 결정은 감동적이었다. 그는 하스의 가치와 상충한다고 판단하여 그토록 필요했던 수익을 추구하지 않기로 했다. 이 결정으로 발생한 재정적 손실에도 불구하고 라이언스는 가치가 우리를 이끌어야 한다는 확신을 가지고 단호한 결정을 내렸다.

마지막으로 '승리로 이끄는 리더십'은 작은 승리를 축하하고 전진하는 느낌을 만들어내는 것이다. 체인지메이커들은 추구하는 변화에 대한 깊은 열정을 가지고 있기 때문에 특히 큰 변화를 추진할 때 피할 수 없는 기복을 극복하고 힘을 내어 오래 버틸 수 있다. 하지만 초기의 흥분이 사라지고 나면 모든 팀원이 똑같이 지칠 줄 모르는 열정을 공유하지는 않는다. 새로운 리더십은 작은 승리에도 주의를 기울임으로써 목표 의식과 팀 사기를 높일 수 있다. 리더는 자신이 추구하는 장기적인 변화에 집착할지도 모르나 팀원들은 변화에 주목하는 일이 때로는 추상적이거나 심지어 불가능하다고 느낄 수 있다. 아주 사소한 행동이라도 장기적인 목표 달성에 더 가까워지게 한다면 그에 따른 진전을 팀원들이 직관적으로 느낄 수 있도록 기념하는 것이 좋다. 이는 팀원들에게 큰 변화를 일으켜 팀원들로부터 의미 있는 변화를 추구하는 데 동참하겠다는 장기적인 약속을 이끌어낼 수 있다.

질문과 경청을 통해 강력한 리더가 되기

과거에는 목소리가 가장 큰 사람이 가장 자연스럽게 리더 역할을 맡는 경우가 많이 있었다. 하지만 대면과 디지털 영역을 넘나들며 화상 회의 공간인 줌Zoom과 온라인 업무 툴인 슬랙Slack과 휴대전화 문자 메시지 등 다양한 채널을 통해 유연하게 교류하고 소통하는 현대에는 목소리가 크다고 리더가 되지는 않는다. 사실 큰소리를 내거나 다른 사람의 말을 끊고 끼어드는 것은 이제 리더십의 강점이라기보다는 흠으로 작용한다. 대신 경청할 줄 아는 사람이 훌륭한 리더인 경우가 많다. 강력한 질문을 던진 뒤 적극적으로 경청하는 것은 네 번째 전형적인 21세기 리더십 기술이다.

경영 연구원인 스콧 D. 존슨Scott D. Johnson과 커트 베클러Curt Bechler는 효과적인 경청과 효과적인 리더십 사이의 연관성을 조사했다.[99] 그들은 서로 만난 적이 없는 참가자들로 이루어진 '리더 없이 활동한 12주간의 연구'에서 참가자의 효과적인 경청 능력과 리더십 능력 사이에 강력한 상관관계가 있다는 것을 발견했다.

이러한 데이터는 내가 함께 일했던 체인지메이커들에게서 관찰한 내용과도 일치한다. 유능한 체인지메이커들은 다른 사람들에게 통찰력 있는 질문을 던질 수 있는 능력을 가지고 있다. 코딩이나 계약서 작성 등 특정 분야의 전문가로 시작하더라도 직급이 올라가면서 각자의 분야에서 전문가인 다른 사람들을 이끌게 된다. COO로 승진했다고 해보자. 리더로 활동하는 방식에는 두 가지가 있다. 인사 정책부터 IT 인프라에 이르기까지 모든 분야의 전문가가 되거나, 강력하고 명확하며 기폭제가 되는 질문을 하는 방법을 배우는 것이다. 우리가 모든 분야의 전문가가 될 수는 없지만 호기심을 가지고 다른 사람의 장점을 끌어내고 팀과 영역 전반에서 새로운 통찰을 이끌어내는 질문을 하는 법은 배울 수 있다.

기자나 인류학자처럼 행동해 보자. 자신의 관점을 내세우기보다는 호기심을 가지고 주변 사람들에게 질문을 던지며 그들을 탐구해 보자. 기자인 케이트 머피는 "올바른 질문을 하면 누구나 흥미를 보인다. 상대가 지루해 보이거나 흥미를 느끼지 못한다면 그것은 당신의 책임이다."[100]라고 말했다.

대화를 원하는 방향으로 이끌기 위해 유도 질문을 하는 대신 "만약 ○○○ 이라면 어떤 일이 일어날까요?" 혹은 "제가 아직 고려하지 못한 다른 가능성이 있을까요?"와 같은 호기심을 일으킬 수 있는 질문을 던지자. 이러한 질문은 다양한 사고를 유도하고, 리더이자 체인지메이커인 우리는 오고가는 다양한 대화에서 연결 고리를 발견할 수 있다.

호기심이 이끄는 대로 나아갈수록 더 많은 새로운 통찰을 얻고 이를 효과적으로 리더십을 발휘하는 능력으로 연결할 수 있다. 스톡홀름에서 지내던 시절 나는 '리치 포 체인지'라는 프로그램을 통해 스칸디나비아 최고의 기업가와 혁신가들을 위한 인큐베이터를 운영한 적이 있다. 이론상 내 역할은 훌륭한 기업가를 선발하고 투자한 다음 이들이 영향력과 수익을 확장할 수 있도록 돕는 것이었다. 하지만 내가 실제로 한 일은 훨씬 더 단순하면서도 강력했다. 체인지메이커들이 리더로서 성장할 수 있도록 도운 것이다. 이 경험을 통해 나는 최고의 아이디어나 최고의 전략은 중요하지 않다는 것을 깨닫게 되었다. 진정한 변화를 이루기 위해 필요한 것은 리더십이었다. 나는 사람들이 리더십에 대한 자신의 접근 방식을 재평가하고 재구상하여 팀과 주변 세계에 필요한 리더가 될 수 있도록 도왔다.

다음 장부터는 체인지메이커 리더가 된다는 것이 무엇을 의미하는지 자세히 살펴볼 예정이다. 낡은 리더십 모델이 서로 연결된 세상을 사는 체인지메이커에게는 더 이상 통하지 않는 이유를 알게 될 것이다. 리더십에 대한 관점을 직위와 공식적인 권위에서 개인적인 차원으로 옮겨 '마이크로리더십'이라는 개념을 실천하는 방법을 알아보고, 포용하는 리더십을 실천하고 자신의 본성에 맞는 나만의 리더십 스타일을 찾음으로써 자신이 원하던 리더가 되어 주변 사람들이 최고의 능력을 발휘할 수 있도록 돕는 방법도 배울 것이다.

changer's playbook 6
새로운 리더십 창조하기

레슨 6 요약

- 리더가 되기 위한 허락을 기다리지 않는다. 빌드를 설립한 수잰 맥케니 클라르처럼 스스로 리더가 되는 권한을 부여한다.
- 변화는 한 사람이 아닌 네트워크에 의해 이루어진다. 네트워크를 기반으로 한 리더십을 수용해 보다 탄력적이고 지속 가능한 변화의 움직임을 일으키자.
- 우리의 가치는 쉬운 결정을 내리기 위해 존재하는 것이 아니라 정말 어려운 결정을 내리기 위해 존재한다. 어려울 때일수록 가치에 기댄다.
- 리더십 지위에 있는 것이 불편하고 모든 답을 알아야 한다는 압박을 느낀다면, 정말 좋은 질문을 던지는 데 집중한다.

도전 과제

- 자신이 경험한 최악의 리더십 사례, 즉 리더가 자신을 좌절시켰거나 실망시켰던 순간을 떠올려 본다. 부정적인 리더의 특성 목록을 작성하고 이를 영감으로 삼아 자신의 리더십을 재창조하라. 즉 부정적인 특성에 반대되는 리더의 모습을 창조한다.

레슨 7

거대한 리더가 아닌
작은 리더가 되어라

폴란드 조선소 파업에 동참하기 위해 담장을 넘은 레흐 바웬
사Lech Wałęsa, 세계 인권 선언의 제정을 주도한 엘리너 루스벨트
Eleanor Roosevelt, 기조연설 중 주머니에서 최초의 아이폰을 꺼내는
스티브 잡스. 많은 사람들이 존경하는 리더로 꼽는 이들이다. 이
들은 인상적인 리더이자 영감을 주는 체인지메이커임이 분명하지
만 리더십의 기준을 너무 높게 설정하기 때문에 많은 사람들이 리
더가 될 수 없을 것으로 생각하고 포기하게 만든다.

하지만 리더가 되기 위해서 리더로 지명되기를 기다릴 필요는
없다. 인턴이든 CEO든, 부모든 자녀든, 거래처 업자이든 고객이
든, 비록 그것이 아주 작은 일이라도 각자의 자리에서 매일 리더

십을 실천하기로 선택할 수 있다.

레슨 6에서 강조했듯 자신이 리더가 될 수 있도록 다른 사람이 허락해 주기를 기다리는 대신 다른 사람을 섬길 기회를 직접 계속해서 찾아야 한다. 이 장에서는 스스로 리더가 되어 변화를 이끌기로 결심한 당신을 위해 '마이크로리더십'이라는 개념을 소개하고자 한다. 마이크로리더십은 지금 당장 자신을 리더로 여기고 매일 눈앞에 있는 리더십의 순간을 포착하라는 매우 포괄적인 주문이다. 마이크로리더십은 리더십을 발휘하기 위해 CEO와 같이 큰 조직을 이끄는 대단한 리더가 될 필요가 없다는 것을 보여주며, 의식적이고 일관되게 작은 리더십을 발휘하는 것이 얼마나 간단한 일인지 일깨우는 틀을 제공한다.

작은 리더에게 필요한 네 가지 열쇠

마이크로리더십을 습득하기 위해서는 네 가지 열쇠가 필요하다. 이 열쇠들은 서로 연결되어 있으며 각각 자체로는 놀라울 정도로 단순하지만 모두 갖추면 강력한 조합을 이룬다. 당신이 공동체, 팀, 조직, 가족 등에서 리더가 되고자 한다면 지금부터 알아볼 네 가지 열쇠를 꼭 기억하기 바란다.

첫 번째 열쇠: 내가 가진 리더십을 믿는다, 된다

직책이나 경력이 없다고 해서 실제로 리더십을 발휘할 수 있는 능력에 문제가 있는 것은 아니다. 마이크로리더십의 첫 번째 열쇠는 자신이 리더가 될 수 있고, 이미 리더가 되었을 가능성이 크다고 완전히 믿는 것이다. 그러기 위해서는 리더로 '타고난' 사람이 있는 반면 그렇지 않은 사람도 있다는 이야기를 재고하는 인식의 전환이 필요하다. 이 개념은 인종, 계급, 성별, 재능에 대한 편견에 기반하며, 리더가 되고 싶은 욕망이 있지만 자신만의 방식으로 리더가 되고자 하는 많은 사람들의 잠재력을 제한한다.

나는 어느 행정 보조원이 체인지메이커가 되도록 도운 적이 있다. 고위직 임원들 사이에서 일하는 그는 좋은 아이디어를 많이 가지고 있었고, 실행에 옮기고 싶어 했다. 하지만 자신은 리더가 아니며 결코 리더가 될 수도 없기에 함부로 의견을 개진할 수 없다고 생각했다. 간절히 공유하고 싶었던 수많은 아이디어 역시 실행에 옮기지 않고 그냥 넘기곤 했다.

나는 리더십을 실천한다는 것의 의미가 무엇인지 그와 오랫동안 대화했고, 그는 결국 주변 고위 임원들처럼 직함이나 공식적인 권한은 없지만 매일 리더십을 실천할 수 있다는 것을 깨달았다. 이 직원은 마이크로리더십의 첫 번째 열쇠인 '자신을 리더로 여기기 시작하기'를 받아들였다.(비록 주변 사람들은 그를 아직 리더로 여기지 않더라도 말이다.) 그렇게 하자 그는 마침내 적극적으로 행동하고, 제안하고, (이 장의 뒷부분에서 자세히 다룰)영향력 도구를 사용하여 자신의 위치에서 더 편하게 리더가 되는 방향으로 나아갈 수 있었다. 물론 이 직원은 자기가 보고하는 사람들과 같은 공식적인 권한은 없었지만 자신도 작고 일관되고 실질적인 방식으로 의미 있는 기여를 할 수 있다는 것을 깨닫게 되었다.

두 번째 열쇠: 스스로를 허락한다

마이크로리더십을 적용하는 데 그 누구의 허락이 있어야 하는 것은 아니니 허락을 받을 때까지 기다릴 필요는 없다. 스스로를 허락하라. 회의 내내 조용히 있던 과묵한 팀원에게 의견을 묻거나 다른 사람이 하지 않는 질문을 기꺼이 하는 것 등이 이에 해당한다.

마이크로리더는 모든 일을 진행하기 위한 허락을 기다리는 대신 눈앞에 있는 기회를 포착한다. 우리는 종종 리더십을 지나치게 찬양해 한 공간에서 권력을 가진 단 한 명의 사람이 다른 사람들에게 무엇을 해야 하는지 지시하는 것이 리더십이라고 개념화한다. 하지만 리더가 되는 데 실제로 필요한 것의 대부분은 아래에서 위로 접근하는 방식으로 이루어진다. 리더십은 실제로 소매를 걷어붙이고 일에 합류하는 것이다. 일찍 와서 준비하지 말라거나 늦게까지 남아 정리하지 말라고 지시하는 사람이 없어도 우리는 언제든지 스스로에게 이러한 작은 리더십의 행동을 허락할 수 있다.

마이크로리더십을 완전히 받아들일 수 있도록 내가 도왔던 한 체인지메이커는 최근 다국적 대기업에 입사했는데, 성소수자 직원을 위한 커뮤니티가 없다는 사실에 불만을 품고 있었다. 나는 그 직원에게 리더십의 순간을 붙잡으라고 격려했다. 그 직원이 이 상황에 불만을 느꼈다면 비슷한 느낌을 받은 다른 직원도 분명 많을 것이었다. 나는 이 체인지메이커에게 고위 경영진이 성소수자 직원 커뮤니티를 만들 때까지 기다리지 말고 스스로 나서서 필요한 단체를 만들라고 제안했다. 그는 마이크로리더십의 첫 번째 열쇠를 활용해 자신이 이미 리더라고 믿기 시작했다. 이어서 두 번째 열쇠를 따랐다. 성소수자 직원 커뮤니티를 만들고 소규모로 첫 네트워킹 이벤트를 개최하는 데 필요한 유일한 허락을, 즉 자신이 직접 주는 권한을 스스로에게 부여했다.

세 번째 열쇠: 다른 사람을 섬긴다

기존의 리더십은 명령과 통제에 중점을 두는 경우가 많았지만 마이크로리더십은 이와는 반대다. 마이크로리더십은 다른 사람을 섬길 수 있는 작은 리더십 기회를 활용하고 지속적으로 실천하는 것이다.

마이크로리더십의 세 번째 열쇠를 실천하기 시작하면 변화를 일으키는 이러한 작은 행동이 매일 수십 번씩 주변 곳곳에서 나타나고 있다는 사실을 깨닫게 될 것이다.

세 번째 열쇠를 완벽하게 수용하는 사례로 시각장애인과 자원봉사자를 연결하는 앱 '비마이아이스Be My Eyes'가 있다. 이 앱은 시각장애인인 덴마크의 가구 장인 한스 예르겐 비버그Hans Jørgen Wiberg가 개발했다. 비마이아이스는 시각장애인과 비장애인 자원 봉사자를 연결하여 화상 통화를 통해 실시간으로 시각적인 도움을 제공한다. 자원봉사자는 유통기한 확인, 색상 구분, 설명서 읽기, 새로운 환경 탐색 등 시각장애인이 다양한 문제를 해결할 수 있도록 돕는다. 자원봉사자가 되는 조건은 단 한가지이다. 바로 '다른 사람을 섬기기로 선택하는 것'이다.

2015년부터 150개 이상의 국가에서 180개 언어를 구사하는 500만 명 이상의 자원봉사자가 이 앱을 통해 30만 명 이상의 시각장애인과 소통하고 있다. 비마이아이스는 약간의 자유 시간과 도움을 주고자 하는 의지가 있는 개인을 다른 사람을 의미 있게 섬기는 마이크로리더로 변화시킨다.

네 번째 열쇠: 행동을 취한다

네 번째 열쇠는 행동을 취하고, 반복해서 실천하는 것이다. 그렇게 행동은 쌓일 것이다.

용기와 일관성을 가지고 눈앞에 놓인 리더십의 순간을 포착하자. CEO라는 직책은 훌륭하지만 실제 CEO의 업무는 수많은 작은 리더십의 순간에 꾸준히 행동을 취하는 것이다. 이러한 작은 순간은 우리가 누구든, 공식적인 권한이 있든 없든, 우리에게 주어지는 기회다. 마이크로리더십은 운동장의 수평을 맞추고 행동으로 옮기기로 마음먹기만 하면 누구나 리더십을 발휘할 수 있는 권한을 갖게 해준다.

마이크로리더십의 네 가지 열쇠를 안 당신은 이제 세상을 다른 눈으로 볼 수 있을 것이다. 그 세상은 우리가 나서서 행동할 수 있는 기회로 가득 차 있다.

정신 건강 문제를 겪고 있던 18세 소녀 페이지 헌터Paige Hunter 는 지역사회에서 행동할 수 있는 기회를 잡았다. 그는 2018년 영국 선덜랜드 지역에 있는 웨어머스 다리에 자신과 비슷한 어려움을 겪는 이들을 위해 '희망의 쪽지'를 써서 붙이기 시작했다. 따뜻한 말과 더불어 정보와 도움을 구할 수 있는 연락처를 제공한 페이지의 쪽지는 여러 사람의 목숨을 구한 것으로 알려졌다.[101]

기회는 직장에서도 생길 수 있다. 시간을 내서 동료와 건설적으로 의견을 나누거나, 다른 사람들이 모두 예라고 말할 때 기꺼이 아니오라고 말하거나, 다른 사람들이 모두 아니오라고 말할 때 기꺼이 예라고 말할 수 있으며 동료가 분노나 두려움을 담아 인사할 때 친절하게 대응하기로 선택할 수도 있다.

마이크로리더십이 가득한 세상은 정식으로 리더 자리에 임명되지 않더라도 누구나 리더가 될 수 있는 세상이다. 즉 리더가 소수가 아니라 다수인 세상이다. 작은 행동부터 실행하고 또 실행하도록 스스로를 허락해 마이크로리더십으로 가득한 서로 선기는 세상을 상상해 본다.

리더십의 순간 포착하기

마이크로리더십은 리더십을 단순하면서도 심오한 단위인 '리더십의 순간'으로 세분화한다. 리더십의 순간은 우리 주변에서 하루에 수십 번, 어쩌면 수백 번 나타난다. 이런 순간들 속에서 우리는 한 걸음 더 나아가고, 다른 사람을 섬기고, 작은 차이를 만들 수 있는 기회를 발견한다. 내 수업을 듣는 학생들이 포착한 리더십의 순간을 공유한다.

소피아 바긴스키Sophia Baginski는 학생들이 단절감을 느끼는 수업에서 조교로 일하고 있었다. 학생들이 서로 더 가까워질 수 있도록 소피아는 프리스비 놀이 모임을 만들었다. 코로나19가 닥치자 소피아는 이를 기회로 삼아 모임을 비대면으로 전환했다. 소피아는 "마이크로리더십을 통해 일상에서 변화를 일으킬 수 있는 기회가 얼마나 많은지 깨달았고 더욱 적극적인 리더가 될 수 있었어요."라며 당시를 회상한다.

럭비팀 멤버인 시드 홀랜드Sid Holland는 마이크로리더십 덕분에 후배 선수였을 때부터 경기장 안팎에서 적극적으로 행동할 수 있었다고 한다. 그는 코칭 스태프나 주장에게만 의존하지 않고 스스로에게 새로운 전술을 제안하고 다른 선수들을 독려할 수 있는 권한을 부여했다.

제니퍼 피스터Jennifer Pfister는 마이크로리더십을 통해 매일 주변에 나타나는 모든 리더십의 기회를 더 잘 인식하게 되었다. 이제 제니퍼는 자신의 네트워크를 활용해 다른 사람들이 목표를 실현할 수 있도록 연결하고 길을 잃은 것처럼 보이는 사람을 가장 먼저 도우려고 노력하는 등 규칙적으로 리더십의 순간을 포착한다.

많은 사람들, 특히 나이가 어리거나 자기 차례를 기다려야 한다는 생각을 내면화한 사람들에게 전통적인 리더십은 너무나도 멀게 느껴질 수 있다. 반면에 마이크로리더십은 누구나 리더가 될 수 있게 해준다. 당신이 오늘 포착한 리더십의 순간은 언제인가?

아주 작은 변화 일으키기

리더십의 순간이 바로 눈앞에 있었다. 오리건대학교의 농구 선수 세도나 프린스Sedona Prince는 그 기회를 잡을 수 있었을까?

프린스는 당시를 이렇게 기억한다. "할 수 있을 것 같았어요. 할 수 있는 힘이 있다고 믿었어요. 어머니는 항상 자신을 믿고 최선을 다하라고 말씀하셨거든요."[102] 프린스는 마이크로리더십을 실천할 기회를 잡았고, 단순하지만 강력한 이 한 가지 선택으로 많은 것이 바뀌었다.

2021년 프린스는 대학교 2학년인 스물한 살의 나이로 미국대학스포츠연맹National Collegiate Athletic Association; NCAA 농구 토너먼트에 참가했다. 남성 토너먼트와 여성 토너먼트가 동시에 열렸는데 코로나19로 인해 남성 토너먼트는 인디애나폴리스에서, 여성 토너먼트는 샌안토니오에서 각각 해당 도시 내에서만 열리게 되었다. 경기는 동시에 진행됐지만 남성 농구 선수들과 여성 농구 선수들의 경기장 뒤편의 경험은 크게 달랐다.

대회 기간에 64개 팀이 함께 사용해야 했던 여성 선수용 체력 단련실에 들어간 프린스는 남성 선수용 체력 단련실과의 엄청난 차이를 확인했다. 여성 선수용 체력 단련실에는 요가 매트 몇 개와 덤벨 세트 한 개만 비치되어 있었는데, 장비를 잘 갖춰 놓은 넓은 남성 선수용 체력 단련실과는 극명한 대조를 이루었다. 식사와 코로나19 검사 가능 여부처럼 선수들 안위에 영향을 미칠 수 있는 심각한 차이까지 확인이 되자 프린스는 이를 조치가 필요한 기회로, 즉 리더십을 발휘할 기회로 인식했다. 프린스는 마이크로리더십의 네 가지 열쇠를 완벽하게 따랐고, 사소해 보이는 행동 하나로 스포츠계와 그 너머에 변화의 파문을 일으켰다.

첫째, 프린스는 자신에게 무언가를 할 수 있는 힘이 있다고 믿었다. 다른 선수들도 불평등한 대우를 알아차렸을 테지만 프린스는 자신이 이 문제를 개선하기 위해 무언가를 할 수 있다고 판단했다.

둘째, 프린스는 스스로에게 리더십을 부여했다. 코치나 미국대학스포츠연맹이나 심지어 같은 팀 선수들에게도 이 기회를 붙잡아야 할지 묻지 않았다. 프린스는 혼자서 변화를 선택했다.

셋째, 프린스의 마이크로리더십은 동료 여성 운동선수와 나중에 프린스의 뒤를 이을 여성들을 섬기는 것이 목표였다. 명성이나 관심을 얻기 위한 것이 아니라 오로지 그들이 더 나은 환경에서 운동을 하면 좋겠다는 마음이 바탕된 리더십이었다.

넷째, 프린스는 행동을 취했다. 프린스는 두 체력 단련실의 차이점을 그대로 보여주는 38초 분량의 틱톡 동영상을 제작해 게시했다. 동영상을 틱톡에 올리고 트위터에 틱톡 링크를 공유한 것은 영향력을 발휘하려는 작은 행동이었으며, 마이크로리더십의 완벽한 예가 됐다.

프린스가 한 행동은 작은 것이었을지 모르지만 그 반응은 엄청 났다. 다음 날 아침 일어나 보니 트위터의 글은 10만 번 넘게 리트윗 되었고 ABC 방송국의 주요 아침 뉴스 프로그램 〈굿모닝 아메리카Good Morning America〉를 비롯한 전국 방송국 텔레비전 프로그램의 출연 요청이 와 있었다. 짧은 동영상 하나가 전국적으로 화제를 불러일으킨 것이다. 이 글을 쓰는 현재 이 영상은 트위터에서 1,800만 회 이상, 틱톡에서 1,200만 회 이상의 조회수를 기록 중이다.

미국대학스포츠연맹과 스포츠계도 그의 영상에 주목했다. 미국 프로 농구 스타 스테픈 커리Stephen Curry를 비롯해 남녀 스포츠 스타들이 프린스가 시작한 대화에 동참했고, 그 관심의 결과로 미국대학스포츠연맹은 여성 선수와 남성 선수에게 동일한 체력 단련실을 제공했다.

마이크로리더십은 우리 모두가 실행할 수 있기 때문에 한순간의 행동이 더 많은 행동으로 이어지게 된다. 프린스의 경우도 그러했다. 프린스는 첫 마이크로리더십 행동으로 구축한 기반을 바탕으로 다른 사람들을 지원하는 일을 계속하고 있다. 프린스는 현재 약 280만 명의 틱톡 팔로워를 보유하고 있으며 이 계정을 통해 동료 운동선수들을 격려하고 미국대학스포츠연맹의 변화를 지지하고 있다.

"프린스가 이 일에 나섰다는 사실이 자랑스럽습니다. 솔직히 말해 프린스가 일으킨 변화는 매우, 매우 강력했어요."[103] 프린스의 코치 켈리 그레이브스Kelly Grave의 말이다. 실제로 마이크로리더십은 매우 강력하다.

자신이 있는 곳에서 리드하기

다른 사람에게 영향을 미칠 수 있는 기회 역시 마이크로리더십처럼 평등하고 누구나 접근할 수 있다. 체인지메이커는 다른 사람에게 정확히 뭘 해야 하는지 알려주는 능력보다 다른 사람을 설득하는 능력에 더 의존해야 하는 경우가 많다. 체인지메이커는 보통 다양한 배경을 가진 수많은 사람을 한데 모으고, 여러 분야와 갈래를 넘나들며 협업하고, 서열 곳곳에서 혹은 서열을 뛰어넘어 협력해야 한다. 이렇게 직위나 권한에 상관없이 다른 사람에게 영향을 미치는 능력을 '수평적 리더십'이라고 한다.

하버드대학교 교수인 로널드 하이페츠Ronald Heifetz는 그의 고전 『쉬운 답이 없는 리더십(원서 제목은 Leadership Without Easy Answer로 한국어 번역서는 없다. −역자 주)』에서 리더십과 권위의 차이에 대해 말한다.[104] 하이페츠는 권위를 '업무를 수행하기 위해 부여된 권한'으로 정의한다. 나는 권위 없는 리더십에 초점을 맞추고 있지만 권위가 있는 리더십이 환영받을 뿐만 아니라 반드시 필요한 경우도 있다는 점을 분명히 밝힌다. 예를 들어 3만 명의 관중으로 가득 찬 경기장에서 긴급히 대피해야 하는 경우, 각자가 최선의 대피 방법을 제안할 수 있게 하는 평등주의적 대피 방식은 상상하기 어려울 뿐만 아니라 매우 위험하다.

비상 상황이나 조난 시에는 권위가 내리는 지시가 필요하다. 하지만 우리는 대개 비상 상황에 놓여 있지 않으므로 변화를 주도할 수 있는 수평적인 리더십에 집중해 보도록 하겠다.

첫 번째 추종자

내가 가장 좋아하는 영상으로 늘 꼽는 것이 있다. 바로 〈춤 추는 사람의 리더십 강의〉다.[105] 음악가이자 기업가인 데릭 시버스 Derek Sivers가 훌륭한 통찰을 제공하는 이 동영상은 '첫 번째 추종자'라고 부르는 사람이 행사하는 힘을 보여준다.

이 오래된 영상은 야외 음악 페스티벌에서 열정적으로 춤을 추는 한 남자의 모습과 함께 시작되는데, 다른 페스티벌 참가자들은 그를 쳐다보거나 완전히 무시한다. 그 사람이 혼자 춤을 춘 지 20초 정도가 지나자 어떤 사람이 이 남자의 춤을 따라 추기 시작한다. 두 사람은 손을 허공에 흔들고 다리를 차며 한동안 함께 춤을 추다가 춤에 합류한 첫 번째 추종자가 손을 흔들며 같이 추자고 다른 사람들을 부른다.

곧 다른 사람이 춤에 합류한다. 한 명 더 늘어난다. 이어서 몇 명이 한꺼번에 다가와 춤을 추기 시작한다. 돗자리에서 일어나 이

댄스 파티에 참여하는 사람들은 점점 늘어난다.

3분 만에 (시버스가 '외톨이 괴짜'라고 부르는)한 사람이 춤을 추던 장면은 그곳에 있는 거의 모든 사람이 함께 춤을 추는 장면으로, 소수의 활동이 다수의 활동으로 변한다.

내가 이 영상을 좋아하는 이유는 변화를 실현하는 데 있어 우리 각자가 할 수 있는 리더십 역할을 있는 그대로 보여주기 때문이다. 우리 중 누군가는 처음으로 변화에 대한 비전을 가지고 거리낌 없이 춤을 추며 자신을 드러낼 것이다. 그러면 우리의 비전에서 잠재력을 발견하고 이를 촉진하는 데 도움을 주는 첫 번째 추종자가 되는 사람이 나타날 것이다. 이어 변화가 어느 정도 진전되는 것을 보고 이를 구체화하고 구축하는 데 도움을 주고자 하는 (그리고 이러한 과정을 통해 위험을 회피하는 성향의 사람들도 안전하게 참여할 수 있도록 하는)얼리 어답터early adopter와 변화의 비전이 더 명확해질 때까지 기다리는 레이트 어답터late adopter도 차례로 등장한다.

시버스가 영상에서 결론을 내리는 것처럼 처음으로 춤을 추기 시작한 사람이 이 운동을 일으킨 것으로 모든 공을 인정받을 수도 있다. 하지만 사실은 다른 사람들이 안전하게 이 운동에 동참할 수 있도록 자신의 평판이 안 좋아질 수도 있는 위험을 무릅쓴 첫 번째 추종자에게 대부분의 공이 돌아가야 할 것이다. 첫 번째 추종자는 자신이 전통적인 리더십 역할을 하고 있지 않다고 생각할 수 있겠지만, 이 영상은 첫 번째 추종자의 리더십이 그 어느 누구의 리더십보다 더 중요하다는 것을 보여준다. 시기나 업무 또는 환경에 따라 우리 모두가 리더가 되거나 추종자가 된다는 사실을 상기시켜 주는 영상이다.

변화를 주도하는 데 있어 우리의 역할은 목적에 따라 달라질 수 있다. 새로운 기술을 받아들이는 데에는 첫 번째 추종자나 댄스 무대에 뛰어 오르는 데에는 레이트 어답터일 수도 있다. 하지만 변화를 주도하는 공식적인 역할이 무엇이든, 우리 모두는 변화를 실현하는 데 주도적인 역할을 할 수 있다.

수평적 리더 되기

어떻게 수평적 리더십을 발휘해서 변화를 이끌어낼 수 있을까? 수평적 리더는 세 가지 리더십 도구를 활용할 수 있어야 한다. 다른 사람에게서 최고의 면을 발견하고, 동맹을 구축하고, 다른 사람에게 조언을 구하는 것이다.

먼저 다른 사람에게서 최고의 면을 발견하는 부분과 관련해서 나는 『멀티플라이어-어떻게 사람들의 역량을 최고로 끌어내는가(한국에서는 한경비피에서 2019년에 번역서를 출간했다. -역자 주)』의 저자 리즈 와이즈먼Liz Wiseman의 통찰을 좋아한다. 와이즈먼은 멀티플라이어 리더에게 중요한 질문은 '이 사람이 똑똑한가?'가 아니라 '이 사람이 어떤 면에서 똑똑한가?'라고 말한다.[100] 와이즈먼과 동료 작가 그렉 맥커운Greg McKeown은 관련 기사에서 '리더의 임무는 최고의 사고를 발휘할 수 있는 환경에, 적합한 사람들을 모아놓고, 방해하지 않는 것'[107]이라고 설명한 바 있다. 그의 말처럼 수평적 리더는 직위나 직책에 관계없이 다른 사람의 장점을 보고 변화를 효과적으로 주도할 수 있게 기회를 주는 사람이다.

동맹을 구축하는 부분에 대해서도 알아보자. 인사 전문가인 로런 켈러 존슨Lauren Keller Johnson은 『하버드 비즈니스 리뷰』기사에서 '연합 구축이 수평적 리더십에서 중요한 역할을 한다.'고 말했다. 함께 일하는 개인들은 탁월한 리더 한 사람보다 더 큰 영향력을 발휘한다는 것이 그의 주장이다.[108] 존슨은 런던 비즈니스 스쿨의 제이 콩거Jay Conger와의 대화에서 콩거가 "연합을 구축하면 영향력 있는 사람들을 모아 '단일 권한 기구'를 구성할 수 있다."고 설명한 부분을 언급했다. 이어서 존슨은 "강력한 연합을 구성하려면 우리가 제안하는 변화의 영향을 가장 많이 받을 사람이 누구인지 자문하는 것부터 시작해야 한다."고 조언했다.

우리는 영향력 있는 기후 운동가들이 전 세계적으로 동맹을 구축하는 것을 목격한다. 그레타 툰베리Greta Thunberg(스웨덴), 어텀 펠티에Autumn Peltier(캐나다 위키미콩 원주민), 버네사 나카테Vanessa Nakate(우간다), 시우테즈칼 마르티네스Xiuhtezcatl Martinez(멕시코) 등 젊은 리더들은 연합을 기반으로 접근한다. 이들은 자신과 자신들이 속한 지역 사회가 기후 변화의 영향을 받고 있기 때문에 모였다. 지리적, 문화적 차이에도 불구하고 이들은 리더로서 단결하고 지역 사회를 변화의 일부로 끌어들이는 방법을 찾았다. 이러한 수평적 리더십은 더 크고, 더 강력하고, 더 다양한 연합을 만들어냈다.

마지막으로 조언을 구하는 것에 대한 중요성을 이야기할 때 나는 가수 겸 래퍼 핏불Pitbull의 뮤직비디오를 15초가량 튼다.[109]

> "돈을 달라고 하면 조언을 얻게 되지. 조언을 해달라고 하면 돈을 두 번 얻게 돼.Ask for money, get advice. Ask for advice, get money twice."

핏불의 곡 「필 디스 머니Feel this money」에 나오는 가사다.

핏불의 말을 벤처 투자가로부터 투자를 받고자 하는 창업가에게 적용하면 어떨까. 현명한 창업가는 투자자를 만나 직접적으로 투자금을 요청하지 않는다. 대신 자기가 창업한 회사에 대한 자료나 사업 계획서를 보여주면서 방향성이나 전략에 대한 조언을 구한다. 투자자의 입장에서 사업 전략을 형성하고 구축하는 데 자기가 어떤 역할을 했다고 느끼면 자연스럽게 그 사업을 응원하게 되고, 나아가 지원해야 한다는 부담도 느낄 가능성이 높다. 핏불이 노래한 대로, 돈을 요구하면 원하는 것을 얻기 어렵지만, 조언을 구하면 원하는 것 이상을 얻을 수 있다.

선한 영향력을 미치는 리더 되기

영향력에 관한 유의미한 연구 중 하나는 호텔 욕실에서 이루어졌다. 연구자들은 환경 보호와 관련해서 호텔 투숙객의 행동에 어떤 영향을 미칠 수 있는지 알아보기 위한 실험을 설계했다. 그들은 호텔 객실에 환경 보호에 참여하도록 유도하는 다양한 안내문을 게시했다.

한 안내문에는 대부분의 투숙객이 수건을 재사용한다는 등 다른 사람들이 하는 행동을 알리는 문구를 사용했다. 다른 안내문에는 환경 보호에 초점을 맞춘 보다 전통적인 문구를 사용했다. 연구 결과는 사회적 규범에 호소하는 후자가 더 효과적인 것으로 나타났다.[110] 아울러 근접성도 중요했다. '이 방을 사용하는 대부분의 투숙객이 수건을 재사용한다.'는 내용의 안내문을 붙였더니 환경을 보호하려는 행동(수건을 재사용하려는 행동)이 더 많이 보였다.

이 재미있는 사례에는 강력한 개념이 깔려 있다. 인간은 자신의 작은 행동이 일으키는 큰 변화에 민감하다는 것이다. '영향력'을 발휘하고 싶은 욕구는 인간의 본성이다. 변화를 일으키고자 하는 우리는 이런 본성을 잘 활용할 수 있다.

나는 수업에서 영향력에 대해 가르칠 때 '영향력의 막강한 힘'이라는 표현을 쓴다. 단기적인 이득이 아니라 의미 있는 목표를 향한 장기적인 연결에 초점을 맞추자는 의미에서다. 지금부터 막강

| 2부 | 체인지메이커 리더의 탄생

한 힘을 가진 영향력을 발휘하기 위한 다섯 가지 조건을 알아보고, 이를 리더십에 어떻게 적용할 수 있는지 살펴보겠다.

관계

영향력을 발휘하고자 할 때 큰 도움을 주는 것이 바로 '관계'이다. 레슨 6의 마거릿 휘틀리와 데버라 프리즈의 이야기에서 본 것처럼 변화는 관계 네트워크를 구축할 때 구체화된다. 관계에 미리 투자할수록 누군가에게 성공적으로 부탁할 수 있게 되고, 긍정적인 영향력을 미칠 기회도 얻을 수 있다.

때로 사람들은 우리가 주도하는 변화에 특별한 관심이 있어서가 아니라 단지 우리를 향한 관심 때문에 우리가 이끄는 변화에 동참할 것이다.

내 친구 중 한 명이 그가 사랑하는 사람이 앓고 있는 희소병 연구를 위한 기금을 마련하기 위해 마라톤을 하기로 결정한 적이 있다. 나도 이 질병에 대해 관심이 있긴 했지만, 내가 열정을 쏟는 분야는 아니었다. 하지만 친구가 내게 동참해달라고 요청했을 때, 나는 그와의 관계 때문에 열정적으로 후원하기로 마음먹었다. 이 일이 아니더라도 친구가 제안한 좋은 일이라면 어떤 것이든 동참했을 것이다. 우리는 상대가 중요하게 여기는 일을 나도 중요하게 여기는, 의미 있는 관계를 발전시켜왔기 때문이다. 친구는 관계에 기대어 내게 부탁을 했고 나는 친구의 부탁에 응할 수 있어서 뿌듯했다.

비전

두 번째 조건은 비전이다. 비전은 '다른 사람들이 따라야겠다고 사명감을 느끼는 미래를 그리는 것'이라고 정의할 수 있다. 다른 사람들이 무조건 참여하고 싶다는 마음이 드는 활기차고 흥미진진한 미래를 그릴 수 있는가? 명확하고 설득력 있으며, 반드시 실현될 거라고 믿을 수 있는 비전은 타인을 움직인다.

2장에 등장한 진 구오는 비전을 활용해 주요 이해관계자에게 영향을 미쳤다. 코넥시오의 비전은 '디지털 기술에 대한 접근성 부족으로 소외되는 사람이 없는 보다 포용적인 사회를 만드는 것'111이다. 나는 구오가 이 비전을 바탕으로 재능 있는 동료들이 기존 직장을 그만두고 코넥시오에 합류하도록 독려하고, 똑같이 감동을 받은 파트너와 투자자들을 영입하는 것을 지켜보았다. 이 고무적인 비전은 많은 사람들에게 영감을 주었고 구오는 이 비전을 실현하기 위해 다른 사람들도 동참하도록 독려했다.

공감

누군가에게 영향을 미치려면 내가 추구하는 변화 안에 상대방을 위하는 무엇이 있는지, 상대방이 왜 변화에 관심을 가져야 하는지 설득할 수 있어야 한다. 체인지메이커로서 우리는 종종 자신의 아이디어에 푹 빠져 다른 이들의 생각을 읽지 못할 때가 있다. 다른 사람의 관점에서 아이디어를 바라볼 수 있어야 한다. 아이디어는 마음에 들지만 참여하기 두려운 마음이 들 수도 있고, 우리가 요구하는 수준으로 돕고 싶은 것은 아닐 수도 있다는 것을 이해할 필요가 있다.

영향력의 세 번째 막강한 힘인 공감을 활용하면 전달하려는 메시지를 대상별로 다르게 구성할 수 있다. 레슨 5에 등장한 노동계의 리더 돌로레스 우에르타는 변화를 만드는 과정 내내 공감을 활용해 다양한 사람들에게 영향을 미쳤다. 우에르타가 강력하고 다양한 연합을 구축할 수 있었던 것은 정책 입안자, 농장 노동자, 비영리단체 리더 등 각기 다른 청중에게 정서적으로 공감할 수 있도록 메시지를 맞춤화하는 능력이 있었기 때문이다. 그는 다른 사람의 관점으로 자신의 아이디어를 보고, 공감을 통해 주변 사람들에게 가장 좋은 영향을 미치는 방법을 이해하여 지지를 이끌어냈다.

열정과 긍정

리더가 진정한 열정을 가지고 있으면 사람들은 영감을 받을 수밖에 없다. 네 번째 막강한 힘인 열정과 긍정을 가장하는 것은 불가능하다. 나는 가르치는 것을 정말 좋아하지만, 만약 회계학을 가르쳐야만 하는 상황이 온다면 수업 시작부터 내겐 그럴 마음이 전혀 없다는 것이 명확하게 드러날 것이다.

레슨 6에서 만난 음식물 쓰레기 분리 배출 운동 영웅 세바스티안은 열정과 긍정을 자신의 막강한 영향력의 힘으로 삼아 사무실 전체에 새로운 행동을 장려했다. 세바스티안은 순수한 열정을 갖고 다른 사람들도 퇴비화 노력에 동참하도록 자극했고 그 열정은 연쇄 반응을 일으켰다. 그의 첫 번째 추종자들은 그의 열정에 이끌려 동참하게 되었고, 그들 역시 자신의 네트워크를 결집해 동일하게 열정을 전달했다.

안전한 환경 만들기

앞서 말했듯 사람들은 각자 위험을 다루는 성향이 다르며, 체인지메이커 여정에서 만나게 될 사람들 중 상당수는 행동을 취하는 데에 우리보다 더 두려움을 느낀다. 어떻게 하면 다른 사람들이 안심하고 우리의 활동에 동참할 수 있게 주도할 수 있을까? 마지막 조건은 대학교 같은 큰 관료 조직에서 긍정적인 변화를 주도하기 위해 내가 다듬어야 했던 부분이다.

먼저 '공감'을 적용하면, 내 동료는 내가 제안한 변화의 비전을 높이 평가하지만 성공하지 못할 경우 일어날 수 있는 일에 대해 두려워하고 있다는 사실을 깨달을 수 있다. 나는 동료에게 '변화에 동참하기 위해 당신이 위험을 감수하고 있다는 것을 알고 있다'고 말한다. 그리고 이 전략이 실패한다면 모든 책임을 내가 지고 그는 나를 신뢰했다는 것 때문에 어떤 부정적 평가도 받지 않게 하겠다고 약속한다. 한편 전략이 성공하면 동료 역시 그 공로를 확실히 인정받게 하겠다고도 한다. 겸손의 힘으로 다른 사람들이 안전하게 동참할 수 있게 설득하는 것이다.

| 2부 | 체인지메이커 리더의 탄생

어떤 막강한 힘을 사용할지 선택하는 것은 제로섬이 아니다. 각각의 힘은 특정 상황에서 유용하며 여러 힘을 조합해서 사용하는 것도 가능하다. 가장 영향력 있는 체인지메이커는 다섯 가지 막강한 힘을 모두 능숙하게 사용할 수 있으며 상황에 따라 가장 적합한 힘을 활용할 것이다. 자신에게 가장 편안하게 느껴지는 힘이 한두 가지 있을 것이고, 가장 큰 효과를 발휘하는 힘도 한두 가지가 있을 것이다. 따라서 영향력을 발휘할 수 있는 자신의 능력에 대해 생각할 때, 어떤 것이 이미 자신의 막강한 힘이며 어떤 것이 약간의 연습을 통해 더 큰 영향력을 발휘할 수 있는 힘인지 헤아려 보기를 바란다.

누군가 내게 리더라는 직함을 주거나 리더십을 발휘할 권한을 주기를 기다리는 경우에는 영향력을 발휘하는 것이 두려울 수 있다. 하지만 마이크로리더십을 도입해 직급이나 직책이 아닌 특정 순간에 필요한 리더십을 수행하기로 결심했다면 우리는 각자 자신만의 방식으로 리더가 될 수 있다. 그러니 스스로가 마이크로리더십의 힘을 활용할 수 있도록 허락하자.

영향력의 활약

전 출연진이 모두 아시아 배우인 점이 화제가 되었던 할리우드 영화 〈크레이지 리치 아시안〉의 감독 존 추Jon Chu는 영화의 마지막 장면에 적합한 노래를 찾기 위해 애를 썼다.

추는 리애나Rihanna, 시아Sia 등 유명 가수의 곡을 검토해 보았지만 딱 맞는 곡을 찾지 못했다. 그는 콜드플레이Coldplay의 곡 「옐로Yellow」를 마지막 곡으로 사용해야만 감정의 고조를 정확하게 표현할 수 있겠다고 생각했다. 하지만 한 가지 문제가 있었다. 콜드플레이의 음반사에서 이미 거절했다는 사실이었다. 거절 이유는 확실히 알려지지 않았지만 아시아인을 비하하는 의미로 흔히 사용되는 단어가 노래 제목이기 때문에 밴드가 불편한 상황에 처할 수 있다는 우려 때문이었던 것으로 보인다.

추는 바로 이런 이유 때문에 이 획기적인 영화에 그 곡을 사용해야만 한다고 생각했다. "우리(아시아인)가 '옐로'라 불리는 현실을 바꾸는 것은 쉽지 않아요. 그래서 이번 기회에 나는 이 단어를 아름답게 만들 거예요."[112] 추는 연예 잡지 『할리우드 리포트』와의 인터뷰에서 이렇게 말했다.

추는 이 노래로 영화를 어떻게, 왜 끝낼 것인지에 대한 비전을 가지고 있었지만 완고한 힘에 가로막혔다. 사실상 무명 영화 제작자였던 그가 세계적인 밴드인 콜드플레이를 설득하는 것은 거의 불가능에 가까운 미션이었다. 이런 상황에서 그가 할 수 있는 한 가지는 영향력을 행사해 보는 것이었다. 추는 콜드플레이를 자신의 편으로 만들기 위해 모든 방법을 동원했다. 추는 콜드플레이 멤버인 크리스 마틴Chris Martin, 가이 베리먼Guy Berryman, 조니 버클랜드Jonny Buckland, 윌 챔피언Will Champion에게 직접 편지를 쓰기로 했다. 당시에는 존재하지 않았던 관계를 구축하기 위해서였다.

추는 콜드플레이 멤버들과 자신의 공통점을 찾아 개인적인 연결 고리를 맺는 내용의 편지를 썼다. 학창 시절에 자신이 그 경멸적인 용어로 불렸던 일과 콜드플레이의 뮤직 비디오를 보기 전까지 그 단어에 대해 느꼈던 복잡한 감정에 대해 이야기했다. "(콜드플레이의 곡에 들어간 옐로라는 단어는) 제 인생에서 처음으로 가장 아름답고 마법 같은 방식으로 색을 묘사했습니다. 별의 색, 그녀의 피부색, 사랑을 묘사했지요. 제 자신의 자아상을 다시 생각하게 할 정도로 매력적인, 놀라운 이미지였습니다."
이렇게 첫 번째 관계성을 풀어낸 추는 「옐로」가 흘러나오는 동안 영화에서 펼쳐질 장면을 그리면서 콜드플레이에게 비전을 제시하는 것으로 전략을 피벗, 즉 선회했다. 그는 「옐로」가 '힘을 불러일으켜 주는 감성적인 행진곡'이라며 이 곡이 서사에 어떻게 완벽하게 들어맞고 영화를 보완할 수 있는지 유쾌하게 설명했다.

그 지점에서 추는 다시 공감으로 방향을 틀어 밴드의 입장이 되었다. "저 역시 아티스트로서 자신의 작품을 다른 사람의 작품에 결합해도 되는지 결정하기란 늘 어렵다는 것을 알고 있습니다. 대부분의 경우 거절하고 싶을 것입니다." 그는 콜드플레이가 느낄 불편함을 이해했다.

이어서 추는 영화 제작 초기에 받은 호평과 이 영화가 베스트셀러를 원작으로 한 작품이라는 점을 설명하면서 콜드플레이를 안심시키려고 노력했다. 그리고 편지 마지막 부분에서는 자신의 가장 막강한 힘인 열정과 긍정을 부각했다. 그는 콜드플레이의 곡이 아시아계 미국인들에게 미칠 수 있는 영향에 대해 이야기하면서 "제가 가장 힘들었을 때 콜드플레이의 가사와 음악을 통해 느낀 감정을 다른 이들에게도 전하고 싶습니다. 미국의 아시안들이 상징적인 곡을 갖게 되기를 바랍니다."라고 편지를 끝맺었다.

추가 편지를 보낸 지 24시간도 채 지나지 않아 콜드플레이는 그들의 곡을 사용해도 된다는 답을 보냈다. 추는 자신이 그토록 원했던 노래를 영화에 넣을 수 있었고, 그렇게 옐로라는 단어를 되찾으려는 꿈을 실현하는 동시에 영화를 감동적으로 마무리할 수 있었다.

추는 권력도 권위도 없었다. 하지만 영향력은 미칠 수 있었다. 「옐로」의 가사를 인용하자면 그는 그 영향력으로 '아름다운 무언가를' 창조했다.

changer's playbook 7
리더십 행동 연습

레슨 7 요약
- 마이크로리더십은 리더십을 가장 단순하고 심오한 단위인 리더십의 순간으로 세분화한다. 이런 순간이 발생할 때마다 기회를 포착할 수 있다. 마이크로리더십을 실천하기 위해 허락을 받을 필요는 없다.
- 세도나 프린스와 존 추는 공식적인 직함이 아니라 권력 없는 영향력을 통해 변화를 주도했다. 프린스는 리더십의 순간을 포착하기 위해 마이크로리더십을 완전히 수용했고, 추는 세계적인 밴드가 자신의 변화 노력에 동참하도록 설득하는 데 영향력의 막강한 힘을 적용했다.
- 관계에 투자하고, 공감을 활용하고, 타인이 안전하게 참여할 수 있게 하는 등 영향력의 막강한 힘을 실행하면 정직하고 투명한 방식으로 긍정적인 변화를 이끌 수 있다.

도전 과제
- 다음 한 주 동안 주변에서 나타나는 리더십의 순간에 주목한다. 첫날에는 최소 한 가지, 둘째 날에는 두 가지, 일곱 번째 날에는 일곱 가지의 마이크로리더십 행동을 실천하기로 다짐한다.
- 가장 발전시키고 싶은 영향력의 막강한 힘 한두 가지를 고른 다음 이를 실천하기 위해 아래 도전 과제 중 하나를 선택한다.
  - 좋아하는 비영리단체를 골라 지인에게 해당 단체에 관한 게시물을 소셜 미디어에 올리도록 설득한다.
  - 좋아하는 동물을 골라 영향력의 막강한 힘을 사용하여 친구에게 이유를 말하지 않고 친구가 그 동물처럼 자세를 취한 사진을 보내도록 유도한다.
  - 낯선 사람에게 생일은 아니지만 생일 축하 노래를 불러달라고 설득한다.

240 | 2부 | 체인지메이커 리더의 탄생

레슨 8
포용하는 리더가 되어라

내가 만나고, 코칭한 체인지메이커들에게서 공통적으로 발견되는 능력이 있다. '응용한 공감'이다. 이것은 단순히 다른 사람의 관점에서 보는 것이 아니라 새롭게 얻은 관점으로 무언가를 적극적으로 실천하는 것이다.

나는 체인지메이커 강의를 하면서 막 변화를 일으키기 시작한 사람들을 만나는 특권을 누린다. 이 시기의 체인지메이커들은 변화를 향한 원초적인 에너지와 흥분으로 가득 차 있지만 무엇을 중점으로 변화를 이끌어야 하는지 모른다.

이들에게 내가 제시하는 한 문장은 "내가 갖고 싶었던 _____이(가) 되자."이다. 내가 갖고 싶었던 상사가 되자. 내가 갖고 싶었던 멘토가 되자. 내가 갖고 싶었던 부모가 되자. 내가 갖고 싶었던 선생님이 되자. 혹은 내가 갖고 싶었던 친구가 되자……. 이렇게 빈칸을 채우는 간단한 작업만으로도 응용한 공감을 실천할 수 있다. 자신에게 부족한 것을 발견하고, 지향점까지 알게 되므로 의식적으로 다른 사람에게 그것을 제공할 수 있게 되는 것이다.

이는 특히 자신만의 리더십 스타일을 세우고 정의할 때 유용하다. 다른 리더들이 우리를 위해 해줬으면 하는 것이 있는가? 그렇다면 우리가 이끄는 사람들에게는 그것이 부족하지 않도록 해줄 수 있는 완벽한 기회로 삼으면 된다.

경쟁이 매우 치열한 고등학교에 다녔던 나는 종종 '심리적 안정감'이 부족하다고 느꼈다.(심리적 안정감에 대한 개념은 이 장의 뒷부분에서 살펴볼 것이다.) 그래서 버클리 하스 강의실에 첫발을 내디딘 날, 그 자리에서 나는 교육 체인지메이커로서 모든 학생이 (수년 전내가 그들의 자리에 있었을 때 느꼈으면 좋았을 것처럼)심리적으로 안전하다고 느끼게 하는 것을 내 리더십의 신조로 삼았다.

이 장에서는 우리가 갖고 싶었던 리더가 되는 방법을 알아볼 예정이다. 내가 속한 팀으로부터 최고의 모습을 이끌어내는 포용하는 리더십과 심리적 안정감이라는 개념을 살펴볼 것이다. 어느 팀이든 다양성이 왜 꼭 필요한지 논의하고 다양성, 공정성, 포용성을 변화에 적용하는 방법에 대해서도 알아볼 것이다. 또 리더십에 '옳은' 방식이란 없기 때문에 리더십에 대한 다양한 접근 방식을 논의하고 리더이자 체인지메이커로서 나에게 맞는 스타일을 찾아

볼 예정이다.

이 장은 우리가 갖고 싶었던 리더가 되는 방향으로 가는 매우 포괄적인 초대장이다. 우리가 이끄는 사람들은 그런 리더를 가질 자격이 있다.

내가 바라던 리더는 어떤 사람인가?

'포용하는 리더십'이라는 용어를 생각할 때마다 뚜렷하게 떠오르는 이미지가 하나 있다. 2019년 3월 뉴질랜드 크라이스트처치에서 저신다 아던Jacinda Ardern 뉴질랜드 총리와 무슬림 단체 대표들이 함께 찍은 사진이다. 이 사진은 라이스트처치 사원에서 외국인 혐오자가 일으킨 총기 난사 사건으로 인해 50명이 넘는 신도들이 살해당한 지 24시간도 채 지나지 않아 지역 사회가 충격에 휩싸여 있을 때 찍었다. 사진 속 아던은 검은색 스카프를 머리 위에 두르고 두 손은 자기 앞에 모은 채로 연민과 결의, 근심과 사랑이 동시에 느껴지는 표정을 짓고 있다. 아던의 자세, 눈빛, 무슬림 신자는 아니나 스카프를 착용하여 존경을 표하기로 한 결정이 모두 결합해 아던의 리더십 스타일에 관한 모든 것을 말해준다.

도널드 트럼프Donald Trump 미국 대통령이 전화로 이 슬픈 순간에 미국이 뉴질랜드를 위해 무엇을 할 수 있는지 물었을 때, 아던 총리는 다른 무엇도 아닌 "모든 무슬림 공동체에 동정과 사랑[113]을 보여주길" 요청했다.

바로 이것이 포용하는 리더십이다. 아던은 국가 지도자로서 가장 취약한 계층이 안전하다고 느끼도록 하는 데에 집중했다. 아던의 관심과 신경은 자신이 아닌 다른 사람들을 향해 있었다.

아던 총리는 권력과 권위를 가진 위치에서 리더십을 발휘했지만, 체인지메이커는 좀 더 작은 그룹이나 팀, 조직 등 주변 사람들에게 이와 같은 포용하는 리더십을 발휘할 수 있다.

포용하는 리더십이란

경영 컨설팅 회사인 콘 페리Korn Ferry는 포용을 '구성원이 서로 신뢰하며 개방된 환경에서 풍부한 지식, 통찰, 관점을 활용하는 것'이라고 정의한다.[114] 포용하는 리더십은 이런 환경을 조성하는 것이다. 포용하는 리더십은 직장뿐 아니라 팀, 동맹, 공식적인 그룹에서도 똑같이 중요하고 영향력이 있으며, 사람들이 완전한 자아를 보일 수 있도록 힘을 실어 준다.

포용하는 리더십을 실천하는 방법을 배우기 전에 먼저 포용하는 리더십이 왜 중요한지 살펴보자.

2017년 글로벌 컨설팅 회사인 딜로이트Deloitte는 포용하는 리더십의 영향력을 측정하기 위해 여러 산업 분야에 종사하는 직원 수천 명을 대상으로 설문조사를 실시했다.[115] 결과는 놀라웠다.

주요 결과 중 하나는 포용하는 리더 한 명이 미치는 영향력이다. 딜로이트는 팀에 포용하는 리더가 한 명만 있어도 소속감을 크게 느끼는 직원 수가 최대 70%까지 증가한다는 사실을 발견했다. CEO가 아니더라도 포용하는 리더십을 발휘할 수 있으며 하위 관리자도 큰 영향력을 미칠 수 있다는 것을 데이터는 증명한다.

포용하는 리더십의 긍정적인 영향은 광범위하게 나타난다. 딜로이트의 조사에 따르면 포용하는 리더십이 있는 팀은 그렇지 않은 팀에 비해 '우리 팀은 높은 수준의 의사 결정을 내린다.'고 답할 확률이 20%, '우리 팀은 원활하게 협업하고 있다.'고 답할 확률이 29% 더 높다. 조직 전체가 포용하는 문화를 가지고 있다면 재무 목표를 달성하거나 초과 달성할 가능성은 두 배, 혁신적이고 민첩하게 일할 가능성이 여섯 배 높아진다는 사실도 발견되었다.

이렇게 포용하는 리더십이 개인 최고의 역량을 발휘하는 데 중요한 역할을 한다는 점이 데이터로 증명되면서 포용하는 리더십의 필요성은 점점 더 커지는 중이다.

포용하는 리더십이 하지 말아야 할 것

호주 뉴사우스웨일스대학교 부교수인 줄리엣 버크Juliet Bourke와 조직심리학자 안드레아 타이터스Andrea Titus는 연구를 통해 포용하는 리더가 되기 위한 여섯 가지 핵심 요소를 밝혀냈다.[116] 우선 이들이 밝혀낸 포용성이 낮은 리더의 특성이 무엇인지 살펴봄으로써 비포용의 함정에 대해 알아보자.

버크와 타이터스는 가장 포용적인 리더와 가장 포용적이지 않은 리더를 대조하여 포용성이 가장 낮은 리더에게서 공통적으로 나타나는 세 가지 행동을 찾아냈다.

첫째, 다른 사람들을 압도한다. 이는 레슨 6에서 살펴본 '구식' 리더십에서 흔히 볼 수 있는 특징이다. 오랫동안 리더들은 훌륭한 리더는 자신의 생각을 다른 사람들에게 생각과 명령을 주입해야 한다는 (잘못된) 믿음을 유지해 왔다. 리더가 모든 답을 내리고 하면서 다른 사람들을 압도하면 기여하고 참여하고자 하는 구성원들의 능력과 동기는 꺾이고 만다.

나는 한 회사의 수석 부사장과 일한 적이 있는데, 그의 리더십에 관한 피드백에 따르면 팀원들은 그가 주도하는 회의에 편하게 참여하지 못하는 것으로 나타났다. 딜로이트의 조사에서 이런 리더를 가진 팀은 중요한 통찰을 놓치고 있을 가능성이 높다는 것을 알 수 있다. 나는 수석 부사장과의 면담을 통해 문제를 진단했다. 그 부사장은 리더가 항상 답을 가지고 있어야 한다고 잘못 생각했으며 따라서 팀에 무엇을 해야 하는지 항상 알려줘야 한다는 부담을 느끼고 있었다. 나는 그에게 한발 물러서서 다른 사람들이 적극적으로 참여할 수 있도록 질문하라고 권했다. 나는 그가 올바른 방향으로 가고 있다는 것을 확신할 때도 질문을 하라고 격려했다. 자기가 늘 생각하던 아이디어를 다른 사람이 언급해도 그 사람의 훌륭한 기여를 칭찬해 점점 더 많은 사람이 편안하게

|2부| 체인지메이커 리더의 탄생

제안을 공유할 수 있도록 했다. 리더십의 방향을 수정한 뒤 그에 대한 평판은 전보다 훨씬 좋아졌다. 팀의 성과도 높아졌음은 물론이다.

둘째, 편애를 드러낸다. 인종, 계급, 나이, 성별, 어쩌면 개인적인 관심사나 배경이 비슷하다는 이유로까지 편애를 하는 것은 너무나 흔한 일이다. 젊은 리더가 경험이 많은 동료는 평가절하하고 젊은 동료는 추켜세우는 경우를 어렵지 않게 본다. 월요일 아침 미팅에서 골프나 스키와 같은 몇몇 사람들만 공감할 수 있는 주제를 꺼내며 다른 이들이 소외감을 느끼게 하는 경우도 있다. 그럴 의도가 없었다고 해도 우리가 의식하지 못하는 사이 누군가가 소외감을 느끼고 있을지 모른다. 그런 일이 없도록 우리의 편견을 규칙적으로 재검토해야 한다.

셋째, 다른 관점을 무시한다. 앞으로 배우게 되겠지만, 다양한 경험과 관점을 가진 팀이 나은 성과를 내고 더 혁신적이다. 하지만 단순히 구성원이 다양한 팀을 꾸리는 것만으로는 충분하지 않다. 리더는 다양한 관점, 특히 당신이 처음에 생각하거나 믿었던 것과 상반되는 관점을 받아들일 준비가 되어 있다는 것을 구성원에게 계속해서 보여주어야 한다.

나와 함께 일했던 한 리더는 놀라울 정도로 창의적이고 수완이 뛰어났으며 자신의 아이디어를 전하는 데에도 매우 능숙했다. 그는 남보다 먼저 말하는 경향이 있었다. 팀원들의 브레인스토밍에 불쑥 끼어들어 다른 사람이 제안하기 전에 자신의 아이디어가 최고라고 설득했다. 때로는 반대 의견을 보이는 사람도 있었지만 그는 다른 사람들의 의견을 자주 무시하고 자신의 방식을 끝까지 밀고 나갔다. 그러면서 왜 자기만큼 창의적인 사람이 없는지 모르겠다며 불평했다. 나는 그가 자신의 아이디어를 너무 빨리, 너무 강하게 제시하기 때문에 다른 사람들이 자신의 아이디어를 공유하는 데 불편함을 느낀다는 사실을 깨닫게 해 주었다. 그에게 나는 아이디어를 먼저 내고 싶은 충동을 억누르고, 다른 구성원들이 아이디어를 공유할 수 있는 공간을 만들도록 코칭했다. 때로는 그가 생각했던 것과 같은 아이디어를 내놓는 사람도 있었고, 때로는 다른 견해를 제시하는 사람도 있었다. 하지만 다른 사람들이 의견을 제시할 수 있는 공간을 마련함으로써 그는 다른 사람의 관점과 기여를 환영하는 포용력 있는 리더가 되는 법을 배웠고, 더 폭넓고 효과적인 브레인스토밍을 할 수 있었다.

포용하는 리더십의 여섯 가지 요소

비포용적인 리더의 특성을 확인했으니 이제 버크와 타이터스가 구분한 포용하는 리더십의 여섯 가지 핵심 요소를 알아보고, 각 특성이 우리가 이미 배운 체인지메이커 마인드셋의 측면과 어떻게 연결되는지 살펴보자.[117]

1. **포용성을 위한 가시적인 노력**: 포용을 우선순위로 삼고 이를 팀원들에게도 명확히 전달해야 한다. '자신을 넘어서기' 원칙

이 작동하는 부분이다. 포용하는 리더로서 이끌고 있는 팀에 명확한 비전을 제시할 수 있는가? 그리고 원칙이 실현될 수 있도록 서번트 리더십을 실천할 수 있는가?

2. **겸손**: 버크와 타이터스의 말을 빌리자면 이는 '실수를 인정하고 다른 사람들이 기여할 수 있는 공간을 만드는 것'을 의미한다. 리더로서 우리가 모든 답을 가질 필요는 없으며, 우리 모두를 나은 사람으로 만들어 주는 타인의 기여를 소중히 여기고, 그런 마음을 충분히 표현하는 것이 중요하다. 레슨 3에서 CEO의 겸손함을 연구한 에이미 오우와 동료들이 알려준 것처럼 겸손은 조직이 운영되고, 의사 결정이 이루어지고, 팀원들이 소속감을 느끼는 방식에 영향을 미친다.

3. **타인을 향한 호기심**: 우리는 먼저 팀원의 말을 듣고 팀원의 입장에서 생각하는 공감 능력을 키워야 한다. 여기서 스티브 자카로가 설명한 '정서적 유연성'은 타인과 소통할 수 있는 능력을 발휘하는 강력한 도구다. 호기심과 경이에 기대어 훌륭한 질문을 던질 수 있는 능력 또한 포용하는 리더가 되는 데 도움이 될 것이다.

4. **문화 지능**: 다른 사람들의 문화에 주의를 기울이고 필요에 따라 적응하는 것이 중요하다. 나는 스톡홀름에서 근무한 첫날 내가 아는 가장 포용력 있는 리더인 페르 빅토르손Pär Viktorsson을 만나 이를 직접 경험했다. 사무실에서 유일한 비 스웨덴인으로서 나는 완전히 새로운 문화를 탐색 중이었다.

페르는 남들과는 다른 길을 가는 나를 진심으로 환영했다. 그는 나를 위해 따로 영어로 번역된 문서를 준비하고, 독립기념일과 같은 미국 휴일에는 휴가를 제공하며 소외되지 않도록 가능한 모든 배려를 해주었다. 페르의 제안들 하나하나가 내게 큰 감동을 주었다. 이 경험은 소외된 지역 사회의 사람들에게 문화 지능이 얼마나 큰 의미가 있을지 생각하게 되는 계기가 되었다.

5. **효과적인 협력**: 입에 발린 소리를 넘어 모든 사람이 자신의 관점을 편안하게 공유하고 팀이 다양한 사고를, 특히 현재 상태에 의문을 제기하는 아이디어를 환영하도록 적극적으로 보장하는 것을 의미한다. 체인지메이커로서 우리는 변화를 주도할 뿐만 아니라, 다른 사람들이 변화에 동참할 수 있도록 포용해야 한다.

6. **편견 인식**: 우리 모두에게는 맹점이 있다. 우리의 편견은 인종, 성별, 계급, 능력, 성적 취향 등 매우 다양한 형태로 나타난다. 나는 내가 지닌 맹점 중 하나가 주로 기업가들과 함께 일한다는 점임을 깨달았다. 나 역시 기업가로서 사업을 이끌고 있는 만큼, 자신의 사업에 미쳐 있는 사람들에게 매력을 느낀다. 따라서 초기에 스타트섬굿 채용을 진행할 때 기업가 위주로 채용했다. 물론 기업가들에게는 훌륭한 면이 있다. 하지만 디테일함이나 집중력이 부족한 것처럼 결점도 많다. 내가 편하게 생각하는 기업가들로 구성된 우리 팀은 기술이나

| 2부 | 체인지메이커 리더의 탄생

디테일한 일처리가(특히 스프레드시트 작성 능력이) 부족했다.

자신의 편견을 인정하는 일은 쉽지 않다. 솔직히 말해 내게 편견이 있다고 인정하는 것은 꽤 불편한 일이다. 하지만 버크와 타이터스는 연구에서 '리더가 자신의 편견을 인식하고 동시에 높은 수준의 겸손을 보이면 직원들의 포용성이 평균 25% 증가한다.'고 밝히고 있다. 이 연구가 주는 교훈은 명확하다. 수치심을 느끼거나 무시하는 대신 성장 마인드를 적용하여 자신이 가진 편견을 인식하고, 적극적으로 개선하려는 겸손함까지 겸비한다면 우리는 더 많이 포용하는 리더가 될 수 있다는 것이다. 잠재적인 편견을 해결하려고 조치를 취하게 될 것이기 때문이다.

심리적 안정감을 주는 리더

구글google처럼 야심 차고 빠르게 성장하는 기업과 '심리적 안정감'은 잘 어울리지 않는 조합으로 보인다. 하지만 바로 이러한 점 때문에 구글은 심리적으로 안전하다고 느낄 수 있는 환경과 팀을 만드는 데 있어 훌륭한 연구 대상이 된다.

구글이 가장 잘 아는 것을 꼽자면 그것은 바로 데이터다. 따라서 구글에서 특정 팀을 가장 효율적으로 만드는 요인을 파악하기 위해 10만 명 이상의 자사 직원을 대상으로 데이터에 기반한 세밀

한 연구에 착수한 것은 그리 놀라운 일이 아니다.

　많은 사람들이 구글에서 가장 큰 성과를 내는 팀은 기술 전문성을 갖춘 팀일 것이라고 추측한다. 혹은 능력이 뛰어나면서 동시에 좋은 교육을 받은 엔지니어와 비즈니스맨을 모두 보유한 팀이라고도 생각할 수 있다. 구글이 발표한 '아리스토텔레스('전체는 부분의 합보다 크다.'는 아리스토텔레스의 명언에 경의를 표하는 의미로 이런 이름을 붙였다고 한다.) 프로젝트'의 결과를 읽기 전에는 나 역시 같은 생각을 하고 있었다.

　구글의 연구원들은 다음과 같은 네 가지 측면에서 팀 효율성을 분석했다.[118]

　　1. 팀에 대한 경영진의 평가

　　2. 팀에 대한 팀장의 평가

　　3. 팀에 대한 팀원의 평가

　　4. 분기별 할당량 대비 영업 실적

　결과는 놀라웠다. 구글은 '팀에 누가 있느냐보다는 팀원들이 어떻게 협력하느냐가 더 중요하다.'는 사실을 발견했다. 연구원들은 '신뢰'나 '목적' 같은 팀의 특성이 중요하다는 것을 발견했다. 그리고 다른 모든 변수보다 두드러진 한 가지 특성이 있었는데 바로 심리적 안정감이었다.[119]

　현재 상태에 의문을 제기하는 태도와 기업의 혁신을 자랑으로 여기는 구글과 같은 회사에서도 개인의 능력이 아니라 팀 문화가 중요한 역할을 하고 있다. 좋은 팀 문화를 만드는 기반인 '심리적 안정감'이 무엇인지, 왜 중요한지, 그리고 각자의 팀에 어떻게 적용할 수 있는지 살펴보자.

심리적 안정감

하버드대학교 에이미 에드먼드슨Amy Edmondson 교수는 이 개념을 현대 경영 과학에 도입한 공로를 인정받아야 한다. 에드먼드슨은 팀과 목표 달성을 위해 협력하는 과정에 대한 전문가이다. 그의 연구는 구글의 연구와 매우 유사하다.

에드먼드슨은 심리적 안정감을 '대인 관계에서 위험을 감수해도 안전하다고 팀원들이 공유하는 믿음', '낯선 의견을 말해도 팀이 그 사람을 난처하게 하거나 거부하거나 처벌하지 않을 것이라는 신뢰감', '대인 관계에서 신뢰와 상호 존중으로 특징지어지는 팀 분위기'로 정의한다.[120] 구글은 여기에 덧붙여 심리적 안정감이 존재할 때 '실수를 인정하거나 질문을 하거나 새로운 아이디어를 제안한다고 해서 팀원 중 누구도 다른 사람을 당황하게 하거나 처벌하지 않을 것이라는 확신을 느낀다.'[121]고 단언한다.

간단히 말해 심리적 안정감은, 자기 자신을 충분히 드러내도 자신의 평판이나 안녕이 위협받지 않는다는 것을 구성원 모두가 아는 데에서 오는 편안한 감정이다.

심리적 안정감이 결여된 팀에서 숨이 막힌다고 느낀 적이 있는 사람이라면, 온전하고 창의적인 체인지메이커가 되었을 때 비로소 숨이 탁 트이는 경험을 하게 될 것이다.

혁신을 위한 안전

구글뿐 아니라 다른 기관에서도 심리적 안정감이 주목받고 있다. 세인트루이스 워싱턴대학교 올린 경영대학원 마르쿠스 베어Markus Baer 교수도 혁신에서 심리적 안정감의 역할에 대해 심도 있게 연구했다. 베어, 에드먼드슨을 비롯한 전 세계 여러 연구자들의 연구 결과를 보면 심리적 안정감은 다음과 같은 효과를 낸다.

- 특징 혁신 시도가 성공할 가능성을 높이는 동시에 팀 차원의 전반적인 혁신도 향상한다.[122]
- 팀원들이 실수를 통해 얻을 수 있는 학습량이 증가한다.[123]
- 직원의 몰입도와 재직 기간이 향상한다.[124]
- 팀원이 동료의 다양한 아이디어를 수용하고 활용할 가능성이 높아진다.[125]

내가 공식적인 리더인지에 상관없이 팀원들에게 심리적 안정감을 조성하고 강화하려면 어떻게 해야 할까? 에드먼드슨의 연구를 바탕으로 한 몇 가지 제안과 내 팀에서 효과를 보인 몇 가지 전술을 소개한다.

첫 번째 제안은 매 과제를 '실행 문제'가 아닌 '학습 문제'로 정의하는 것이다. 이러한 방식으로 과제를 바라보면 불확실성을 인정하고(어떤 변화를 추구하든 불확실성은 반드시 존재한다!) 다양한 해결책을 생각해보게 된다. 반면 과제를 단순히 실행 문제로만 보면 숙고할 시간 없이 해치우는 데만 집중하게 된다. 그래서 문제를 해결할 수 있는 또 다른 의견, 관점, 접근 방식, 아이디어, 인맥이 배제될 위험이 있다.

두 번째 제안은 본보기가 되는 것이다. 다른 사람들이 따르게끔 하려는 바로 그 행동을 모범으로 보임으로써 주변 사람들이 같은 행동을 해도 안전하다고 느낄 수 있도록 돕는다. 이러한 방식으로 이끌기 위해서는 용기와 약간의 겸손이 필요하지만, 솔선수범의 힘은 다른 사람들에게 위험을 감수하고 불완전해도 안전하다는 것을 알려준다.

세 번째 제안은 호기심을 보이는 것이다. 리더가 정답을 제시하는 대신 호기심과 강력한 질문을 던지면 구성원들이 자신의 아이디어를 편안하게 제시할 수 있다. 이는 우리가 실행뿐만 아니라 배움을 추구하고 있다는 점을 강조하고, 다른 사람들도 같이 호기심을 보이게끔 자극을 준다.

전술적 접근 방식

체인지메이커로서 팀원 모두가 심리적 안정감을 느끼도록 하기 위해 사용할 수 있는 몇 가지 전략을 소개하겠다. 모두 내가 업무에서 적용한 방법을 바탕으로 정리한 것이다.

1. 결정을 내리기 전에 모든 사람에게 아이디어를 제시할 기회를 준다. 대부분이 좋아하는 듯하며 초반에 반발을 일으키지 않을 것 같은 첫 번째 아이디어에 안주하고 싶은 유혹이 생길 수 있다. 하지만 이는 TKI 모델에서 '협력이 아닌 타협에 안주하는 것'과 같다.(레슨 3 참조) 저항이 가장 적은 방법이지만, 리더가 다른 사람들이 의견을 말할 때까지 기다리지 않는다면 제안을 해도 안전하다고 느끼지 못해 이들이 내놓지 않는 아이디어를 놓치게 된다.

   모든 사람이 아이디어를 제시하는 환경을 조성하는 방법은 여러 가지가 있다. 회의 중에 회의실을 돌아다니며 의견을 구하거나, 회의 전후에 설문조사를 배포하거나, 온라인 메신저 등 기술 플랫폼을 활용하여 모든 사람이 대화에 의견을 더할 수 있도록 기회를 마련할 수 있다. 모든 사람에게 자신의 관점을 공유할 기회를 보장하려면 시간이 더 걸리겠지만, 가장 큰 목소리를 내는 사람에 의존하는 대신 모든 사람의 아이디어와 관점을 적극적으로 물어보는 것을 습관화해 보자. 중요한 것은 모든 팀원이 소속감을 느끼고 편안하게 자신의 의견을 공유할 수 있는 분위기를 만드는 것이다.

2. 자카로의 '인지적 유연성'(레슨 3 참조)을 수용한다. 즉 서로 상충할 수 있는 두 가지 다른 시나리오를 동시에 적극적으로 고려할 수 있는 능력을 키우는 것이다. 우리는 종종 첫 번째 본능을 따르도록 밀어붙이는 압박과 인지적 편견에 시달

린다. 이것이 결국 정답이 될 수도 있지만 다양한 관점, 특히 자신의 생각과 다른 관점도 진지하게 받아들이는 리더가 있다면 소수 의견을 가진 사람도 안전하게 자기 주장을 펼 수 있다.

3. 앞으로 나아가게 해 주는 실패를 기념한다. 스웨덴의 리치 포 체인지에서 우리 팀이 중요하게 여긴 가치 중 하나는 '자랑스럽게 의식적으로 앞으로 나아가는 실패'였다. 우리는 매주 팀 회의를 시작할 때마다 두 가지 질문에 대한 답을 가지고 사무실을 돌며 회의를 시작했다. 질문은 '이번 주에 이룬 승리(우리의 목표에 더 가까이 다가갈 수 있도록 추진한 일)는 무엇인가?' 그리고 '지난주에 겪은 앞으로 나아가게 해준 실패는 무엇인가?'였다.

'앞으로 나아가게 해주는 실패'란 무엇일까? 나는 실패를 통해 교훈을 얻은 경우를 그렇게 말한다. 앞으로 나아가게 해주는 실패를 공유함으로써 우리 팀은 두 가지 구체적인 목표를 달성했다. 매주 팀원들에게 실패하더라도 새로운 시도를 해보라고 상기시켜 실패를 통해 계속해서 배울 수 있다는 점을 알려줄 수 있었다. 그리고 인턴부터 임원에 이르기까지 구성원 모두에게 심리적 안정감을 심어줄 수 있었다. 실패를 정상으로 받아들임으로써 서로의 실수를 인정하고 받아들이는 것이 가능해졌고, 우리는 실패를 두려워하지 않고 도전하는 팀이 되었다.

4. 팀원들의 의견이 절대적으로 일치하는지, 특히 리더가 직접 제안한 아이디어에 완전히 일치하는 경우가 있는지 주의한다. 리더가 훌륭한 아이디어를 생각해냈을 수도 있지만,(그런 경우라면 축하할 일이다!) 앞에서 만난 수석 부사장의 경우처럼 구성원들이 리더와 다른 의견을 내는 것을 두려워하고 있을 수도 있다. 이런 경우에는 상대방이 동의하더라도 반대 입장을 취하고 아이디어에 잠재해 있는 결함을 지적해달라고 요청해 보자. 이 아이디어가 가져올 최악의 경우를 상상하고 새로운 관점을 얻을 수 있을 것이다.

체인지메이커 리더로 첫발 떼기

이 책을 관통하는 가장 중요한 메시지는 누구나, 그리고 모두가 체인지메이커가 될 수 있다는 것이다. 그러나 체인지메이커로서의 정체성을 개발하고 아이디어를 현실화하는 방식은 사람마다 다르다. 우리 각자는 자신이 누구인지에 대한 핵심적인 정체성 위에 자신만의 체인지메이커 정체성을 얹는다. 그래서 똑같이 체인지메이커가 되기로 결심했더라도 어떤 이는 매우 유용한 방식으로 변화를 이끌고, 어떤 이는 개인을 넘어서는 제도적 장벽을 제시하는 방식으로 변화를 이끈다.

이 책을 최대한 포괄적으로 집필하기 위해 최선을 다했지만 맹점이 있다는 것을 알고 있으며 이유가 무엇이든 책 내용 중에는 각자의 고유한 상황에 적합하지 않은 부분이 있을 수도 있다. 체인지메이커는 재능은 공평하게 분배되지만 기회는 그렇지 않다는 것을 잘 알고 있다. 이는 그 자체로 변화가 필요한 부분이다.

체인지메이커는 보다 능력주의적인 시스템을 구축할 수 있고, 또 구축해야 한다. 하지만 우리는 아직 그렇게 하지 못했다. 체인지메이커는 모든 사람이 기회에 접근할 수 있도록 보장할 수 있고, 또 보장해야 한다. 하지만 우리는 아직 그러지 못했다. 체인지메이커는 우리 각자에게 적합한 세상을 만들 수 있고, 또 만들어야 한다. 하지만 우리는 아직 만들지 못했다.

따라서 다양성, 공정성, 포용성 등을 위해 해야 할 중요한 일들이 있다. 그리고 체인지메이커로서 우리는 이러한 현실을 극복할 수 없는 문제가 아니라 다른 체인지메이커들이 자기 잠재력을 실현할 수 있도록 영감을 줄 수 있는 일생일대의 기회로 적극 활용할 것이다.

나의(혹은 팀의) 포트폴리오 다각화하기

당신이 체인지메이커 리더가 되기 위해 가장 먼저 할 일은 의식적으로 팀 구성원을 다양하게 두는 것이다.

다양성이 높은 팀은 더 큰 혁신과 나은 성과를 낸다는 연구 결과가 있다.[126] 메릴랜드대학교 크리스티안 데죄Cristian Dezsö와 컬럼비아대학교의 데이비드 로스David Ross는 팀을 이루어 S&P 1500

목록 내 상위 기업의 성별 다양성과 성과 간의 교차점을 조사했다. 연구 결과에 따르면 최고 경영진에 여성이 포함되면 기업 가치가 4,200만 달러 증가한다.[127] 또한 이러한 기업의 혁신 강도(총 자산 대비 연구개발 비용의 비율로 정의되는)는 성별 다양성과 함께 증가한다.

혁신과 인종 다양성 사이에도 비슷한 관계가 있음을 관찰할 수 있다. 매사추세츠대학교 올랜도 리처드Orlando Richard 교수와 동료들은 미국 177개 은행의 경영진과 은행 운영에 관해 연구한 결과, 인종적 다양성과 혁신 사이에는 긍정적인 상관관계가 있다는 사실을 발견했다.[128]

관점의 다양성 또한 매우 중요하다. 연구원 데니즈 레빈 로이드Denise Lewin Loyd, 신시아 S. 왕Cynthia S. Wang, 캐서린 W. 필립스Katherine W. Phillips, 로버트 B. 라운트 주니어Robert B. Lount Jr.는 아주 창의적인 연구를 수행했다. 연구원들은 163명의 참가자에게 추리 소설을 읽고 범인을 지목하게 했다.[129] 그런 다음 자신이 지목한 사람이 범인인 이유를 설득하는 에세이를 작성하도록 요청했다. 마지막으로 참가자들에게 자신이 민주당 지지자인지 공화당 지지자인지도 물었다. 잠시 후, 참가자들은 낯선 사람에게 자신의 추리 결과를 설득하라는 지시를 받았다. 참가자의 절반은 같은 당 지지자에게, 절반은 반대 당 지지자에게 자신의 주장을 펼쳐야 했다. 어떤 일이 일어났을까? 민주당 지지자들은 같은 당 지지자보다 공화당 지지자를 만날 때 훨씬 더 많은 준비를 했고, 공화당 지지자 역시 같은 태도를 보였다. 연구원들은 이런 결론을 내렸다. "사회적으로 다른 사람과 의견이 일치하지 않을 때 우리는 더 열심히 일해야 한다는 자극을 받는다. 다양성은 동질성과는 다르게 우리를 인지 행동으로 이끌기 때문이다."[130]

자신의 리더십 유형 찾기

생각보다 많은 사람들이 공고한 리더상을 가지고 있다. 공감, 회복탄력성, 용기, 친절처럼 최고의 리더와 체인지메이커가 가지고 있는 마인드셋과 리더십 특성은 분명히 존재하지만, 단 하나의 전형적인 리더십 유형은 없다.

우리는 오랫동안 외향적인 사람, 사교적인 사람, 선구자, 자신감 넘치는 사람 등 한 가지 유형의 리더를 존경해 왔다. 하지만 이는 시대에 맞지 않는, 엄청나게 좁은 틀이다. 리더십에 대한 이런 편견은 스스로의 리더십을 의심하게 만들고(안타깝게도 내 수업을 듣는 여성과 유색인종 사이에서 특히 이 점이 두드러졌다.) 결국 리더로서 자신의 역량과 잠재력을 제한하게 된다.

그렇기 때문에 리더십을 발휘하는 단 하나의 방법도, 체인지메이커가 되는 단 하나의 방법도 없다는 것을 분명히 해 둔다.

나는 어떤 유형의 리더십을 발휘할 수 있는 사람일까 궁금하다면 심리학자 대니얼 골먼Daniel Goleman이 주장한 '여섯 가지 리더십 유형'을 참고하는 것도 좋겠다.

여섯 가지 리더십 유형 Six Leadership Styles

리더십 유형을 한 가지로 유지할 필요는 없다. 나는 수업 시간에 학생들에게 '체인지메이커의 마인드셋을 적용하면서 알맞은 리더십 유형을 적시에 발휘하라'고 권한다. 그러면서 '여섯 가지 리더십 유형'을 알려준다. 심리학자 대니얼 골먼은 2000년에 출간한 저서 『결과를 내는 리더십(원서 제목은 Leadership That Gets Results로 한국어 번역서는 없다. −역자 주)』[131]에서 관리자가 사용하는 여섯 가지 리더십 유형에는 각각 장단점이 있다고 설명하고 있다. 골먼의 리더십 유형 구분 방식이 마음에 드는 이유는 타고난 성격이나 이전 리더십 경험에 관계없이 우리 각자가 이 여섯 가지 리더십 유형을 모두 개발할 수 있다고 말하기 때문이다.

1. **강압적인coercive, 또는 '내가 시키는 대로 하라.'는 접근 방식.** 이 접근 방식은 즉각적으로 따르는 태도를 요구하며 재난 상황, 긴급 상황 또는 까다로운 팀원과 함께 작업할 때 가장 적합하다. 화재가 났을 때처럼 지시가 필요한 상황에서는 이 유형이 적합하나 유연성과 다른 사람의 동기를 모두 해칠 수 있다는 단점이 있다.

2. **권위적인authoritative, 또는 '나와 함께 가자.'는 접근 방식.** 이 접근 방식은 비전을 향해 사람들을 움직이게 하며, 팀에 방향성이 부족할 때 적합하다. 여기서 리더는 큰 목표를 제시하지만 개인이 이를 가장 잘 달성할 수 있는 방법을 찾을 수 있도록 유연성과 자유를 부여한다. 리더가 구성원보다 경험이 적거나 전통적인 의미에서 자격이 부족한 경우에는 이 접근 방식이 맞지 않을 수 있다.

3. **친화적인affiliative, 또는 '사람이 우선이다.'라는 접근 방식.** 이 접근 방식은 조화를 이루고 정서적 유대감을 형성한다. 친화적 리더십은 팀 사기를 높이고 모두가 잘 지낼 수 있도록 하는 데 매우 효과적이다. 하지만 낮은 성과를 보이는 팀원이 질책을 받지 않은 채 머물게 된다

는 단점이 있다. 또한 이러한 리더는 조언을 제공할 가능성이 낮기 때문에 직접적인 의견이 필요한 직원이 좌절하는 경우도 있다.

4. **민주적인democratic, 또는 '어떻게 생각하는가?'라는 접근 방식**. 참여를 통해 합의를 도출하는 리더십 방식이다. 유연성을 키우고 책임감을 높이며 참신한 아이디어를 이끌어내는 데 적합하다. 그러나 회의가 길어지고 더 강력한 방향을 요구하는 직원들이 혼란스러워할 수 있다는 단점이 있다.

5. **선도하는pacesetting, 또는 '지금 내가 하는 대로 하라.'는 접근 방식**. 이 접근 방식은 리더 자신이 행동으로 모범을 보이는 것으로 높은 성과 기준을 설정한다. 동기 부여가 높은 팀에게는 선도적 방식이 매우 효과적이지만, 일부 팀원은 이러한 추진력에 부담을 느끼고 선도적인 리더가 상황을 주도하는 방식에 분개할 수 있다.

6. **코칭하는coaching, 또는 '이렇게 하라.'는 접근 방식**. 이 접근 방식은 미래를 위해 사람들을 준비시키는 데, 특히 팀원들이 장기적인 성과를 개선하거나 장기적인 기술을 개발하도록 돕는 데 효과적이다. 코칭은 동기가 있는 팀원에게는 효과적이지만, 애초에 자신의 방식을 바꾸고 싶어 하지 않는 팀원은 힘들어할 수 있다.

리더십 유형에 관해 읽으면서 편안하게 느껴지고 정기적으로 실천할 수 있겠다고 여겨지는 유형 한두 가지가 눈에 들어왔을 것이다. 그리고 읽으면서 불편했거나 리더십에 사용한다는 것은 상상조차 할 수 없었던 유형이 적어도 한 가지는, 어쩌면 여러 개가 보였을 것이다.

나는 골먼의 접근 방식이 체인지메이커에게 큰 도움이 된다고 생각한다. 골먼의 접근 방식은 우리의 성향을 한 가지 리더십 유형에 맞추려고 노력할 필요가 없다는 것을 보여주기 때문이다. 우리는 팀이 직면한 상황과 필요에 따라 다른 리더십을 시도할 수 있다. 우리는 '권위적인' 리더 페르소나로 하루를 보내며 자신을 정의하지 않고도 무언가를 해낼 수 있다. 팀에 모범을 보이는 리더십이 필요할 때는 '선도하는' 리더가 될 수 있지만 이 리더십이 제 역할을 다하면 다른 유형으로 전환할 수 있다. 체인지메이킹이 늘 같지 않은 것처럼 리더십 유형도 마찬가지다. 우리 모두 자신에게 맞는 방식으로 리더십을 발휘할 수 있다. 그리고 내가 갖고 싶었던 리더가 되기로 결심했다면, 그렇게 하면서도 주변 사람들에게서 최고의 능력을 이끌어낼 수 있다.

나의 리더십 유형 파악하기

레슨 8 요약

- 심리적 안정감은 구글이 팀에서 찾은 가장 중요한 성공 요인이다. 상호 신뢰와 존중을 바탕으로 위험을 감수하는 것을 받아들이며 팀원들이 의견을 말한다고 해서 당황하거나 거부당하지 않을 것이라는 확신이 있다.
- 포용하는 리더가 되는 가장 강력한 방법은 우리에게 편견이 있다는 것을 인식하고 동시에 이를 개선해야 한다는 사실을 받아들이는 것이다.
- 체인지메이커의 역할에 다양성, 형평성, 포용성의 관점을 도입하는 것은 옳은 일이다. 이러한 관점으로 체인지메이커들은 더 많은 사람에게 도움이 되는 혁신을 시도할 수 있고, 유용한 솔루션도 제공할 수 있다.

도전 과제

- 이 장의 마지막에 제시된 여섯 가지 리더십 유형을 다시 한 번 읽고, 자신이 가장 자주 사용하는 리더십 유형과 자신에게 가장 맞지 않는 유형이 무엇인지 생각해 본다. 다음 주에 적어도 한 번씩은 각 유형을 적용해 본다. 여러 유형을 시도했을 때 어떤 일이 일어나는지 관찰한다.

체인지메이커의 행동 기술

아이디어에서 행동으로
변화 일으키기

기업가 정신은 시장 진출 전략과 사업 계획 그 이상의 의미가 있다. 창업은 자신의 가치관, 관점, 경험을 현실 세계에 구현하는 일이기도 하다. 이것은 내가 중국 상해 뒷골목을 따라 가족의 뿌리를 되짚어보면서 직접 얻은 교훈이다.

아돌프 히틀러Adolf Hitler의 제국이 부상하던 시기에 베를린과 비엔나에 거주하던 나의 유대인 조상들은 위기에 처해 있었다. 그들에게 고향인 유럽 땅은 더 이상 안전하지 않았다. 미국으로 떠나려다 실패한 그들은 자신들을 받아주는 도시를 찾아 떠났다. 목적지는 중국 상해였다. 나의 조상들은 도시의 중심지와 분리된 유대인 게토(리틀 비엔나라고도 불린다.)에서 살게 되었다.

약 80년 후 출장 차 상해에 가게 된 나는 우리 가족의 흔적을 찾아보기로 했다. 할아버지가 매일 걸으셨을 집 근처 낡은 뒷골목을 따라 걷고, 할아버지와 할머니가 사셨던 홍커우 중심부에 위치한 상해 유대인 난민 기념관도 방문했다.

이 경험은 내가 가족을 향해 느끼는 유대감을 영원히 바꿔놓았을 뿐만 아니라 기업가 정신에 대한 생각에도 변화를 가져왔다.

나는 조상들이 상해 유대인 게토 한가운데에서 '비엔나 카페'라는 찻집을 운영했다는 사실을 알고 있었다. 하지만 상해 유대인 난민 기념관에 전시된 사진을 보기 전까지는 그 찻집이 어떤 의미인지 충분히 이해하지 못했다. 기념관에 있는 인터랙티브 디스플레이 버튼을 누르자 비엔나 카페가 모니터 위에 되살아났다. 가이드에게 카페에 관해 물었더니 카페는 그곳 주민들이 어려움 속에서도 연결과 기쁨을 누리는 장소였다고 설명해 주었다.

절망에 빠져 있는 주민들에게 향수를 달랠 장소를 제공한 비엔나 카페! 나는 그곳에서 진정한 의미의 기업가 정신이 무엇인지 볼 수 있었다. 그리고 열정적인 사업이 자신의 가치, 신념, 일을 어떻게 확장하는지 보았다.

비엔나 카페는 더 이상 존재하지 않지만 그 가치와 영향력은 여전히 남아 있다. 다른 난민들과의 연결고리, 심지어 거의 한 세기가 지난 후 미국인 손자와의 연결고리 역할도 하고 있다.

음악가 조안 바에즈Joan Baez의 말처럼 '행동은 절망에 대한 해독제'이다. 상해 거리의 교통체증과 소란 속에서 나는 조상들을 떠올렸다. 당시 그들이 이곳에서 실제로 어떻게 지냈을지 처음으로 상상해 보았고, 그들의 흔적을 찾기로 결정한 것이 얼마나 의미 있는 일인지 깨달았다.

체인지메이커의 영향력 방정식

존 바에즈의 말을 바탕으로 이 장은 도전 과제를 제안하는 것으로 시작한다.

지금쯤 당신은 체인지메이커의 마인드셋을 개발하고 체인지메이커 리더십 기술을 확장해 왔을 것이다. 이제 내가 체인지메이커 영향력 방정식이라고 부르는 개념을 소개한다.

$$(\text{마인드셋} + \text{리더십}) \times (\text{행동}) = \text{영향력}$$

체인지메이커로서의 영향력은 마인드셋과 리더십의 합에 자신이 취하는 행동을 곱한 값이다. 즉, 체인지메이커로서 미치는 영향력은 업무에 가져오는 마인드셋과 리더십에 우리가 취하는 행동을 곱한 값으로 측정한다.

수업 시간에 이 방정식을 제시한 후 나는 수학이나 물리학을 전공하는 학생을 호명해 이런 퀴즈를 낸다. "어떤 숫자에 0을 곱하면 얼마인가요?"

학생은 "0"이라고 재빨리 대답한다. "하지만 엄청나게 큰 숫자에 0을 곱하면 어떻게 되나요?" 나는 믿기지 않는 척하며 다시 묻는다. "여전히 0이죠."

체인지메이커의 마인드셋과 예리한 리더십 기술을 갖추고 있더라도 아무런 행동도 취하지 않는다면 체인지메이커로서 영향력을 발휘할 수 없을 것이다. 체인지메이커의 영향력 방정식은 변화를 촉진하기 위한 행동을 모색할 때 출발점 역할을 한다.

재능 있는 체인지메이커조차도 새로운 아이디어나 프로젝트에 첫발을 내딛는 데 어려움을 겪는다. 이 장에서는 초기 아이디어를 현실화하기 위한 첫 단계에 초점을 맞춘다. 의학, 예술, 스포츠, 비즈니스 등 다양한 분야의 체인지메이커들이 어떻게 첫발을 내디뎠는지 살펴보고, 기업가 정신을 바탕으로 의미 있는 일을 시작하는 법에 대해 생각할 것이다.

스타트섬굿은 수천 명의 청년들이 체인지메이커 여정의 첫걸음을 내디딜 수 있도록 지원한 바 있다. 이를 통해 나는 체인지메이커가 무섭지만 중요한 첫걸음을 내디디며 무에서 유를 창조하는 데 필요한 것이 무엇인지 배울 수 있었다. 특히 좋은 결과를 낸 체인지메이커들은 변화를 시작할 때 보이는 공통적인 특성이 있었는데, 나는 이것을 여섯 가지로 정리했다.

우리는 지금부터 좌절감이나 절망을 느끼는 동시에 무언가 해낼 수 있다는 믿음을 가질 수 있는 능력, 즉 주체성의 기술을 개

| 3부 | 체인지메이커의 행동 기술

발할 것이다. 나중에 크고 대담한 행동을 취할 때 자신감을 가질 수 있도록 작은 행동을 많이, 아주 많이 하는 방법을 배울 것이다. 문제를 재구성하고 기존 자원을 활용하여 행동에 대한 저항을 줄이는 방법도 배울 것이다. 아이디어를 검증하고 '린 스타트업lean startup' 방법론을 사용하여 작게 시작하고 빠르게 반복하는 방법을 배울 것이다.

이 장이 끝날 때쯤이면 행동에 나서는 것이 덜 두려워지기를 바란다.

작은 행동이 가져온 거대한 변화: 두 예술가 이야기

우리가 누구이든, 어떤 분야에 가장 열정을 가지고 있든, 처음에 생각했던 것보다 더 적극적으로 행동을 취하고 더 큰 변화를 만들어낼 수 있다. 여기 두 명의 예술가가 어떻게 지역 차원에서 체인지메이킹을 시작했고 이어서 어떻게 국가 전체가 함께 공동으로 행동을 개시하게 되었는지 살펴보자.

이야기는 인도 카르나타카주 우두피 근처 말페 해변에서 시작한다. 2018년 아라비아해를 따라 펼쳐진 이 아름다운 해변은 수많은 플라스틱 병이 뒤덮어 그림 같은 풍경을 망치고 있었고, 무엇보다도 환경에 큰 피해를 주고 있었다. 현지 예술가이자 조각가인 자나르단 하반제Janardhan Havanje는 해결책을 구하려 했다.

하반제는 철봉으로 입구가 열린 거대한 물고기 모양의 조형물 '물고기 요시Yoshi the Fish'를 만들었다. 조형물 옆에는 '요시는 플라스틱을 좋아합니다. 먹이를 주세요.'라는 문구를 적어두었다.

결과는? 물고기 모양의 예술 작품은 재활용 플라스틱 병으로 가득 찼고 해변에는 쓰레기가 사라졌으며 전 세계 해변에 이 조형물을 모방한 작품이 설치됐다. 그중 발리 해변에 설치된 작품이 가장 유명해졌다.

하반제가 좌절할 만한 이유는 있었다. 개인으로서 해변에 버려진 쓰레기를 전부 치우는 것은 불가능하기 때문이다. 하지만 그는 자기 행동에서 주체성을 발견하고 지역사회에 긍정적인 변화를 일으켰다.

미국과 멕시코 국경으로 이동하여 이 어려운 지역에서 벌어지고 있는 또 다른 예를 살펴보자. 미국에서 교수이자 예술가로 활동 중인 버지니아 산 프라텔로Virginia San Fratello와 로널드 라엘Ronald Rael은 약 10년 전부터 국경에 설치할 예술 작품을 구상해왔다. 2019년 미 연방 정부의 이민자 추방 정책으로 이산가족이 속출하는 가운데 두 사람은 담장 양쪽에 있는 아이들이 함께 놀 수 있도록 담장을 뚫고 밝은 분홍색 시소를 설치했다. 이 설치물은 유대감을 형성할 뿐만 아니라 시소처럼 벽 한쪽의 행동이 벽 반대편에 있는 사람들에게 영향을 미친다는 철학적 메시지를 전했다. 라엘은 "시소가 두 나라 사이에 문자 그대로의 '지렛목' 역할을 해 '국경 장벽에서 기쁨, 흥분, 화합'132을 일으키기를 바란다."

고 『가디언』지와의 인터뷰에서 말했다.

분명히 말해두지만 이 예술 설치물 자체로 정책이나 법률이 바뀌지는 않았다. 이를 위해서는 레슨 11에서 논의할 '시스템 변화'가 필요하다. 그러나 언론이 대대적으로 보도한 이 설치물은 전 세계인들에게 이민 정책에 대한 문제의식을 심어주었다.

국가 차원에서 집단 행동이 구체화된 사례도 있다. 2019년 에티오피아 시민들은 삼림 벌채와 기후 변화라는 실존적 위협에 대처하기 위해 나무를 심으려고 뭉쳤다. 나무 몇 그루를 심는 계획이 아니었다. 하루 동안 2,300만 명이 넘는 에티오피아 국민이 모여 3억 5,300만 그루의 나무를 심었다![133] 학생들을 위해 학교는 휴교했고 공무원들은 휴가를 내어 나무 심기에 참여했다.

기후 변화는 개인 한 명이 해결하기에 어려운 문제처럼 느껴질 수 있다. 하지만 우리 각자가 행동을 취하기로 선택하고, 집단적 주체 의식이 생기면 크고 어려운 문제도 해결할 수 있다.

변화를 주도하는 작은 목소리: 소타의 혁신

때로는 내부에서 변화가 일어나기도 한다. 이를 사내 기업가 정신intrapreneurship이라고 하는데 기존 자원을 효과적으로 활용하면서 새로운 방식으로 문제를 바라보는 것을 가리킨다. 체인지메이커 루이스 소타Luis Sota의 사례는 다르게 사고하는 것과 회사 및 커뮤니티 내 주요 이해관계자의 자원을 한데 모은 것이 어떻게 변화를 주도하는 첫걸음을 내딛는 데 도움이 되었는지 보여준다.

멕시코의 건축 자재 회사인 세멕스CEMEX는 2008년 기준으로 4개 대륙에 260개의 유통 센터와 2,000개가 넘는 지사를 운영했다. 이 회사의 주력 상품인 프리미엄 가격대의 제품은 주택 시장, 특히 준도시 및 도시 지역에서 더 안전한 주택을 원하는 저소득층 사이에서 자리를 잡는 데 어려움을 겪고 있었다.

세멕스는 수익의 일부를 기부하여 건축 자재를 무료로 제공하는 등 기업의 사회적 책임 모델을 도입해 저소득층 가정에 자사의 제품을 제공하는 방안을 고려했다. 또한 저소득층을 위해 더 작고 저렴한 콘크리트 포대를 판매하는 방안도 고려했다.[134] 그러나 이 모든 활동은 좋은 결과를 내지 못했다.

소타는 통찰, 공감, 공동체를 통합하는 능력을 발휘하여 완전히 새로운 방식으로 세멕스의 문제를 바라보았다. 그런 다음 그는 세멕스의 브랜드 인지도와 인프라 등을 활용하여 새로운 사고방식을 기존 자원에 실행하기 시작했다. 그는 지역 가족의 삶을 개선하는 동시에 회사의 수익도 개선할 수 있는, 기존에 세멕스가 상상했던 것과는 전혀 다른 프로그램을 구상했다.

소타는 두 아이의 엄마인 에스페란사와 같은 사람들을 지원하기 시작했다. 에스페란사는 남편과 함께 비가 새는 양철 지붕으로 덮인 8제곱미터 남짓한 집에 살았는데 부엌과 수면 공간을 분리하는 것은 커튼뿐이었다.[135]

소타의 체인지메이커 영향력은 단순하지만 강력한 깨달음에서 시작되었다. 에스페란사와 같은 형편의 사람들은 시멘트 자체보다 시멘트로 무엇을 할 수 있는지에 관심이 있었다. 그들에게 필요한 것은 단순히 더 저렴한 자재가 아니라 가족을 위한 안전하고 건강한 공간이었다.

공감을 실천하고 실제 지역사회의 필요를 중심으로 해결책을 설계한 소타는 다시 세멕스로 돌아가 새로운 조직을 시작하는 대신 회사 안에서 새로운 변화의 기회에 자원을 집중할 수 있는 방법을 찾아 실행에 옮겼다. 그는 단순히 시멘트 포대로만 이루어진 제품에서 모든 기능을 갖춘 제품군으로 사업 내용을 전환하는 방식을 떠올렸다. 그는 시멘트뿐만 아니라 자재, 소액 금융, 기술 지원, 물류 지원 등 다양한 대상에 혁신을 제공하도록 세멕스 경영진을 설득했다. 또한 주택 건설에 오랜 시간이 걸리는 경우 가족들이 건설 도중에 자재를 구입하지 못하는 일이 없도록 고정 가격을 책정했고, 건축 기간 내 적시에 자재를 납품하여 자재를 도난당하는 일이 없도록 했다. 세멕스는 가족들이 처음부터 잘못된 건축 설계를 피할 수 있도록 건축 전문가의 조언도 지원했다. 그리고 소타는 세멕스가 이전에는 고려하지 않은 주 단위 고정 결제 방식을 도입했다.

이러한 혁신은 저소득층 지역 가정이 집과 삶을 스스로 관리할 수 있도록 돕는 세멕스의 새로운 부서 파트리모니오 오이 Patrimonio Hoy로 이어졌다. 파트리모니오 오이는 건축 자문과 소액 금융 제도를 결합하여 에스페란사와 가족이 새 주택을 짓는 데 도움을 주었다. 소타의 변화 전략 덕분에 에스페란사는 태어나서 처음으로 안전한 집을 마련할 수 있었다.

한 지역사회의 한 가족에서 시작된 파트리모니오 오이는 지금까지 50만 가구 이상을 지원했고 99%라는 놀라운 상환 비율을 기록 중이다. 소타의 행동은 소비자에게는 지속적이고 긍정적인 변화를, 세멕스에는 수익성 있는 사업 분야를 일으켰다. 소타는 변화를 위해서는 완전히 새로운 것이 필요할 때도 있지만, 때로는 조금 다르게 보는 시각이 필요하다는 사실을 일깨워 주었다.

사내 기업가 정신이란?

사내 기업가 정신은 '기업 혁신'으로 정의되기도 하지만, 나는 이 개념을 더 넓은 맥락에서 생각하고자 한다. 유니버시티칼리지 런던대학교의 토마스 차모로-프레뮤지크Tomas Chamorro-Premuzic 교수는 이를 '기업가처럼 행동하지만 더 크고 전통적인 조직의 생태계 내에서 활동하는 것'[136]이라고 설명한다.

사내 기업가는 이전에는 아날로그 방식이었던 비즈니스를 디지털 우선 세상에 적응하도록 돕는 사람이다. 사내 기업가는 새로운 제품이나 서비스를 출시하기 위해 사내 정치와 장애물을 능숙하게 헤쳐나가는 사람이다.

사내 기업가는 경제학자이자 경영 전문가인 클레이튼 크리스텐슨Clayton Christensen이 '혁신기업의 딜레마'라고 명명한, 위대한 기업들이 새로운 기술에 적응하지 못하는 문제를 해결할 수 있는 사람이다.[137] 크리스텐슨은 자신의 책에서 초기에 기업을 성공으로 이끈 관행이 지속적인 혁신을 지원하지 못해 기업이 몰락할 수 있다고 말한다. 사내 기업가는 조직이 이미 어느 정도 성공을 거둔 후에도 혁신을 지속할 수 있도록 필요한 변화를 주도하는 데 매우 적절한 역할을 한다.

마이크로리더십 개념에서 본 것처럼 변화를 주도하기 위해 모두가 창업가나 사내 기업가가 될 필요는 없다. 우리는 아주 작고 단순한 방법으로도 변화를 만들 수 있다. 체인지메이킹은 기업가 정신이나 사내 기업가 정신보다 훨씬 더 포괄적인 개념으로, 중요한 것은 체인지메이커의 마인드셋과 체인지메이커 리더십 기술을 행동과 결합할 수 있는 우리의 능력이다. 많은 학생이 사내 기업가의 길에 관해 배우면서 영감을 얻는다는 것을 알게 되었는데, 이는 특히 대기업이나 전통적인 조직에 근무하는 경우 입사 첫날부터 변화의 기회를 발견할 수 있는 렌즈를 얻게 되기 때문이다.

가치 있는 아이디어 골라내기

내가 아들에게 자주 읽어주는 책 중 하나는 코비 야마다Kobi Yamada의 책 『아이디어로 무엇을 할 수 있을까?(한국에서는 주니어예벗에서 2015년에 번역서를 출간했다. -역자 주)』이다. 생각과 그 생각을 세상에 내놓은 아이의 아름다운 이야기를 담은 그림책이다.

이 책의 제목은 아이디어를 검증받길 원하는 체인지메이커로부터 내가 가장 많이 받는 질문 중 하나이기도 하다. 이 책의 다음 부분에서 배우게 되겠지만, 전통적인 스타트업을 훨씬 뛰어넘는 린 스타트업 방법론은 자신의 아이디어가 더 발전시킬 가치가 있는지 확인하는 완벽한 방법이다. 하지만 많은 체인지메이커들이 변화에 대한 아이디어가 애초에 유효한 아이디어라는 확신이 없기 때문에 실행에 옮기지 못한다. 지금부터 체인지메이커가 개발할 가치가 있는 아이디어를 식별하는 훌륭하고 접근하기 쉬운 두 가지 방법, '데이터 기반 통찰'과 '생생한 경험'에 대해 알아보겠다.

네이딘 버크 해리스Nadine Burke Harris는 의과 대학을 졸업하고 2005년에 샌프란시스코에서 진료를 시작했다. 의료인으로 일한 지 약 3년 후 버크는 어린 시절 트라우마를 전문으로 연구하는 의학 박사인 빈센트 J. 펠리티Vincent J. Felitti가 쓴 의학 연구 논문인 「어린 시절의 불리한 경험과 성인 건강의 관계: 금을 납으로 바꾸는 과정」[138]을 읽고 자신의 경력을 변화시킬 아이디어를 얻게 되었다. 이 논문은 샌디에이고에서 수행된 연구를 바탕으로 한 것으로, 부모의 이혼이나 알코올 중독 같은 어린 시절의 부정적 경험이 암에서 심장병에 이르는 모든 종류의 부정적인 건강 결과와 관련이 있음을 보여주었다. 데이터에 기반한 엄격한 의학 연구로 뒷받침된 이 아이디어는 버크의 체인지메이커 활동에 초석이 되었다. 버크는 이 개념에 관한 인식을 높이기 위해 테드 강연을 했고, 다른 의사들과 제휴를 맺어 어린 시절의 부정적 경험을 가진 어린이를 선별하고 지원할 수 있는 새로운 임상 모델을 만들었다.[139] 이후 그는 캘리포니아에서 대중교통부터 공교육, 공중 보건에 이르기까지 주 정부 전반에 걸쳐 독성 스트레스에 대한 인식과 개입을 통합하는 최초의 외과의가 되었다. 버크의 체인지메이커 활동은 데이터와 연구에 기반한 단 하나의 아이디어에서 시작되었다.

포트 펙 수Fort Peck Sioux 부족과 아시니보인Assiniboine 부족의 일원인 샘 매크래컨Sam McCracken은 1997년 오리건주 윌슨빌에 있는 회사 창고에서 근무하며 나이키에서 경력을 쌓기 시작했다. 입사한 지 3년 후 그는 지금까지의 모든 경험, 즉 지역사회 경험과 직업적 경험을 바탕으로 한 아이디어를 개발했다. 그는 나이키의 브랜드와 자원을 활용하여 원주민 커뮤니티의 운동 참여를 장려하고 기금을 마련해 돕는, 원주민에 관한 제품 라인을 제작하는 아이디어를 제안했다. 매크래컨은 이 아이디어가 가치가 있다는 것을 어떻게 알았을까? 그는 "지역사회에 필요한 것이 있다는 이야기를 듣고 그 내용에 귀를 기울였지요."라고 말한다.[140] 그렇다면 이 아이디어가 나이키와 잘 맞으리라는 것은 어떻게 알았을까? 신발과 의류 판매로 기부금을 마련하는 아이디어는 '혁신은 우리의 본성이다It is our nature to innovate', '옳은 일을 하라Do the right thing'와 같은 나이키의 격언에 기반을 두고 있다. "저는 영감을 얻기 위해 나이키 브랜드를 사용해요. 11개의 격언이 있는데 저는 이 격언을 모두 활용하죠."라고 그는 말한다. 현재까지 이 기금은 약 800만 달러를 모금했으며 50만 명 이상의 어린이를 지원했다.

아이디어의 영감은 버크처럼 연구를 통해 얻을 수도 있고 매크래컨처럼 개인적으로, 직업적으로, 또는 그 이상의 경험을 바탕으로 얻을 수도 있다. 두 가지 방법 모두 유효하며 강력하다. 우리의 아이디어가 추구할 만한 가치가 있다는 확신이 생겼으니 이제는 린 스타트업 방법론을 통해 두려움을 덜 수 있는 방법을 찾아보자.

체인지메이커에게 가장 적합한 방법론: 린스타트업

기업가 스티브 블랭크Steve Blank의 고객 개발 방법론에 기반하고 에릭 리스Eric Ries의 2011년 저서 『린 스타트업(한국에서는 인사이트에서 2012년에 번역서를 출간했다. -역자 주)』에 소개되어 대중화된 린 스타트업 방법론의 핵심은 '제안된 아이디어가 가능한 한 빨리 추진할 가치가 있는지를 파악하는 것'이다.[141]

나는 이 접근 방식이 모든 종류의 변화 추진에 유용하다고 생각한다. 내가 아는 많은 체인지메이커들이 이 개념을 활용하여 모든 종류의 다양한 변화를 추진하는 데, 특히 스타트업이나 기업 환경과는 거리가 먼 변화를 실행하는 데 도움을 주었다. 따라서 예술, 과학, 커뮤니티 등 어떤 분야에서 변화를 추구하든 린 스타트업은 아이디어를 자신 있게 개념화하고 실행에 옮기는 방법을 배우는데 도움이 된다고 볼 수 있다.

린 스타트업의 반대는 무엇일까? 긴 빌드 주기, 높은 초기 비용, (피드백을 받을 수 있는 경우라면) 늦은 피드백, 그리고 시간과 에너지와 비용을 낭비하는 제품을 만드는 것이다.

그렇다면 린 스타트업은 어떨까? 린 스타트업은 빌드–측정–학습으로 구성된 주기를 중심으로 만들어진다. 이 주기는 아이디어에서 시작한다. 아이디어는 스타트업 비즈니스에 대한 아이디어나 특징 또는 기술이 될 수 있다. 이 아이디어를 가지고 '최소 기능 제품'을 만든다. 잠재력이 있는지 사용자로부터 피드백을 받을 수 있는 가장 작고 간단한 테스트를 하기 위해서다.

최소 기능 제품은 다양한 형태로 존재한다.

- 웹 기반 파일 저장 서비스인 드롭박스의 공동 창립자 드루 휴스턴 Drew Houston은 파일 동기화 앱에 대한 비전을 갖고 있었지만, 앱을 개발하는 데 엄청난 비용이 들 것이라는 사실도 알고 있었다. 그래서 그는 앱의 기능을 보여주는 시범 동영상을 촬영해 인터넷 뉴스 게시판인 레딧에 올리고 피드백을 구했다. 사람들은 이 아이디어에 호감을 보였고, 이 초기 피드백을 통해 그는 앱을 만들 가치가 있다는 확신을 갖게 되었다.

- 페블은 최초의 스마트워치로, 애플 워치보다 훨씬 앞서 출시되었다. 소비자들이 스마트워치를 사려고 할까? 창업자들은 확신할 수 없었기 때문에 최소 기능 제품을 출시하고 크라우드 펀딩 사이트인 킥스타터 Kickstarter.com에 공개해 제품을 후원하고 몇 달 후에 시계를 받을 사람들을 모집했다. 페블은 모든 제조 비용을 선금으로 충당했을 뿐만 아니라, 워치에 대한 수요가 실제로 존재한다는 것

을 확인할 수 있었다. 이것은 킥스타터 역사상 가장 성공적인 캠페인이 되었다.

최소 기능 제품을 만들고 나면 데이터를 수집하여 반응을 측정한다. 이 데이터는 우리가 세운 초기 가설이 사실인지 아닌지를 알려준다. 이렇게 린 스타트업은 아이디어를 테스트로 전환하고 이를 통해 학습할 수 있도록 도와준다.

린 스타트업 방법론에서 실패라는 개념은 없다. 오직 '검증된 학습'만 존재한다. 중학생을 위한 방과 후 과외 프로그램을 시작하려고 했는데 아무도 관심을 보이지 않았다면 이는 실패가 아니다. 이 아이디어가 제대로 받아들여지지 않는다는 통찰을 얻을 수 있게 된 것이다. 중학생을 대상으로 하는 과외 프로그램이 적합한 접근 방식이 아니라는 것을 확인한 것이다.

수집한 데이터를 기반으로 이러한 통찰을 얻은 뒤 처음으로 돌아가 새로운 아이디어를 생각해 낼 수 있다. 고등학생을 위한 방과 후 과외 프로그램이나 중학생을 위한 주말 과외 프로그램을 시도해 볼 수 있을 것이다.

아이디어를 떠올리고, 최소 기능 제품을 만들고, 데이터를 수집하여 측정하고, 데이터를 통해 학습하고, 이 과정 전체를 계속해서 반복하는 빌드-측정-학습 루프는 이어진다.

실행을 앞두고 두려움에 맞서기

변화에는 많은 두려움이 내포되어 있다. 변화를 주도할 때는 더욱 그렇다. 나는 학생들에게 자신의 아이디어를 세상에 내놓는다는 것은 필연적으로 두려운 일이라는 것을 상기시키기 위해 경험담을 하나 들려준다.

두려움에 정면으로 맞서기 위해 나는 친구들과 처음으로 스카이다이빙을 하기로 했다. 사람이 많이 모일수록 가격이 저렴해지는 소셜커머스 그루폰Groupon에서 판매하는 쿠폰을 사용해 의심스러울 정도로 저렴해진 가격으로 말이다.

다행히 나는 살아서 이 이야기를 전하고 있지만 비행기에 타기 전에 주의하라는 경고 신호는 너무나도 많았다. 나는 우리가 작은 공항에서 출발할 줄 알았다. 아니었다. 그곳은 흙길이 있는 잔디에 가까웠다. 나는 점프하는 방법과 모든 가능한 시나리오에서 어떻게 해야 하는지에 관한 본격적인 훈련을 받을 줄 알았다. 아니었다. 10분짜리 설명을 들었는데 가장 중요한 점은 선 자세로 땅에 착지하지 말라는 것이었다. 2인 점프를 할 때 전문가가 내 몸과 자기 몸을 연결하고 모든 안전 수칙을 지킬 줄 알았다. 아니었다. 나는 척이라는 사람과 짝을 지었는데 그는 스카이다이빙 센터에서 일하는 사람이 아니라 병가를 낸 전문 스카이다이버를 대신해 자원한 사람이라는 것을 공중에 뜬 후에야 알게 되었다. 군용 비행기를 타게 될 줄 알았다. 아니었다. 2차 세계 대전에서 썼을 법한 비행기를 탔는데 조종사도 낙하산을 쓰고 있었다.(그 모습에 믿음은 더 커지지 않았다.)

우리가 스카이다이빙을 하러 간 날은 스타트섬굿에만 집중하기 위해 다니던 직장을 그만두기로 결정한 날이었다. 9시에 출근해 퇴근하는 5시까지 좋아하는 일을 하고 있었지만 오후 5시부터 고성장하는 사회적 기업을 운영하다 보니 새벽 3시까지 잠을 자지 못했고, 자신을 돌보지도 못했으며, 두 조직 어느 곳에서도 필요로 하는 직원으로 일하지 못했다.

척에게 몸이 묶인 채 비행기 밖으로 발이 달랑거리는 상태로 3킬로미터가 넘는 상공에 도달하자 나는 뛰어내릴 때가 되었다는 것을 알았다. 그 낡은 비행기 문 밖으로 바깥을 바라보며 뺨을 심하게 때리는 바람이 느껴지자 두려웠던 것처럼, 아이디어를 떠올린 것과 세상에 이 아이디어를 내놓기로 결심하는 것 사이에 서 있는 것도 마찬가지로 두렵다. 하지만 결국 낙하산을 점검하고 뛰어내릴 때가 온다.

브레네 브라운은 취약함의 반대편에는 용기가 있다고 가르친다. 우리 머릿속에 떠오르는 가장 취약한 것은 우리 자신과 우리의 아이디어를 세상에 내놓는 것일 때가 있다.

스카이다이빙이 신체적인 위험을 수반하는 것처럼 변화를 위한 아이디어를 실행에 옮기는 것도 감정적인 측면에서는 똑같이 위험하게 느껴질 수 있다.

나는 그날 크고 무서운 도약을 두 번 했다. 한 번은 비행기 밖으로, 다른 한 번은 내가 매우 추구하고 싶었던 변화 속으로 뛰어들었다.

뛰어내리는 것이 완벽하게 논리적일 수는 없다. 어떤 제정신인 사람이 비행기에서 뛰어내리는 것이 좋은 생각이라고 말할 수 있을까? 더 안전한 상태를 고르고, 쉬운 길을 선택하고, 자신의 생각을 세상에 내놓지 않는 것이 낫다고 느끼게 만드는 이유는 항상 존재한다.

하지만 이 책을 읽는 체인지메이커의 내면에는 세상을 바꿀 수 있는 아이디어가 있다는 것을 난 안다. 그 용기를 찾고, 두려움을 느끼고, 취약성을 포용하고, 그럼에도 불구하고 행동으로 옮기길 바란다. 도약하라!

머릿속에 잠들어 있는 아이디어 꺼내기

레슨 9 요약

- 행동은 체인지메이커의 마인드셋과 체인지메이커 리더십 기술을 실천하여 영향력을 발휘하는 방법이다.
- 새로운 전략을 시작하기 전에 기존 장애물을 새로운 시각으로 바라보고, 이미 갖고 있는 자원을 새로운 방식으로 사용할 수 있는지 검토해 본다.
- 아이디어가 데이터 기반 연구에서 나온 것이든 직접 한 경험에서 나온 것이든 '빌드–측정–학습' 단계로 이루어진 린 스타트업 모델을 사용하여 아이디어를 초기에 그리고 자주 테스트한다.

도전 과제

- 린 스타트업은 스타트업만을 위한 것이 아니라는 점을 기억하라! 린 스타트업은 모든 유형의 변화 구현에 도움이 된다. 현실이 되었으면 하는 변화를 생각해 보고, 작은 첫걸음을 내디딜 수 있는 최소 기능 제품을 구상해 본다.
- 스스로에게 주체성의 기술을 실행할 권한을 부여한다. 그런 다음 최소 기능 제품을 출시하고 어떤 일이 일어나는지 살펴본다.

변화를 싫어하는 사람들을
설득하는 법

"이런, 좀 차분해져야겠는걸? 이런 생각을 했었던 것 같아요."

캐럴린 데이비스Carolyn Davis는 아칸소대학교 강당에서 2만 5,000명 청중을 대상으로 3분간 연설하기 전의 순간을 이렇게 떠올렸다. 데이비스는 앞 차례의 연설자에게 쏟아지는 관객의 야유를 들었다. "다음은 내 차례인데……. 이런 생각을 하니 마음이 더 덜컥 내려앉더라고요."[142]

겉으로 보기에 데이비스는 월마트 경영진과 수만 명의 주주를 대상으로 연설하는 자리에 나설 것 같지 않을 수도 있다. 데이비스는 노스캐롤라이나주 아웃터뱅크스에 있는 월마트 매장의 직원이다. 데이비스가 사는 베이보로의 총 인구는 1,210명으로,

2017년 6월 그날 행사장에 모인 인파의 5%도 되지 않는다.

데이비스는 직장 내 문제에 관해 발언할 때 발생할 수 있는 위험을 알고 있었기 때문에 절대로 관심을 받고 싶어 하지 않았다. 하지만 나중에 팟캐스트 워크라이프WorkLife에서 "사람들을 돕고 싶다는 의지가 해고될지도 모른다는 생각보다 더 컸어요."라고 당시 상황을 설명했다.

데이비스는 두 명의 자녀와 한 명의 손자를 둔 엄마이며, 그 덕분에 체인지메이커가 되기로 결심할 수 있었다. 데이비스의 동료 중 한 명이 임신 중이었는데, 갓 엄마가 된 많은 여성이 그렇듯 출산 후 몸조리를 하고 아기를 돌보기 위해 휴직하면서 어떻게 생계를 꾸릴지 불안해하고 있었다.

데이비스는 회사 임원들은 아이를 낳으면 급여 전액과 10주간의 유급 가족 휴가를 제공받는 반면, 자신과 같은 직원들은 최대 6~8주 동안 급여 절반만 받는다는 사실을 알게 되었다. 이를 바꾸기 위해 데이비스는 무엇을 할 수 있었을까? 데이비스는 다른 사람들과 이야기하는 것부터 시작했다.

대화를 통해 다른 많은 직원들도 같은 문제로 어려움을 겪고 있다는 사실을 알게 된 데이비스는 다음 단계로 소셜 미디어를 통해 더 많은 공동체와 소통하기 시작했다. 이어서 설문조사를 진행해 매장 직원들에게 진정으로 필요한 것이 무엇인지 파악한 다음, 월마트 경영진에게 회사 정책 변경을 촉구하는 청원 운동을 착수했다. 데이비스는 수백 명 정도가 서명하리라고 예상했다. 하지만 놀랍게도 10만 명이 넘는 직원의 서명을 모았다. "큰 집단이 절 지지하고 응원해준다는 사실은 큰 차이를 만들어내죠. 숫자에는 힘이 있어요." 데이비스는 이렇게 말했다.

데이비스는 변화를 시도하는 데 시간과 노력을 쏟을 가치가 있는지 끊임없이 고민했다. 공고한 제도는 쉽게 바뀔 것 같지 않았고, 권력도 그녀의 편이 아니었다. 하지만 불리한 상황에서도 다른 사람들에게 목소리를 내고자 하는 열망과 많은 사람이 함께하고 있다는 느낌은(비록 그 형식이 서명하는 대신 익명으로 격려 이메일을 보내는 것이라도) 데이비스에게 목적을 부여하고 계속 나아갈 수 있는 용기를 주었다.

데이비스와 동료들은 서명이 담긴 상자를 월마트 CEO 사무실에 직접 전달했다. 얼마 지나지 않아 대중 앞에 서기를 꺼리던 이 연설가는 자신에게 고정된 2만 5,000쌍의 눈과 마이크 앞에 서게 되었다.

"저는 1300번 매장에서 근무하는 캐럴린 데이비스입니다. 저는 노스캐롤라이나주 아웃터뱅크스의 자랑스러운 월마트 직원으로 고객에게 서비스를 제공하고 있습니다." 데이비스는 말문을 열었다.[143] 이어서 변화를 분명히 요구했다. "직원에 대한 투자는 최근에 부모가 된 월마트의 직원이 우리 아이들과 유대감을 형성할 수 있는 시간을 허용한다는 것을 의미합니다. 월마트의 여성 임원들은 10주간의 유급 가족 휴가를 받습니다. 여성과 남성을 막론하고 시간제 직원에게도 똑같은 혜택을 적용해야 합니다." 데이비스는 3분 동안 모든 근로자를 위한 평등을 주장했고, 매일 생계를 걱정하지 않고 아기와 함께할 시간을 갖고 싶어 하는 직원들을 대변하는 데 사용했다.

데이비스는 지지층을 형성하고 많은 사람을 위한 목소리를 냄으로써 강력한 힘을 발휘했다. 앞선 연설자와는 달리 데이비스는 박수와 환호성을 받았다. 처음부터 목소리를 내는 리더가 되려고 한 것은 아니었지만, 작은 발걸음을 계속 내딛다 보니 데이비스는 자기 뒤에 있는 수천 명의 힘을 얻어 마이크를 잡을 수 있었다.

데이비스가 연설한 지 몇 달 후 월마트는 유급 가족 휴가 확대 정책을 발표했다. 이제 시간제 직원을 포함한 모든 직원이 10주의 유급 가족 휴가를 받게 되었다.

데이비스는 이런 일이 벌어졌다는 사실이 여전히 믿기지 않는다고 말했다. "보복이 두려워 익명으로 연락하기를 원했던 사람들이 감사하다는 메시지를 보내왔어요."

변화를 위한 노력을 시작할 때 데이비스는 많은 어려움을 겪었다. 이 장에서 살펴보겠지만, 그럼에도 불구하고 데이비스는 다양한 이해관계자 그룹을 독특한 방식으로 참여시키고, 문화를 변화의 촉매제로 활용하고, 현재 상태에 관한 편견을 극복하는 등 변화가 어려울 때 변화를 주도하기 위한 몇 가지 중요한 접근 방식을 적용했다.

이 장에서는 변화를 위한 노력을 계속 밀고 나갈 수 있게 해주는 도구를 알아보고 접근 방식과 전술을 배워 두려움과 자기 의심

|3부| 체인지메이커의 행동 기술

을 이기고 변화를 추진하는 방법을 알아볼 예정이다.

체인지메이커가 필연적으로 마주하게 될 사람들

노벨NOBEL은 개인과 팀이 변화를 주도하도록 돕는 변화 관리 전문가 집단이다. 이곳의 조직심리학자들은 '변화를 실행하는 동안 만나게 될 세 가지 유형의 사람들'에 대해 연구해 발표했는데 이는 변화가 어려울 때 변화를 주도하는 방법을 구할 때 도움이 될 것이다.[144] 세 유형은 옹호자, 냉소주의자, 방관자이다. 각 유형에 대해 살펴보고 세 가지 유형 모두와 함께 일하는 가장 좋은 방법을 알아보자.

옹호자

옹호자는 우리가 표현하는 변화의 가능성에서 영감을 받는다.

노벨은 옹호자에게 프로젝트와 의사 결정을 위임하고, 가능한 경우 그들의 아이디어를 지원하고, 그들의 열정에 감사를 표함으로써 '옹호자의 참여를 유도'하라고 제안한다.

클렘 아우옝Clem Auyeung은 스타트섬굿의 첫 번째 옹호자였다고 볼 수 있을 것 같다. 그는 갑자기 내게 이메일을 보냈는데, 나는 내용을 제대로 이해했는지 확인하기 위해 메일을 여러 번 다시 읽어야 했다. 이메일에서 클렘은 우리 비전에 얼마나 큰 영감을 받았는지 설명하며, 자신을 인턴으로 채용할 수 있는지 물었다. 그 당시 우리는 인턴십 프로그램은커녕 조직도나 명함도 없었지만 우리가 클렘 내면에 불을 지폈다는 것을 알 수 있었다. 거절할 수 없는 그의 이메일에 우리는 그를 바로 채용했다.

나는 클렘의 실력이 어떤지, 그에게 어떤 일을 맡길지 모르는 상태였다. 하지만 그가 우리 사명의 옹호자임을 알 수 있었고 그가 함께 일했으면 좋겠다는 생각이 들었다. 그는 몇 년 동안 다양한 역량과 책임감을 가지고 우리와 함께 일하면서 우리 조직과 팀에 지울 수 없는 흔적을 남겼다. 그는 처음부터 옹호자였으며, 우리 비전에 그의 열정을 활용하게 된 것은 정말 행운이었다. 옹호자는 변화를 구축하는 데 도움을 준다.

냉소주의자

냉소주의자는 변화에 적극적으로 반대한다. 노벨은 '냉소주의자들의 부정적인 태도는 성가실 수 있다'고 인정한다. 변화를 주도하는 데 있어 이들과 소통하고 그들을 설득하는 것은 종종 엄청난 시간 낭비가 될 수 있다. 하지만 어쩌면 그들은 변화에 대한 기대를 품고 있다가 실망한 것일 수도 있다.

방관자와 달리 냉소주의자는 적어도 변화의 노력에 적극적으로 참여하므로 이들에게 '중요한 무언가'를 전달하는 데 시간을 할애하는 것이 좋다. 말보다 행동이 훨씬 더 큰 영향력을 발휘할 테니 말이다. 그리고 냉소주의자의 마음을 한 번 사로잡게 되면 이들은 우리의 가장 큰 지지자가 될 것이다.

스타트섬굿 초창기에 새로운 기술을 출시할 때 발생하는 피할 수 없는 버그 때문에 사이트가 몸살을 앓고 있었다. 실망한 사용자들은 불편한 감정을 표현하는 온갖 종류의 이메일을 보내왔다. 하지만 나는 그들과 싸우거나 우리 플랫폼에 대한 불신이 왜 잘못된 것인지 설명하기보다는 그들의 불만을 듣고 그에 대한 조치를 취하려고 노력했다.

냉소주의자가 누락된 기능에 대해 실망감을 표현하자 나는 그 기능의 우선순위를 낮춘 이유를 말하지 않았다. 대신 피드백에 감사를 표한 다음 해당 기능이 출시되는 대로 테스트를 도와달라는 메모를 보냈다. 가장 분노에 찬 이메일을 보낸 냉소주의자 중 일부는 변화가 실제로 가능하다는 것을 증명하자 강력하고 열렬한 지지자가 되었다. 행동하는 낙관주의는 종종 가장 냉소적인 사람의 마음도 얻을 수 있다.

방관자

방관자는 변화에 대해 어떻게 생각해야 할지 잘 모르는 사람을 가리킨다.

방관자는 다른 사람에게 맡기라고 노벨은 제안한다. "작은 규모로 승리를 거둔 다음, 옹호자와 냉소주의자가 된 사람들에게 방관자들을 맡기는 게 좋습니다."라고 노벨은 조언한다. 춤추는 남자 영상에서 배운 것처럼 일단 기세를 얻으면 아무리 끈질긴 방관자라도 참여하게 될 것이다.

스타트섬굿의 규칙상 마감일까지 펀딩 목표에 도달한 조직만 자금을 받을 수 있었다. 그렇지 않은 경우에는 자금을 받을 수 없다. 그런데 운영 첫 2년간의 데이터를 분석해보니 놀라운 사실을 알 수 있었다. 수백 개의 모금 캠페인 중 총 모금 목표액의 42%에 도달한 캠페인은 결국 목표를 달성하거나 초과 달성했다는 결과였다. 즉, 목표액의 42%를 달성할 수 있다면 사실상 100% 이상 달성한다는 것이 확실하다는 뜻이었다.

처음에는 이 현상이 생기는 이유를 설명할 수 없었지만 방관자라는 개념을 통해 이해할 수 있었다. 캠페인의 초기 지지자는 옹호자일 가능성이 높다. 반면 방관자는 조직이 흥미로운 일을 하고 있다고 생각하면서도 실제로 제안된 변화가 실현 가능한지에 대해서는 회의적일 수 있다. 그러나 초기 옹호자들이 참여하고 캠페인에 힘이 생기면 방관자들은 울타리 밖으로 뛰어나올 것이다. 조직이 초기 옹호자들과 함께 어느 정도의 성공(목표의 42%)에 도달하지 못한 경우, 방관자들은 참여하지 않을 가능성이 크다. 하지만 조직과 옹호자가 조기에 승리를 거두고 기세를 구축한다면 방관자들이 뛰어들어 변화의 노력이 더 높은 단계로 성장할 수 있도록 도울 가능성이 크다.

모두를 한곳에 모으기

캐럴린 데이비스는 변화를 촉진하기 위해 각기 다른 전략으로

|3부| 체인지메이커의 행동 기술

이 세 그룹에 접근할 때 어떤 일이 일어나는지 보여준다. 첫 번째 단계는 옹호자 커뮤니티를 구축하는 것이었다. 이 사람들은 청원서에 가장 먼저 서명을 하고, 데이비스의 고향인 노스캐롤라이나에서 멀리 떨어진 지역 매장에서 데이비스와 협력하여 인지도를 높이는 데 기꺼이 동참했다.

많은 동료들은 방관자였다. 그들 중 상당수는 데이비스의 의견에 공감했지만 목소리를 내는 것을 두려워했다. 하지만 데이비스가 초기 지지자들을 충분히 끌어모은 후에는 방관자들이 캠페인에 동참하는 것이 훨씬 더 안전해졌고, 미국 전역에서 10만 명이 참여하며 캠페인이 거대한 운동으로 확산될 수 있도록 도왔다.

결국 데이비스는 이 정도 규모의 변화가 가능할지 의문을 제기하는 수많은 냉소주의자와 맞닥뜨렸지만, 그들의 의견을 받아들인 후 설득력 있는 연설과 지지자들의 폭발적인 지지를 보여주며 이번에는 다를 수 있다는 확신을 심어주었다.

변화의 바람을 일으켜라

우리는 레슨 1에서 긍정적인 변화를 주도하는 능력을 획기적으로 가속화할 수 있는 세 가지 방법이 있다는 것을 배웠다.

- 직접 체인지메이커가 된다.
- 다른 체인지메이커들과 교류한다.(다음 장에서 체인지메이커 공동체를 구축하는 과정을 자세히 설명할 예정이다.)
- 다른 사람들이 체인지메이커가 되도록 돕는다.

사실 체인지메이커가 미칠 수 있는 가장 큰 영향력은 다른 사람들이 긍정적인 변화를 이끌 수 있는 자신의 잠재력을 발견하도록 돕는 것이다. 나처럼 누구나 자신만의 방식으로 체인지메이커가 될 수 있다고 믿는다면, 우리 각자는 주변 사람들이 체인지메이커가 될 수 있도록 도울 수 있다.

문화는 긍정적인 변화를 촉진하는 가장 강력한 지렛대 중 하나다. 우리가 어디에 있든 긍정적인 변화를 이끌 수 있다고 믿는 것처럼, 우리도 어디에 있든 문화를 이끌고 형성할 수 있다.

규범적 기업가 정신

내가 가장 좋아하는 체인지메이커 개념 중 하나다. 규범 기업가 정신의 개념은 정치학과 국제 관계 분야에서 가장 자주 적용된다. 예를 들어, 기후 변화 정책을 옹호하는 데 있어 한 국가가 규범 기업가로서 어떻게 행동하고 있는지 설명할 수 있다. 워싱턴대학교 크리스틴 잉게브리센Christine Ingebritsen 교수는 「규범적 기업가: 세계 정치에서 스칸디나비아의 역할」[145]이라는 논문에서 이 내용을 탐구한다. 이 논문에서 잉게브리센은 '군사적으로 약하고 경제적으로 의존적인 소규모 국가 집단'이 어떻게 국제 문제에 막대한 영향력을 행사할 수 있는지에 대해 설명한다. '물질적 힘'에 관한 전통적인 정치학 연구와 달리, 잉게브리센은 이들 국가가 집단 규범을 설정하고 강화함으로써 지속 가능한 개발, 환경 목표 및 집단 안보에 영향을 미치는 '사회적 힘'을 어떻게 행사하는지 도표로 보여준다.

1998년 논문 「국제 규범 역학과 정치 변화」에서 정치학자 마사 피네모어Martha Finnemore와 캐스린 시킨크Kathryn Sikkink는 '공동체 내 사람들이 따르도록 특정 행동 기준을 정의하거나 만드는 것'이 규범 기업가 정신의 목표라고 정의했다.[146] 법학자 캐스 선스타인Cass Sunstein은 이 개념을 국가 수준에서 개인 수준으로 적용했다.[147] 기업가가 새로운 벤처나 회사를 만들고 확장하는 것처럼, 규범적 기업가는 새로운 문화를 만들고 확장한다.

이 개념을 내가 정말 좋아하는 이유는 본질적으로 민주적이기 때문이다. 누구나 전통적인 기업가가 될 수 있고, 누구나 규범적 기업가가 될 수 있다. 신입 사원이든 임원이든 누구나 문화를 형성하는 데 도움을 줄 수 있다. 우리가 세우는 규범은 공식적일 수도 있고 비공식적일 수도 있다. 공식적인 측면이라면 모든 직원에게 동등한 임금을 보장하는 문화를 조성할 수 있을 것이다. 비공식적인 측면이라면 줌으로 회의할 때마다 참가자별로 돌아가며 간단하게 자신의 상태를 공유하게 하는 규범을 만들 수 있을 것이다.

새로운 비즈니스를 시작할 때와 마찬가지로, 새로운 문화 규범이 성공적으로 자리 잡고 확장될 것이라는 보장은 없다. 하지만 직장이나 공동체의 일부가 되기를 바라는 문화적 규범을 기존 문화에 포함시키려는 시도를 막는 것도 없다. 레슨 6에서 만난 세바스티안은 쓰레기 퇴비화에 관한 사무실 차원의 규범을 만들었다. 세바스티안처럼 규범적 기업가로서 우리는 어디에 있든 문화를 통해 변화를 주도할 수 있다.

작은 변화를 보여줘라

캘리포니아대학교 샌프란시스코 캠퍼스 의료 센터는 연구, 장학금, 의료 혁신의 최전선에 있다.

모든 면에서 탁월한 의료 기관인 이곳에서 2018년 당시 통합 간호사 리더십 프로그램의 책임자였던 줄리 클리거Julie Kliger는 약물 투약 오류라는 놀라운 현상을 발견했다. 심지어 클리거는 이러한 투약 오류가 병원에서 발생하는 의료 오류 중 가장 큰 비중을 차지한다는 사실을 깨달았다.[148] 상황의 심각성을 이해한 클리거는 호기심과 겸손함으로 '어떻게 하면 이 오류 비율을 줄일 수 있을까?'라는 문제에 접근했다. 클리거는 자신의 목적이 간호사를 비판하는 것은 아니라는 점을 분명히 했다.

클리거는 문제를 해결하기 위해 바로 뛰어들기보다는 지역 병원에서 간호사들의 활동을 관찰하는 것으로 체인지메이커 활동을

| 3부 | 체인지메이커의 행동 기술

시작했다. 그러던 중 놀라운 사실을 발견했다. 의사가 간호사의 업무를 계속해서 방해하는 일이 반복되고 있다는 점이었다. 의사나 동료 간호사는 간호사가 등을 돌린 채 약을 조제하고 있다는 사실을 모르고 질문이나 요청을 계속했다.

이 연구가 진행되던 당시 병원의 최고 간호 책임자였던 조앤 메테Joanne Mette는 간호사가 약물을 1회 투약하는 동안 5~10회나 방해받는 것은 드문 일이 아니라고 말했다.[149] 이렇게 주의를 방해하는 환경에서 투약 오류가 많이 발생하는 게 특이한 일일까?

클리거는 이러한 데이터를 어떻게 처리했을까? 의사를 질책했을까? 간호사에게 모든 요청을 무시하도록 가르쳤을까? 클리거는 더 간단하고 훨씬 효과적인 방식을 개발했다.

클리거는 캘리포니아대학교 샌프란시스코 캠퍼스 의료 센터에 새로운 규범을 세웠다. 간호사가 투약을 준비할 때는 뒷면에 방해하지 말라는 문구가 인쇄된 밝은 형광 노란색 조끼를 입게 했다. 이는 병원에 있는 모든 사람에게 간호사가 중요한 업무를 수행하고 있으며 따라서 주의를 집중해야 한다는 시각적 신호를 주게 되었다.

물론 반발도 있었다. 일부 간호사는 조끼를 착용하고 싶어 하지 않았고, 일부 의사는 의사소통을 지연시키는 새로운 규범을 좋아하지 않았다. 하지만 이러한 개입으로 인해 지역의 9개 병원에서 36개월 동안 투약 오류가 88% 감소한 것으로 드러났다.

변화를 시작하기 위해 늘 새로운 제품이나 조직을 만들 필요는 없다. 줄리 클리거의 체인지메이커 노력은 확장 가능하고 지속 가능하며 측정 가능한 변화를 가져왔다. 클리거는 병원 내부에서 체인지메이커로 활동했지만 규범적 기업가 정신을 통해 의료계 전체에 영향을 미쳤다.

이론 모델을 제시하라

체인지메이커로서 우리는 종종 불확실성과 모호함을 헤쳐 나가기 위해 투쟁하게 된다. 사실 예측 불가능성은 모든 변화가 가진 중요한 특징 중 하나다. 따라서 우리는 명확성과 확실성을 높여 자원을 보다 전략적으로 활용하고 자신감을 가지고 앞길을 개척해야 한다.

내가 학생들에게 가르치는 '변화 이론 모델'이라는 강력한 도구가 있다. 체인지메이커가 불확실성과 모호함을 시각화하고 극복하는 데 도움을 주는 도구다.[150] 불확실성을 완전히 제거할 수는 없지만, 이 도구는 수많은 체인지메이커가 계속해서 노력할 수 있도록 도움을 주었다.

변화 이론 모델은 비영리 환경에서 자주 사용되지만 분야나 규모에 관계없이 모든 종류의 변화를 시각화하고 전략을 세우는 데 적용할 수 있다. 변화 이론은 기본적으로 다음 세 가지 질문에 답해야 한다.

| 3부 | 체인지메이커의 행동 기술

1. 어떤 영향이나 변화를 만들고 싶은가?
2. 영향력이나 변화를 추구하고 실현할 수 있는 방법, 행동은 무엇인가?
3. 변화를 달성했는지는 어떻게 알 수 있는가?

변화 이론 모델의 핵심은 논리적으로 건실한 연결 고리를 만드는 것으로, 이를 통해 자신이 하는 일이 달성하고자 하는 결과로 어떻게 이어지는지 구조를 그릴 수 있다.(그렇기 때문에 이 모델을 '논리 모델'이라고도 한다.) 변화 이론 모델 중 가장 널리 사용되는 모델을 살펴보겠다.

모델로 작업하기

이론은 현재 위치와 원하는 목표를 연결하고, 목표에 도달하기 위해 무엇이 필요한지 이해하는 데 도움이 된다. 신중하게 구상한 변화 이론 모델은 어떤 행동을 언제 취해야 하는지 명확하게 보여주며 매일 하는 일이 변화에 대한 비전과 이를 달성하기 위한 전략에 부합한다는 확신을 제공한다.

시작은 장기적인 목표를 파악하는 것이다. 지금 주도하는 변화로 20년 후 세상에 어떤 변화가 일어났으면 좋겠는가? 전 세계적으로 일회용 플라스틱 사용을 줄이는 것이 궁극적으로 달성하고자 하는 목표라고 가정해 보자.

이어서 목표를 달성하는 데 필요한 전제 조건을 역으로 구상해

보자. 다시 말해 이 목표가 이루어지려면 되려면 세상에 어떤 일이 일어나야 할까? 이 예에서는 플라스틱에 대한 소비자들의 수요가 감소하고 기업의 플라스틱 생산량도 감소해야 한다고 말할 수 있겠다. 세상에 플라스틱이 줄어들려면 이 두 가지 조건이 모두 충족되어야 한다.

이를 통해 우리가 추구하는 변화에 대한 관점의 근간이 되는 몇 가지 기본 가정을 확인한다. 플라스틱 수요가 감소하고 플라스틱 생산량이 감소하려면 어떤 가정이 사실이어야 할까? 플라스틱을 대체할 수 있는 적절한 소재가 존재하며, 플라스틱 생산을 줄이면 그만큼의 생산량을 대체할 수 있는 다른 소재가 존재한다고 가정해야 한다. 또한 일반적으로 사람들이 플라스틱 사용을 줄이는 것이 가치 있는 목표라고 생각하는 지점에 도달해야 한다. 이 두 가지 가정이 모두 사실이 아니라면 전 세계의 플라스틱 사용량을 줄이는 것은 상상하기 어렵다.

다음으로 이 변화의 개입 방식을, 우리가 원하는 변화를 추구하기 위해 수행할 변화 작업을 계획한다. 매일, 매주 또는 매월 실제로 수행하게 될 가시적인 활동은 어떤 것이 있을까? 소비자들을 대상으로 플라스틱 소비를 줄이도록 독려하는 소셜 미디어 캠페인을 시작할 수 있겠다. 지역 커피숍을 돌며 더 이상 플라스틱 빨대를 제공하지 않도록 독려할 수도 있다. 아니면 의회에 가서 플라스틱 관련 정책 변경을 위한 로비를 할 수도 있다.

마지막 단계는 변화를 일으킨 전략의 성과를 평가할 수 있는 지

| 3부 | 체인지메이커의 행동 기술

표를 개발하는 것이다. 우리가 올바른 방향으로 나아가고 있다는 것을 알려줄 수 있는 측정 지표는 무엇일까? 대상 집단에서 플라스틱 사용량이 몇 퍼센트 감소했는지 측정할 수 있겠다. 아니면 우리의 노력으로 빨대를 사용하지 않는 커피숍의 수를 측정해볼 수도 있다. 이러한 지표는 지금 우리가 하는 행동이 인과 관계에 따라 장기적인 결과로 이어질 가능성이 높다는 것을 증명한다.

동일한 개념을 보다 시각적으로 표현해 사람들의 관심을 끌 수도 있다.

- 미래에서 현재로 거꾸로 구상해 단기(2~3년)와 장기(20년) 계획 모두에서 달성하고자 하는 결과부터 시작한다.
- 변화를 추진할 때의 측정 가능한 성과(예를 들어 그에 관한 결과로 얼마나 많은 사람이 행동을 바꿨는지)를 파악한다.
- 이어서 수행할 활동의 세부 내용을 열거한다. 여기에는 봉사 활동, 훈련, 새로운 프로그램 도입, 옹호 활동 또는 미리 정해둔 결과물을 낼 수 있는 기타 참여 방안 또는 기술이 포함될 수 있다.
- 마지막으로 인적 자본부터 금융 자본, 공동체에 이르기까지 이 작업을 수행하는 데 사용할 수 있는 모든 투입되는 자원을 나열한다.

체인지메이커들은 강력한 비전을 가지고 그것을 보여주면서 변화를 이끌지만, 비전에 도달하는 방법은 여전히 불확실성으로 가득찬 경우가 많다. 그래서 변화 이론 모델이 중요하다. 미리 시간을 들여 변화 이론 모델을 만들면 크고 야심 찬 변화를 달성하기 위한 단계를 논리적으로 세분화할 수 있으므로 두려움과 혼란에 사로잡히지 않고 행동에 집중할 시간을 갖게 된다.

격렬한 반대에 직면했다면

변화를 주도하기 위한 이 모든 도구와 접근 방식을 갖추었더라도 변화하려는 노력을 격렬히 반대하는 의견에 직면한다면 어떻게 해야 할까? 강력한 반대자가 내 편이 되도록 어떻게 설득할 수 있을까?

노벨상 수상자, 세탁 세제 소비자, 완고한 교수 등 다양한 인물에게서 얻은 몇 가지 교훈을 통해 설득력이 없어 보이는 변화의 노력도 실제로는 추구할 가치가 있다는 것을 확인해보고자 한다.

타고난 재능 효과

경제학자 윌리엄 새뮤얼슨William Samuelson과 리처드 잭하우저 Richard Zeckhauser는 많은 사람이 평생 직관적으로 느껴온 '현재 상태 유지 편향'에 대한 경험적 근거를 처음으로 제시했다. 1988년 논문 「의사 결정에서의 현재 상태 유지 편향」에서 연구진은 심리학, 경제학, 의사 결정 이론을 적용하여 많은 사람이 대안이 명백히 나은 경우에도 현재 상태를 유지하고 싶어 한다는 사실을 보여주었다.[151] 예를 들어, 신입 직원은 새로운 의료 보험 상품을 선택할 가능성이 높은 반면, 이미 보험에 가입한 직원은 덜 유용하더라도 이전 상품을 고수할 가능성이 더 높다는 사실을 발견했다. 연구진은 기존 직원들이 잠재적 손실을 최소화하는 데 더 중점을 두기 때문에 가능한 이득을 고려하기보다는 손실을 최소화하는 데 더 집중한다는 사실을 확인했다.

이는 2002년 노벨 경제학상 공동 수상자인 대니얼 카너먼Daniel Kahneman과 아모스 트버스키Amos Tversky의 전설적인 연구와도 연결되는데, 두 사람은 '손실은 이익보다 더 크게 다가온다.'[152]는 전망 이론을 내놓았다. 사람들은 종종 얻는 것보다 잃을 것에 더 집중한다는 손실 회피 편향을 설명하는 이론이다.

이러한 편견은 변화를 주도하는 것을 특히 어렵게 만들 수 있다. 체인지메이커는 필연적으로 현재 상태에 의문을 제기하고 기존의 규범을 뒤흔들어야 하기 때문이다.

하지만 일부 사람들이 기후 위기, 인종 불평등, 낙후된 기술 등 바람직하지 않은 현재 상태를 당연하게 받아들이기 시작했다고 해서 사람들의 생각을 바꾸도록 설득할 수 없는 것은 아니다. 현상 유지를 원하는 인간의 본능적인 욕구를 이해하는 것은 체인지메이커가 다른 사람들의 동참을 이끌어내는 중요한 출발점이다.

레슨 7에 등장했던 영화 감독 존 추가 콜드플레이에게 편지를 보낸 일을 생각해 보자. 그는 음악 산업의 현 상황이 보호와 제한적 사용에 치우쳐 있다는 것을 잘 알고 있었다. 추는 콜드플레이가 현재 상태 유지 편향이라는 렌즈를 통해 자신의 변화 노력에 반응할 가능성이 가장 높다고 생각해 이를 정면으로 다루었다. 그는 "저 역시 아티스트로서 자신의 작품을 다른 사람의 작품에 결합해도 되는지 결정하기란 늘 어렵다는 것을 알고 있습니다. 대부분의 경우 거절하고 싶을 것입니다. 하지만 저는 이 프로젝트가 특별하다고 믿습니다."라고 공감을 표현한 뒤 "제가 당신의 노래를 들었을 때 느꼈던 것과 같은 자부심이 전 세대의 아시아계 미국인들을 비롯한 다른 사람들에게 전달될 것입니다."라고 설득했다. 추는 자신이 직면할 수 있는 편견을 적극적으로 표현하고, 이를 극복하는 방법과 이유에 대한 자신의 주장을 성공적으로 전달했다.

반反설득 레이더

사람들이 무엇을 하라는 지시를 받는 것을 좋아하지 않는다는 사실을 인정할 때다.

와튼스쿨의 조나 버거Jonah Berger 교수는 유독성 화학 물질을 먹는 것과 관련된 역설적인 행동에 관해 들려준다. 2018년 초 유튜브에서 10대들이 세탁 세제 캡슐을 먹어보는 영상이 유행했는데, 이 캡슐은 명백히 식용이 아닌 의류 세척용으로 판매되는 제

품이다.[153]

이 제품을 만드는 회사는 세제 캡슐을 먹어도 되는지에 대한 질문을 받으면 손가락을 흔들며 '아니요!'라고 권위 있게 선언하는 NFL(미식축구) 스타를 등장시켜 눈길을 끄는 동영상을 촬영하는 것으로 이 상황에 대처했다. "아니요! 아니요! 아니요!" 그는 이 재미있는 영상 내내 이렇게 외친다.

경영진은 메시지가 분명하고 세제 캡슐을 먹는 행동이 마침내 중단될 것으로 생각했다. 어쨌든 친근하고 사랑받는 스포츠 스타를 통해 화학 물질을 먹지 말라는 메시지를 확실하게 전달했으니 말이다. 하지만 어떤 일이 일어났을까? 영상이 공개된 후 세제 캡슐에 대한 인터넷 검색이 급증했고, 독극물 관리 센터 홈페이지 방문 수도 증가했다.

버거는 그 원인을 사람들의 타고난 '반설득 레이더', 즉 무엇을 하라는 지시를 받으면 결정의 자유가 침해당하고 있다고 느끼는 현상 때문이라고 설명한다. 이러한 본능을 극복하기 위해 버거는 사람들에게 무엇을 해야 하는지 지시하는 대신 질문을 던지라고 말한다.[154] 그러면 질문을 받는 사람은 자신에게 스스로 결정할 수 있는 능력이 있다고 느끼고, 자연스럽게 설득되기 때문이다.

반설득 레이더를 활용해 변화를 거부하는 사람을 스스로 움직이게 만들 수 있다. 상대의 역할을 '변화하지 않을 온갖 이유를 생각해내는 냉소주의자'에서 '변화 여부를 스스로 선택하는 사람'으로 전환하면 된다. 내가 일으키고자 하는 변화와 관련된 두 가지 이상의 선택지를 제시하고 스스로 선택하게 하면 지시가 아닌 자의로 변화를 택하는 상황을 조성할 수 있다.

아주 작은 것을 요구하기

더 큰 변화를 위해 더 적은 것을 요구해야 할 수도 있다. 리치 라이언스Rich Lyons 학장이 버클리 하스에서 문화의 역할을 명확하게 표현하고 강조하는 운동을 이끌고 있을 때, 특히 문화는 측정하기 어렵거나 심지어 중요하지 않다고 생각하는 교수진으로부터 많은 반발에 직면했다. 라이언스는 모든 교수진이 자신의 문화 운동을 지지하게 할 수 없다는 것을 알고 있었기 때문에 교수진 전부가 자신의 변화 노력을 적극적으로 지지하도록 요청하는 대신, 요청 방식을 바꿨다. 그는 자신의 변화를 탐탁지 않게 여기는 교수진에게 강의실에서 문화에 대해 가르치도록 강요하지 않을 것이라고 너그럽게 말했다. 하지만 한 가지는 분명히 부탁했다. 무슨 일이 있더라도 학생들 앞에서 우리 학교의 문화를 폄하하지 않겠다고 약속해 달라는 것이었다. 완고한 교수진에 대한 그의 유일한 요구였다. 제아무리 완고한 입장을 가진 교수라도 단 하나 뿐인 약속을 거부할 명분은 없었다. 이 방식으로 라이언스는 잠재적인 비방자가 활동하는 것을 막고, 교수진들의 긍정적인 참여를 이끌어낼 수 있었다.[155]

변화를 일으키는 것이 힘들 때 변화를 주도하기 위해 준비해야 할 마지막 권장 사항이 있다. 장기적으로 강인함을 유지할 수 있도록 자기 관리를 철저히 하는 것이다.

의미 있는 변화는 하룻밤 사이에 일어나지 않는다. 변화를 주도하는 것은 단거리 달리기가 아니라 마라톤과 같다. 변화 관리의 대가인 존 코터는 '매일 긴박감을 가지고 행동하되 현실적인 시간관을 가지라.'[156]는 의미의 '긴급한 인내'를 강조했다. 변화는 본질적으로 시간이 걸리는 일임을 명심해야 한다. 약간의 반발이 있다고 해서 무언가를 잘못하고 있는 것은 아니다. 오히려 약간의 저항은 올바른 방향으로 가고 있다는 신호일 수 있다.

changer's playbook 10
냉소주의자 설득하기

레슨 10 요약

- 변화를 추진할 때 위임을 통해 옹호자를 조기에 참여시킨다. 냉소주의자의 의견을 경청하고 작은 요구 사항을 제시하여 참여를 유도한다.
- 규범적 기업가 정신을 통해 공식적, 비공식적 방식으로 어디서든 문화변화를 주도할 수 있다.
- 체인지메이커는 현재 상태 유지 편향과 싸워야 한다. 직면할 수 있는 많은 장애물을 극복하기 위해 추가적인 노력을 기울일 준비를 하라.

도전 과제

- 자신이 속한 그룹을 파악하고, 그 그룹의 문화가 지금까지 배운 체인지메이커의 개념을 어떻게 더 잘 반영할 수 있을지 생각해 본다. 공식적이든 비공식적이든 그룹 내에서 새로운 규범을 만들려고 시도함으로써 규범 기업가가 되어 본다. 다른 사람들의 반응과 새로운 문화가 고착화되는지 여부에 주의를 기울인다.

체인지메이커 캔버스

"스콧, 괜찮아요? 팔에서 피가 나고 있어요."

레슨 3에서 언급한, 지금은 좋은 친구이자 다양한 분야에서 놀라운 체인지메이커로 활동하는 스콧 시게오카에게 내가 처음 건넨 말이었다.

시게오카는 악수하려고 뻗은 손을 재빨리 빼고 자리를 떴다. 나는 당황한 채로 앉아 아이스커피를 바라보며 도대체 무슨 일이 벌어진 건지 궁금해했다. 몇 분 후 시게오카는 팔에 붕대를 감고 특유의 미소를 보이며 돌아왔다. 시게오카는 나를 제시간에 만나기 위해 자전거를 타고 서둘러 달리나가 워싱턴 거리 어딘가에서 넘어졌다고 했다. 하지만 그런 사고도 자신을 멈추게 할 수 없다는 듯 계속 달렸다고 말했다. 첫 만남에서 나는 그가 삶을 사는 방식, 변화를 주도하는 방식을 어렴풋이 짐작할 수 있었다.

시게오카는 스토리텔러이자 예술가이며 디자이너이고 (은유적인 의미의)다리 건축가이다. 내가 시게오카를 안 지 고작 8년 만에 그는 아이디오에서 소셜 임팩트 디자인 업무를 담당하고 『워싱턴 포스트』와 같은 매체에 글을 기고하는 등 전통적인 역할에서 변화를 주도해 왔다. 시게오카는 여기에 머물지 않고 '창의력이 뛰어난, 하와이 태생의, 욘세이(일본계 미국인 4세), 퀴어'라는 자신의 정체성을 살려 기존의 변화 범주에 속하지 않는 프로젝트를 상상하고 재창조했다.

시게오카는 아이슬란드에 한 번도 가본 적은 없지만 아이슬란드 시골에서 개최하는 예술 및 음악 페스티벌을 준비하고 참가자들이 자신의 죽음을 상상하며 현재를 더 온전히 살아갈 수 있도록 돕는 몰입형 예술 체험을 기획했다. 미국과 전 세계 많은 국가에서 양극화가 심화됨에 따라 시게오카는 이제 상상할 수 있는 모든 분열에 대한 이해를 증진하고 분열을 해소하려는 국가적 노력을 지원하는 데 초점을 맞추고 있다.

시게오카는 종종 내 수업의 일일 강사가 되어 학생들에게 변화 여정에서 얻은 교훈들을 공유하는데, 특히 마음에 와닿는 말이 있었다. 그는 "여러분의 커리어 경로가 일반적인 것과 다르더라도 괜찮습니다."라고 말했다. 실제로 시게오카의 경력 경로는 대부분의 MBA 진로 상담 내용과는 들어맞지 않는다.

시게오카가 다양한 분야에서 활약하는 성공적인 체인지메이커가 될 수 있었던 비결은 체인지메이커 도구를 활용할 수 있는 능력 덕분이다. 음악 페스티벌을 운영하는 것과 정치적, 사회적 분열을 극복하기 위한 다리를 구축하는 여정은 서로 관계 없는 일처럼 느껴지지만, 긍정적인 변화를 주도하는 근본적인 사고방식은 놀라울 정도로 유사하다.

의사에게는 의사를 위한 도구가 있고 예술가에게는 예술가를 위한 도구가 있는 것처럼 체인지메이커에게도 체인지메이커의 도구가 있다.

지금부터 변화를 주도하기 위한 도구인 '체인지메이커 캔버스'를 소개하겠다. 이 도구는 복잡하고 압도적이며 심지어 위협적이기까지 한 변화 전략을 이해하고, 실행 가능하며, 달성 가능하게 만들어줄 것이다.

변화를 주도하기 위한 완벽한 도구

체인지메이커 캔버스는 비즈니스 모델 캔버스에서 영감을 얻어 만들어졌다. 비즈니스 모델 캔버스가 구식의 비즈니스 계획을 한 페이지 분량의 전략으로 변환하는 역할을 했듯, 체인지메이커 캔버스는 체인지메이커가 변화 전략을 관리하기 쉬운 작은 블록으로 세분화할 수 있도록 돕는다.

체인지메이커 캔버스			
비전	이유. 내가 이 특정하고도 긍정적인 변화를 일으키는 데 관심을 갖는 이유는 무엇인가?	비전. 변화를 통해 무엇을 가능하게 할 것인가? 최대한 간결하고 명쾌한 한 문장으로 적는다.	변화. 바라는 변화가 이루어진 모습은 어떠한가? 한 문장으로 적는다.
기회	핵심 문제. 내가 다루고자 하는 문제는 무엇인가? 정확하게 묘사한다.	대기. 핵심 문제를 다루지 않을 경우 나타날 단기, 장기 영향은 무엇인가?	근본 원인. 핵심 문제를 일으키는 근본적인 원인(사회적, 법적, 역사적, 문화적, 환경적 원인)의 근본적인 문제가 무엇인가?
변화의 4가지 S	실질적인 영향. 프로젝트가 의도한 영향은 무엇인가? 그리고 그 영향을 측정할 수 있는 중요한 지표 3가지는 무엇인가?	확장성. 최소 실행으로 프로젝트 이상으로 추진하려면 어떻게 해야 하는가?	지속가능성. 프로젝트를 장기로 유지하려면 어떻게 해야 하느가? / 시스템 변화. 체계적인 변화를 일으키기 위해 근본적인 원인(법률, 정책, 마인드셋, 규칙 등)을 어떻게 다룰 것인가?
행동	최소 실행 기능한 프로젝트. 프로젝트를 더 발전시킬 가치가 있는 지 확인하기 위해 지금 바로 실행할 수 있는 가장 간단한 테스트는 무엇인가?	회복탄력성을 위한 계획. 직면한 기능성이 있는 장애물과 이를 동적으로 극복하는 방법은 무엇인가?	
공동체	실행자. 변화를 주도할 주요 체인지메이커는 누구인가? 또 그가 가진 핵심 기술은 무엇인가?	열렬한 홍보자. 프로젝트를 열렬히 승인하고 영향력으로 운동하는 누구인가?	공동체. 누구에게 도움이 되는 변화인가, 그들에게 긍정적인 변화가 되리라는 것을 어떻게 확신하는가? / 연합. 이 문제에 신경 쓰는 다른 사람들은 누구이며, 어떻게 하면 그들이 내 프로젝트에 참여하겠는가?
접근 방식	체인지메이커 마인드셋. 이 긍정적인 변화를 일으키는 데 필요한 체인지메이커 마인드셋의 핵심 요소 중 하나를 골라 적는다.	체인지메이커 리더십. 이 긍정적인 변화를 일으키는 데 필요한 체인지메이커 리더십은 무엇인가? 체인지메이커 리더십의 핵심 요소 중 하나를 골라 적는다.	

이 도구는 체인지메이커에게 해야 할 일에 대한 명확성, 변화를 주도할 수 있다는 자신감, 행동을 향한 첫 단계에 대한 통찰을 제공한다. 체인지메이커 캔버스는 비전, 기회, 변화의 네 가지 S, 행동, 공동체, 접근 방식 등 여섯 개 부분으로 나뉘는데, 각 섹션의 답변은 최대 한 단락으로 작성해야 한다.(가장 이상적인 형태는 '한 문장'이다.)

지금부터 여러분이 각자 자신만의 체인지메이커 캔버스를 작성할 수 있도록 각 부분을 세분화하여 설명하겠다. 예시로 사용된 체인지메이커 캔버스는 미국 전역에 지사를 둔 물류 회사의 24세 초급 체인지메이커의 것이다. 그는 회사가 직원들의 정신 건강을 위해 소통하고 지원하는 방식에 긍정적인 변화를 일으키려는 열정을 가지고 캔버스의 빈 칸을 채워나갔다.

첫 번째 기둥: 비전

세부 사항, 즉 나무 한 그루에 집중하기 전에 먼저 숲을 보는 훈련을 해야 한다. 내가 왜 이러한 변화에 관심을 갖는지 생각해 보고, 변화를 달성했을 때 어떤 모습이 될지 큰 틀에서 윤곽을 그리는 것으로 체인지메이커 캔버스 작업을 시작한다.

야구계의 거장 요기 베라Yogi Berra가 말했듯이 "어디로 가는지 모른다면 그곳에 도착하지 못할 수도 있으므로 매우 조심해야 한다." 처음에 시간을 들여 첫 번째 기둥을 완성하면 나중에 캔버스에서 점들을 거꾸로 연결하여 원하는 목적지에 성공적으로 도착할 수 있다는 자신감을 얻을 수 있다.

이유

··

내 정신 건강은 나와 사랑하는 가족, 동료에게 영향을 미친다.
나는 우리 모두 지원을 받을 자격이 있으며
그 혜택을 누릴 수 있다고 생각한다.

··

위대한 변화는 '왜'라는 질문에서 시작된다. 작가이자 컨설턴트인 사이먼 시넥은 테드 강연에서 "위대한 리더는 왜라는 질문에서 시작한다."고 말한다.[157] 그는 사람들이 '무엇'을 구매하는 것이 아니라 '왜'를 구매한다고 주장한다. 그는 애플Apple이 강력한 팬덤을 거느리는 비결을 이렇게 설명한다.

"애플은 '왜'를 파는 대표적인 기업입니다. 스티브 잡스는 맥킨토시를 '뛰어난 성능을 가진 개인용 컴퓨터'가 아니라 '다르게 생각하며 현재 상태에 도전하는 사람들을 위한 도구'라 소개했습니다. 그러면서 애플이 현재 상태에 도전하는 방식은 '제품을 아름답게, 사용하기 쉽게, 사용자 친화적이게 만드는 것'이라고 주장했죠. 잡스는 그 결과물인 매킨토시를 보여주며 이렇게 말합니다. '한 대 사시겠습니까?'"

변화의 이유는 설득력 있고, 진정성 있고, 개인적이어야 한다. 우선 변화에 대해 다른 사람들이 흥미를 가질 수 있어야 한다. 사람을 설득하기 위해서는 나만의 관심사가 아니라 타인의 동참을 이끌어낼 수 있는 보편적인 이유가 있어야 한다. 두 번째로 우리가 누구인지를 진정으로 드러내야 한다. 특히 어려울 때 이유에 의지하게 되므로 거짓으로 작성해서는 안 된다. 마지막으로 이유는 자신만의 고유한 것이어야 한다. 체인지메이커 활동은 내가 어떤 사람이냐를 보여주는 연장선이라는 점을 기억하길 바란다.

'왜'라는 질문에서 시작하는 것은 다른 사람들의 참여를 유도하고 소속감을 느끼게 하는 강력한 리더십 기법이다. 나는 수업에서 과제를 낼 때마다 학생들에게 과제 뒤에 숨은 이유와 이 과제가 강의의 전반적인 목표에 어떻게 부합하는지 설명한다. 우리는 교육에서 시키는 대로 하는 데 너무 익숙해져 있기 때문에 애초에 '왜'가 왜 중요한지 조차 잊고 사는 경우가 많다.

비전

....

우리 조직은 신체 건강만큼이나 정신 건강도 중요하게 여긴다.

....

캔버스의 두 번째 부분인 비전은 이 책의 여러 주제와 다시 연결된다. 레슨 4에서 우리는 다른 사람들이 따를 수 있는 그림을 그리는 방법을 배웠다. 당신의 비전은 다른 사람들이 함께하고 싶도록 영감을 줄 수 있는 명확하고 설득력 있는 비전인가? 사람들이 열망하는 비전인가? 호기심, 궁금증, 흥분을 불러일으키는 비전인가?

강력한 비전 선언문은 한 문장, 혹은 몇 단어로 이루어져 있다. '자폐증을 초능력으로 만듭니다.' 이것은 내가 알고 있는 강력한 비전 선언문 중 하나이다. 자폐 스펙트럼 장애가 있는 아이들이 일상적인 계획과 지원을 통해 삶의 주체성을 높일 수 있도록 도와주는 앱인 데이케이프DayCape의 비전 선언문인데, 나는 단 세 단어로 이루어진 이 문장을 읽을 때마다 가슴이 두근거린다. 데이케이프의 비전은 이 회사가 만들어갈 세상을 먼저 상상하게 하고, 참여하고 싶은 마음이 들게끔 유도한다.

변화

....

조직과 팀 전체에서 정신 건강에 대한 인식과 지원 강화

....

마지막으로 변화란 무엇인가를 질문해야 한다.

명확하고 강력한 한 문장으로 이루고자 하는 변화가 무엇인지 설명한다. 모든 것을 설명할 수는 없으니 변화의 본질에 집중하고 다른 사람들이 더 많은 것을 알고 싶어 하도록 여지를 둔다. 학생들이 적은 변화의 예시를 소개한다.

- 더 많은 어린이가 책을 읽도록 게임으로 유도.

- 멕시코시티의 학생들이 체인지메이커가 될 수 있도록 교육하고 영감 주기.
- 인식 개선 캠페인을 통해 캠퍼스 내 음식물 쓰레기 줄이기.

변화를 달성하기 위한 수단이 아직 명확하게 보이지 않더라도 일으키고자 하는 변화는 간단하고 분명하다. 학생들이 어떻게 게임화를 통해 어린이들의 독서량을 늘릴 수 있을지는 아직 알 수 없지만 괜찮다. 지금 우리가 알아야 할 것은 변화가 어디로 향하는지이다. 세부 사항은 캔버스의 남은 빈칸을 채우며 구체적으로 그려나갈 수 있다.

체인지메이커 캔버스의 첫 번째 기둥을 통해 우리는 변화의 지향점, 즉 '숲'을 그릴 수 있었다. 이제는 '나무', 즉 변화를 어떻게 실현할 것인지에 주목할 때다.

두 번째 기둥: 기회

물리학자 알베르트 아인슈타인Albert Einstein이 남긴 명언 중에 '문제를 푸는 데 한 시간이 주어진다면 55분간 문제를 생각하고 5분간 해결책을 생각하겠다.'라는 말이 있다. 우리는 지금까지 그 반대로 가능한 빨리 해결책에 도달하는 방법을 배우고 연습했다.

체인지메이커 캔버스의 두 번째 기둥은 속도를 늦추고 해결하고자 하는 문제를 깊게 이해하는 단계이다. 두 번째 기둥을 채우면서 당신은 주도하고자 하는 변화에 내재된 문제를 정확히 진단하고, 기회를 발견할 수 있을 것이다. 핵심 문제, 문제의 결과, 문제의 근본 원인을 명쾌하게 찾고 난 뒤에는 올바른 문제를 해결하고 있다는 확신을 가지고 앞으로 나아갈 수 있다.

핵심 문제

조직 전반과 정책 및 관행에서 정신 건강에 대한 부적당한 지원

나는 핵심 문제를 '우리가 해결하고자 하는 정확한 문제를 설명하는 간결한 한 문장'이라고 정의한다. 체인지메이커들 중 자신이 추구하는 변화가 지역 단위로 이루어져야 하는지, 공동체 단위로 이루어져야 하는지, 아니면 주, 국가 또는 글로벌 단위로 이루어져야 하는지 고민하는 이들이 많다. 변화의 범위를 넓게 잡을지 좁게 잡을지에 대해 고민하는 것이다.

나는 이들에게 다른 사람에게 영감을 주면서도 달성 가능한 핵심 문제를 목표로 삼을 것을 권장한다. 예문을 보자. '건강에 대한 더 나은 지원'은 지역 차원을 넘어 국가적, 심지어 국제적 차원에서 해결해야 할 문제이다. 하지만 첫 번째 단계에서는 그 과정이 매우 부담스럽게 느껴질 수 있다. 핵심 문제를 파악하면 현재

위치에서 시작할 수 있다. 이 사례의 경우 체인지메이커가 회사 내에서 변화를 주도하려는 것이므로, 문제의 범위를 더 좁은 시야, 즉 회사로 한정하되 문제가 공식적인 정책과 비공식적인 관행 등 다양한 요인에 기반하고 있음을 보여줌으로써 작게 시작하지만 큰 목표를 세울 수 있는 명확한 출발점에 설 수 있다.

대가

배제, 기회 상실, 오명, 참여 감소, 취약성, 이직률 증가, 성과 감소.

대가란 확인된 문제를 해결하지 않을 경우 초래되는 부정적인 영향을 의미한다. 한마디로 이렇게 표현할 수 있겠다. '핵심 문제를 해결하지 못하면 결과적으로 어떤 일이 발생할까?'

개인 수준(개인별로 필요하고 마땅히 받아야 할 지원을 받지 못할 경우 어떤 일이 일어나는가)과 조직 수준(회사가 직원을 충분히 지원하지 못할 경우 어떤 일이 일어나는가) 모두에서 치러야 하는 대가를 생각해 보는 것은 도움이 된다. 위 예에서 확인된 일곱 가지 대가는 다양하며, 해결하려면 자원이 너무 많이 필요하기 때문에 한 번에 전부 해결하기는 어려울 것이다. 하지만 핵심 문제를 하나씩 성공적으로 해결한다면 의미 있는 영향을 미칠 수 있게 된다.

근본적인 원인

기저 질환, 트라우마, 스트레스, 교육 시스템 전반의 불충분한 지원,
돌봄 접근성의 인종 및 계층 격차.

파악한 핵심 문제를 일으키는 근본적인 원인을 정확히 파악하는 것은 매우 중요하다. 근본적인 원인은 사회적, 법적, 역사적, 문화적, 환경적 또는 기술적 문제인 경우가 많기에 더 큰 시스템적 변화를 요구하게 된다.

근본적인 원인을 파악하면 변경해야 할 시스템이 무엇인지, 가장 큰 영향력을 발휘할 수 있는 지점이 어디인지 생각해 볼 수 있다.

세 번째 기둥: 변화의 네 가지 S

앞서 이야기했듯 나는 스웨덴 스톡홀름에서 '리치 포 체인지'라는 이름의 사회적 기업가 육성 활동을 한 적이 있다. 리치 포 체인지는 스웨덴 전역에서 사회적 기업가에게 영감을 주고 그들을 육성하는 선구적인 단체이자 이러한 방식으로 긍정적인 변화를 이끄는 조직이었다. 정신 건강에서 교육, 사회 통합에 이르기까지 다양한 분야에서 일하는, 때로는 아이디어만 가지고 있는 초기

단계의 사회적 기업가를 선발해 3년간 급여를 지원하고, 코칭, 자문, 지원을 제공했다.

리치 포 체인지에 참가할 기업가를 선발하면서 나는 엄청난 도전에 직면했다. 다섯 팀만 선발하는 자리에 500개 이상의 지원서가 접수된 것이다. 나는 방대하고 다양하며 가치 있는 사회적 기업 아이디어 중에서 다섯 개를 어떤 기준으로 골라야 할지 고민해야 했다.(한편으로는 비공식적인 방법을 통해 탈락한 495개 이상의 훌륭한 아이디어를 지원할 방법을 찾으려고 매우 열심히 노력했다.)

동료들과 나는 사회적 기업에서 찾을 수 있는 네 가지 핵심 지표, 즉 '변화의 네 가지 S'를 개발하여 지표로 삼았다. 이 지표는 당신이 추진하려는 변화가 소셜 임팩트와 관련된 것이든 그렇지 않든 자신을 넘어서는 변화를 일으키는 방법을 명확하게 파악하는 데 도움을 줄 것이다.

실질적인 영향Substantive Impact

....

새로운 정신 건강 서비스에 참여한 직원 수. 정신 건강을 위한 지원을 통해 건강이 개선되었다고 느끼는 직원의 비율을 지원 전후로 측정.

....

이 부분에서는 프로젝트가 의도한 영향을 측정하는 데 사용할 1~3개의 중요한 시표를 나열한다.

실제로 변화를 달성하기 위한 올바른 길을 가고 있는지 알 수 있는 방법은 무엇일까? 일반적으로 정성적, 정량적 지표를 활용할 수 있겠지만 변화를 통해 창출하고자 하는 영향력을 실제로 발휘하고 있는지 여부를 알려주는 가장 핵심적인 지표 몇 가지만 파악하는 데 집중하는 것이 더 효율적이다.

변화를 일으키고 싶은 아이디어는 있지만 어떻게 실행해야 할지 모르는 사람들을 위해 로스앤젤레스에 본사를 둔 디자인 회사 베리나이스Verynice의 사례를 소개한다. 베리나이스에서는 모든 유형의 변화에 영향력을 불어넣을 수 있는 수백 가지 방법을 소개하는 '영향력 모델Models of Impact'이라는 놀라운 자료를 만들었다.[158]

모델 중 하나는 진 구오의 코넥시오가 추구하는 것처럼 '전통적으로 소외된 사람들을 위한 고용'이며 다른 하나는 돌로레스 우에르타가 자기 경력 내내 다양한 형태로 추구해온 옹호 활동이다. 이스라엘 크파르 비트킨에 위치한 후무스 바Hummus Bar처럼 태도에 대한 보상으로 조건부 할인을 제시할 수도 있다. 이 식당에서 파는 후무스 요리에는 정해진 가격이 있지만 유대인과 아랍인이 함께 참석하는 모임에 50% 할인을 제공해 음식을 통해 유대감을 형성하고 공동체를 이룰 수 있도록 장려한다.[159]

베리나이스는 #givehalf라는 창의적인 영향력 모델을 사용하여 자체적인 변화 작업을 진행하고 있다. 베리나이스의 고객 중 절반은 구글, 레드불, 애플과 같은 대기업이다. 그리고 나머지 반은 국립자원보호위원회, 췌장암 행동 네트워크, 로스앤젤레스 남부 공동체인 판도 포풀러스Pando Populus와 같은 비영리단체 및 사회적 기업인데, 이들에게는 무료 또는 할인된 가격으로 업무를 수행한다. 대기업과의 대형 계약을 통해 얻은 수익으로 사회적 기업을 위한 세계적 수준의 디자인을 제공하는 능력을 유지하는 것이다.

확장성Scalability

> 우리는 미국 전역의 각 지사에 최소 한 명 이상으로 구성된
> 직원 자원 그룹을 만들 것이다.

MBA 프로그램에서는 규모를 특정한 방식으로 가르치는 경우가 많다. 예를 들어 성공한 푸드 트럭이 하나 있다면 반드시 두 번째 푸드 트럭을 마련해야 한다고 배운다. 두 트럭이 모두 성공하면 빠르게 다섯 대로 늘려야 한다. 그 다음에는 50대로 늘리고, 그 다음에는 푸드 트럭 제국을 세워야 한다. 나는 이 의견에 동의하지 않는다. 나는 더 많은 것이 항상 더 좋은 것은 아니라고 생각한다. 변화를 주도할 때는 특히 그렇다. 나는 체인지메이커들에게 '무조건 확장'이 아니라 '현명하게 확장'하라고 가르친다.

최소 실행 가능한 프로젝트 이상으로 추진하려면 어떻게 해야 할까? 프로젝트가 반드시 확장되어야 하는 것은 아니지만, 처음부터 이 섬을 고려하면 확상 가능한 번화 프로젝트를 실계하는데 도움이 될 것이다. 직접 확장을 주도할 것인지, 다른 사람들이

따를 수 있도록 복제 가능한 모델을 만들 것인지 여부에 관계없이 처음부터 확장성을 보장할 방법을 마련하는 것이 좋다.

이 사례의 경우 회사가 전국에 걸쳐 있고 각 사무실의 리더가 다르다는 점이 확장의 큰 걸림돌이었다. 신속하고 효과적으로 확장하려면 프로젝트는 모든 곳에서 존재감을 드러내야 하며 변화를 위해 노력하는 지역 리더를 참여시키는 것이 중요하다.

가장 넓은 그물 치기

레슨 5에서 공감에 대해 이야기할 때 페피 팔스의 설립자 로지 린더를 소개한 바 있다. 린더는 리치 포 체인지에서 근무하는 동안 만난 사회적 기업가 중 나에게 가장 큰 영감을 준 사람이다. 린더는 아이디어 구현 단계에서부터 확장성을 염두에 두었다. 이런 선택 덕에 그는 '페피 팔스'를 단번에 글로벌 기업으로 성장시킬 수 있었다.

대부분의 어린이용 앱에는 문자나 음성으로 된 언어를 활용한다. 하지만 린더는 다르게 생각했다. 전 세계에서 스웨덴어를 사용하는 인구가 약 900만 명에 불과하다는 사실을 알고 있었기 때문에 스웨덴어로만 앱을 출시하면 초기 어필에 상당한 한계가 있을 것으로 예측했다. 마찬가지로 영어만 지원하면 다른 사용자들이 소외될 수 있었다. 앱을 다른 언어로 번역하는 것은 매우 어렵고 시간이 많이 걸리며 비용도 많이 들 텐데 린더의 조직에는 이러한 언어적 전문 지식을 가진 사람이 없었다.

린더는 언어를 전혀 사용하지 않는 앱이라는 대담한 결정을 내렸다. 모든 게임은 사랑스러운 애니메이션 동물과 상호작용하고, 시각적 신호를 따라가며, 미세한 표정을 읽는 법을 배우는 내용으로 진행된다.

단 한 번의 결정으로 페피 팔스는 출시 첫날부터 전 세계에서 활용되기 시작했다. 스웨덴 앱 스토어와 미국 앱 스토어는 물론 프랑스, 독일, 브라질 및 다른 20개 이상의 국가에 동시에 출시되었다.

지속 가능성Sustainability

모든 의료 비용과 함께 프로그램의 자금이
회사의 장기 예산에 포함되도록 할 것이다.

프로젝트를 장기로 유지하는 것은 필수다. 회의록에는 변경 방안, 전략, 실행 계획으로 가득 차 있지만 이런 내용이 지속적인 변화로 이어지지 않는 경우를 누구나 경험한다. 이러한 함정을 피하려면 재정적 측면과 인적 자본 측면 모두에서 지속 가능성에 대해 생각해야 한다. 조직 내에서 변화를 주도하고 있다면 이 변화 과정이 내년도 예산 편성 과정에서 살아남을 수 있도록 해야 한다. 새로운 공동체를 만드는 경우 공동체 설립을 넘어 안정적인 운영을 위해 꾸준히 자금을 조달해야 한다.

인적 자본 측면에서 볼 때, 변화는 처음에는 혼자서 이끌어야 할 수도 있다. 그래도 괜찮다. 다른 사람들을 프로젝트에 참여시키는 방법에 대해서는 곧 자세히 알아볼 예정이다. 중요한 것은 체인지메이커가 자리를 비울 경우를 대비하는 것이다. 리더가 이직을 하거나, 휴식이 필요해 자리를 비웠을 때에도 프로젝트가 지속될 수 있도록 처음부터 가볍게라도 참여시킬 수 있는 다른 사람이 있는가?

시스템 변화 Systems Change

....

우리는 투명하게 정보를 공개하고 다른 기업들과 학습한 내용을
공유하며, 주 및 국가 차원의 정책 변화를 지지할 것이다.

....

변화의 네 가지 S 중 네 번째는 시스템 변화이다. '시스템'이란 메커니즘이나 네트워크의 일부로 함께 작동하는 것들의 집합이다. 대표적인 시스템 사상가인 도넬라 메도즈 Donella Meadows의 글에 따르면 시스템은 '기업, 경제, 생명체, 도시, 생태계'[160]도 될 수 있다.

의사 폴 바탈덴 Paul Batalden의 시스템에 대한 관찰은 내게 특별한 통찰을 주었다. 그는 "모든 시스템은 원하는 결과를 얻도록 완벽하게 설계되어 있다."[161]라고 말했다. 즉, 프로세스나 네트워크가 우리가 원하지 않는 결과를 가져온다면 그 시스템은 폐기하고 새로운 시스템을 도입해야 한다는 뜻이다.

이 부분에서는 두 번째 기둥에서 파악한 근본적인 원인(법률, 정책, 마인드셋, 규칙 등)을 어떻게 해결하여 체계적인 변화를 만들어낼 것인지 간략하게 틀을 잡을 수 있다. 대부분의 변화 과정은 시작하자마자 시스템 변화를 만들어내지 못하며 이는 당연하다. 하지만 시간을 들여 근본적인 원인을 파악한 후에는 재발 방지책까

지 고민할 정도로 높은 수준의 지식을 습득하게 된다.

예시에서 체인지메이커는 정책의 변화가 단기적으로 조직이 제공할 정신 건강 서비스를 어떻게 보완할지 심지어 대체할 수 있는지 생각해야 한다. 또 해당 모델을 다른 조직으로 확장할 수 있는 방법까지 고려하여 자신의 조직을 넘어 더 광범위하게 사고해봐야 한다.

시스템 바꾸기

시스템을 어떻게 바꿀 수 있을까? 마인드셋의 전환, 정책의 변화, 새로운 체제 구축, 권력 구조의 재조정 등을 통해 바꿀 수 있다.

도넬라 메도즈는 '시스템의 규칙(인센티브, 처벌 또는 제약)'이나 시스템의 목표를 변경하는 등 한 번의 변화로 시스템에 큰 변화를 일으킬 수 있는 지렛대를 찾으라고 조언한다.

스웨덴의 벤처 기업 반라트뷔른Barnrättsbyrån의 활동을 통해 시스템이 변화하는 모습을 살펴보자. 스웨덴은 아동 인권 보호 의식이 높은 나라다. 하지만 모든 아동이 자신의 권리를 알고 있는 것은 아니며, 특히 최근 스웨덴에 도착한 보호자 없는 청소년 난민은 사회적 지원 시스템과 법치가 다른 나라에서 성장한 경우가 많다.

사회적 기업가 엘린 베르키스트Elin Wernquist가 설립한 반라트뷔른은 아동권리국 변호사 팀과 협력하여 청소년들이 자신의 권리를 알고 존중받을 수 있도록 돕는다. 이 단체는 개별 사건을 통해 사회 시스템을 변화시켰다. 이 단체의 변호사들은 아동 권리 보호 시스템의 균열이 어디에 있는지, 아동이 어디에서 소외되고 있는지를 파악하고, 권리가 시켜시지 않는 사례를 면밀히 조사해 대안을 마련한 다음 정부를 압박한다. 이와 같이 개별 사례 지원을 통해 스웨덴 복지 시스템이 원치 않는 결과를 초래하는 경우를 알리고, 미래의 아이들이 같은 일을 겪지 않도록 시스템을 바꿔나간다.

반라트뷔른은 단순히 아동의 권리에 대해 가르치거나 옹호하는 역할만 하지 않는다. 그들은 아동을 돌보는 공공 시스템을 혁신하는 체인지메이커다. 이것이 바로 시스템 변화이다.

네 번째 기둥: 행동

캔버스의 이 부분은 변화는 생각하는 것이 아니라 만드는 것임을 상기시켜 준다. 이 부분에서는 변화를 현실로 만들기 위한 첫 번째 단계를 전략화하고 변화를 주도하는 데 수반되는 피할 수 없는 좌절을 극복할 준비를 할 수 있다.

최소 실행 가능한 프로젝트

'정신 건강의 날'을 만들어 병가를 제공하는 것으로 시작한다.
잠재적인 낙인을 줄이기 위해 모든 직원은 향후 3개월 동안
최소 한 번은 정신 건강의 날을 갖도록 권장한다.

이 부분에서는 변화 구축 과정을 검증하는 가장 간단하고 빠

른 방법인 최소 실행 가능한 프로젝트의 개요를 작성한다. 린 스타트업 사례에서 보았듯이 변화의 첫 단계는 매번 수월하게 진행되지 않는다. 그러므로 변화를 주도하기 위해 많은 시간, 에너지, 노력을 투입하기 전에 먼저 자신이 하고자 하는 일이 무엇인지 현실적으로 파악해야 한다. 아이디어 개념에서 가시적인 프로젝트로 가능한 빨리 이동해 초기 가정을 검증할 수 있어야 한다.

이 사례에서 체인지메이커는 사람들이 정신 건강 지원을 받지 않게 하는 데 있어 낙인이 어떤 역할을 하는지, 모든 사람이 이러한 변화에 동참할 수 있도록 하는 것이 어느 정도 가능한지, 여러 기관이 얼마나 기꺼이 행동을 취할지 등 많은 가정을 테스트해야 한다.

체인지메이커는 최소 실행 가능한 프로젝트를 통해 자신이 주도하는 변화가 언제, 어떻게 첫 걸음을 내딛는지, 어떤 부분이 잘 작동하는지, 변화를 가로막는 구체적인 장벽이 어디에 있는지 파악할 수 있다.

회복탄력성을 위한 계획

우리는 고위 경영진의 반발을 예상하며 우리의 주장을 뒷받침할 데이터를 준비할 것이다. 예를 들어, 미국 정신 건강 협회에 따르면 미국 근로자의 5%만이 고용주가 정신 건강에 안전한 환경을 제공한다고 생각하고 있으며, 80%는 번아웃의 위험에 처해 있다.

직면할 가능성이 있는 장애물과 이를 능동적으로 극복할 수 있는 방법에 대해 생각해 본다.

소프트웨어 개발 업계에서는 '프로젝트가 처음에 예상했던 것보다 두 배의 시간이 걸리고 두 배의 비용이 든다.'는 농담이 있다. 날짜나 비용에 한 치의 오차도 허용하지 않고 전체 출시 전략을 수립한다면 이는 치명적인 결과를 초래할 수 있다. 하지만 처음부터 이러한 사항을 고려한다면 폭풍우를 극복할 수 있다. 피할 수 없는 장애물이 발생한 후에 대응하기보다는 처음부터 변화 구축 과정이 어떻게 경로를 벗어날 수 있는지, 그리고 어떻게 경로를 수정할 수 있을지 예측해 보길 바란다.

내가 아는 창업가 세 명은 창업 초기에 한 명이 자금을 횡령하거나 두 명이 사망하여 공동 창업자 중 한 명만 남게 되는 등 최악의 시나리오를 하나하나 이야기하며 시간을 보냈다. 결코 쉽지 않은 대화였을 것이다. 하지만 그들은 혼란의 한가운데에 놓였을 때보다는 감정이 덜 앞서고 생각할 시간이 더 많을 때 이런 일이 생기면 어떻게 할지 미리 이야기해두는 것이 더 쉽다는 관점으로 그런 대화를 나눴다.

세 명의 창업가처럼 시작하기 전에 피할 수 없는 장애물을 어떻게 극복할지 계획을 세우는 시간을 가지면 장기적으로 강인함을 유지하는 데 도움이 된다.

최소 실행 가능한 프로젝트 이행하기

내 수업을 들은 학생 중 몇몇은 캠퍼스 내 도서관에서 밤늦게까지 공부하는 학생 중 혼자 집에 돌아가고 싶지 않은 이들을 위해 캘리포니아대학교 버클리 캠퍼스에 '안전 귀가' 제도를 만들려고 했다. 이들은 학생들이 최종 목적지와 퇴실 시각을 입력하는 앱을 만들고 신뢰성 확보를 위해 링크드인과 페이스북 데이터를 사용하여 함께 안전하게 집까지 갈 수 있는 학생을 매칭하려고 했다. 하지만 이것이 최선의 방법인지는 확신할 수 없었다. 따라서 학생들은 최소 실행 가능한 프로젝트 수준으로 테스트해 보기로 했다.

이들은 늦은 밤 도서관에 머물며 애플의 에어드롭 기능으로 가까운 거리에 있는 학생들에게 전단지를 보냈다. 그렇게 이 프로젝트를 알게 된 학생들은 내용에 있는 링크를 따라 (가입하려면 버클리 캠퍼스 이메일 계정이 필요한)비공개 페이스북 그룹으로 연결되었다. 이 그룹을 통해 학생들은 다른 어떤 학생이 도서관에 있는지, 그 학생들과 함께 아는 친구가 있는지(완벽한 기준은 아니지만 해당 학생의 사회적 관계 수준을 적어도 어느 정도로는 빠르게 확인할 수 있는 방법이다.) 바로 확인할 수 있었다.

이론적으로는 흥미로운 개념처럼 들리지만 학생들은 신뢰의 장벽을 디지털 방식으로 극복하기에는 너무 높다는 것을 깨달았다. 최소 실행 가능한 프로젝트로부터 빠르게 학습한 이 체인지메이커 그룹은 많은 학생이 느리고 비효율적이며 종종 '어색하다'고 표현했음에도 불구하고 결국에는 대학교에서 제공하는 공식 야간 동행 서비스를 더 선호한다는 사실을 확인했다.

예상을 벗어나기는 했지만 훌륭한 결과였다! 약간의 기업가 정신을 가지고 늦은 밤 시각에 몇 번 시도해보는 것으로 학생들은 앱 개발에 수천 달러와 수백 시간을 투자하지 않아도 되었으니 말이다.

다섯 번째 기둥: 공동체

체인지메이킹은 팀 스포츠이다. 변화의 개념을 현실화하기 위해서는 수많은 방법으로 다른 사람들과 협력해야 한다. 그러나 함께 일할 협력자를 찾는 것은 간단하지 않다.

다른 사람들을 변화에 참여시킬 때는 그들이 속한 그룹에 따라 미묘하게 다른 접근 방식이 필요하다. 각기 다른 이 네 가지 그룹인 실행자, 열렬한 홍보자, 공동체, 연합을 각각 살펴보겠다.

실행자

··

요해나Johanna : 비전 및 팀 관리
이브라힘Ibrahim : 커뮤니케이션
대프니Daphne : 정책 조사 및 경비

··

실행자는 변화 계획을 현실로 만들기 위해 적극적으로 팔을 걷어붙이는 팀의 핵심 구성원이다. 체인지메이커 그룹으로 CEO 다섯 명 혹은 회계사 다섯 명을 떠올리지는 않을 것이다. 다양한 성격, 접근 방식, 기술을 가진 사람들로 팀을 구성해야 한다. 체인지메이커 팀을 구성하기 위한 몇 가지 우선순위는 다음과 같다.

1. 관심을 표현하는 사람을 무조건 받아들이지 않는다. 미리 시

간을 내서 역할과 책임에 따라 팀을 어떻게 구성할지 생각해 둔다.

2. 혼자서 변화를 일으키려 하는가? 자신의 '천재성 영역'을 고려한다. 자신의 핵심 기술이 무엇인지, 가장 높은 수준의 기여를 할 수 있는 분야가 어디인지 생각해 본다. 자신이 잘하는 것뿐만 아니라 자신에게 에너지를 주는 것이 무엇인지도 생각한다. 그리고 가능한 자신이 가장 잘하는 일을 할 수 있고 개인적으로 가장 높은 수준의 기여를 할 수 있는 팀을 설계한다. 아직 구체적으로 염두에 둔 공동 작업자가 없다고 해도 괜찮다. 변화를 구축하는 초기 단계에는 혼자서 시작해야 할 때도 있다. 하지만 틈틈이 시간을 내어 다른 팀 구성원이 할 역할은 무엇이 있을지 그려 본다. 비전 설정에 능숙하다면 운영을 담당할 COO 자리를 다른 사람에게 부여할 필요가 있을지도 모른다. 재무에 능숙하다면 마케팅 및 홍보에 대한 열정과 기술을 가진 사람이 필요할 수 있다. 이러한 변화를 실현하기 위해 수행해야 할 가장 중요한 업무를 파악하고, 이상적인 팀과 역할 및 책임 분담이 무엇인지 평가한다.

3. 함께 할 팀원이 있는가? 역할과 책임에 대해 급조된 전략을 세우기보다는 미리 팀원들과 솔직하게 대화를 나눈다. 각자의 기여도가 가장 높은 분야가 무엇인지, 그리고 각자의 시간 분담은 어떻게 할지 논의한다. 서로 겹치는 부분과 부족한 부분을 찾아 본다. 스타트섬굿 초기에 내가 저지른 실수

가 바로 이 과정을 거치지 않은 것이었다. 공동 설립자인 톰과 나는 비전을 세우는 데는 능했지만 운영에는 서툴렀다. 하지만 상대적으로 톰은 비전에 있어서는 나보다 뛰어났고, 운영은 내가 덜 미숙했기 때문에 이를 기준으로 서로 협력하면서도 대략 분업할 수 있었다. 이 활동을 좀 더 일찍 했더라면 COO를 영입하는 것이 최우선 과제였다는 것을 깨달았을 것이다!

4. 어떻게 함께 일할지 논의하라. 이때 유용한 도구는 팀원 모두가 각자의 개인 사용 설명서를 작성하도록 하는 것이다.[162] 팀원 각자가 다른 팀원의 업무 방식을 이해하면 함께 일하기가 더 쉬워진다. 팀원 각자에게 자신의 업무 방식과 가장 효율적으로 일하는 방법에 대해 한쪽 분량의 개요를 작성해 달라고 한다. 예를 들어, '아이들을 돌봐야 해서 오후 5시 이후에는 이메일을 확인할 수 없지만 아이들이 저를 깨우는 새벽 5시에 늘 확인하겠습니다.' 또는 '새로운 아이디어가 있으면 처음에는 흑백논리로 보는 경향이 있기 때문에 혹시 제가 어떤 기회에 깔린 뉘앙스를 파악하지 못하면 살필 시간을 더 주시기 바랍니다.' 같은 내용이 포함될 수 있다. 이러한 개요에는 성격, 싫어하는 점, 업무 환경에 대한 선호도, 커뮤니케이션 및 갈등 스타일 등도 넣을 수 있다. 시간을 내어 이러한 매뉴얼을 미리 작성해 두면 향후 발생할 수 있는 어색함을 크게 줄이고 협업 효율성을 높여 팀이 최대한 효과적으로 변

| 3부 | 체인지메이커의 행동 기술

경 사항을 운영할 수 있게 된다.

'실행자' 부분을 작성하고 나면 일상적으로 활동하는 체인지메이커 팀이 어떤 모습인지, 각 개인(또는 제안된 역할)이 변화를 달성하는 데 어떤 방식으로 기여할지 명확하게 파악할 수 있다.

열렬한 홍보자

경영진(특히 CEO 및 HR 책임자), 각 사무실의 총괄 관리자.

실행자 외에도 열렬한 홍보자들을 참여시켜야 한다. 이들은 일상적인 업무 지원을 하지는 않지만 프로젝트에 대한 승인 또는 암묵적 지지를 보내는 역할을 한다. 열렬한 홍보자가 누구인지 파악하고, 이들이 시간이나 에너지 측면에서 많은 기여를 하지 않더라도 프로젝트의 지지자가 될 수 있도록 하는 것은 꽤 중요하다.

열렬한 홍보자의 아주 작은 활동이 우리와 우리의 비전을 널리 알리는 계기가 되기도 한다. 열렬한 홍보자는 다른 사람에게 우리를 소개해줄 수도 있고, 우리를 위해 장애물을 제거해줄 수도 있으며 그들에게는 금방 할 수 있는 일이지만 우리에게는 큰 영향을 줄 수 있는 다른 기여를 할 수도 있다.

로버트 치알디니Robert Cialdini가 그의 저서 『설득의 심리학 1(한국에서는 21세기북스에서 2023년에 번역서를 출간했다. –역자 주)』[163]에서 언급한 용어인 '사회적 증거'라는 추가적인 이점도 열렬한 홍보자들이 가져올 수 있다. 사회적 증거는 올바른 행동 방식에 대해 확신이 없을 때 발생하는 사회적 현상으로, 올바른 행동을 확인할 수 있는 단서를 다른 사람들에게서 찾는 것이다. 불확실성의 시대에는 권위 있는 인물에게 의지하는 경향이 있다. 누군가 우리의 변화에 동참할지 여부를 고민하고 있다면, 그 사람은 또 어떤 사람들이 우리를 지지하고 있는지 살피려 할 것이다. 이때 우리를 지지하는 인상적인 열렬한 홍보자 목록을 보유하고 있다면 더 많은 사람들의 지지를 얻을 수 있다.

공동체

> 회사 전체에 다양하고 포용적인 직원 자문위원회를 구성하여
> 아이디어와 피드백을 받을 것이다.

공동체를 변화에 참여시킬 때 스스로에게 두 가지 질문을 던져보자. 누구를 위해 봉사하고 있는가? 이것이 그들에게 긍정적인 변화가 되리라는 것을 어떻게 확신할 수 있는가?

대학, 싱크탱크, 컨설팅 회사 등 엘리트 집단에서는 외부 관점에서 내부를 들여다보는 방식으로 문제를 해결하려는 나쁜 습관이 있다. 예를 들어, 사회적 기업가 정신에 관한 많은 대학 수업에서는 대부분의 학생이 교육자도 아니고 평생 르완다에 가본 적도

없는데도 불구하고 르완다에 더 나은 학교를 짓는 방법에 대한 해결책을 제시하도록 유도한다.

조안나 시아와 제스 리밍턴은 「수혜자와 함께 디자인하기」[164]라는 글에서 이 모델을 뒤집는 접근 방식을 제안한다. 이들은 문제에 가까이 있는 비전문가가 어떻게 여러 시제품 중에서 최선의 옵션을 선택하고 개선하는 데 탁월하며 참신한 제품 아이디어를 생각해 내는지 보여줌으로써 '최종 사용자가 혁신에서 중요한 역할을 한다.'는 설득력 있는 사례를 제시한다. 이들의 시각은 주로 비영리 프로젝트에 적용되지만, 이 개념은 모든 유형의 변화에 적용할 수 있다. 사람들에게 어떤 유형의 변화가 가장 필요한지 추측하는 대신 그들에게 물어보거나, 더 좋게는 그들이 당신과 함께 변화를 주도하도록 참여시켜야 한다.

어쩌면 우리 중에는 변화로부터 직접적인 영향을 받는 사람이 있을 수도 있다. 그렇다면 문제의 복잡성을 이미 알고 있을 것이기 때문에 변화 구현을 시작하기에 적합할 것이다. 하지만 여전히 다른 사람들의 의견도 필요하다. 3장에서 배운 겸손한 자세를 바탕으로 가까이 다가가는 것에서 시작하자. 답변보다 더 많은 질문을 던지고, 다른 사람들이 필요로 하는 것과 그들이 바라는 변화에 대해 이야기할 때 진심으로 경청할 준비가 되어 있어야 한다.

연합

국립 정신 건강연구소, 마인드 셰어 파트너스Mind Share Partners,
브링 체인지 투 마인드Bring Change to Mind 및
기타 해당 분야의 비영리단체와 정기적으로 협력한다.

변화를 주도하는 네 번째이자 마지막 집단은 연합이다.

우리는 우리가 추구하는 변화에 관심이 있고 이미 비슷한 변화를 위해 노력하고 있는 다른 사람들을 찾아내 네트워크 리더십에서 배운 교훈을 실천에 옮겨야 한다. 그들은 비슷한 방법을 사용하지만 다른 지역에 있는 체인지메이커일 수도 있고 비슷한 변화를 추구하지만 다른 방법을 사용하는 사람일 수도 있다.

어떻게 하면 다른 사람들이 하고 있는 일을 활용하면서 같은 일을 반복하지 않을 수 있을까? 어떻게 하면 현명한 분업을 통해 자신이 가장 잘하는 일을 하면서 더 큰 해결책의 일부가 될 수 있을까?

구글의 직원인 트리스탄 해리스Tristan Harris는 2013년에 작성한 프레젠테이션 파일을 동료 디자이너 그룹과 공유한 후 바로 잠자리에 들었다. 다음 날 해리스가 잠에서 깼을 때 그의 프레젠테이션은 이미 사내에 입소문이 나 있었다. 구글 출근 버스를 탄 해리스는 직원들이 펼쳐 놓은 노트북 화면에서 자신의 프레젠테이션을 볼 수 있었다.

「방해 요소를 최소화하고 사용자의 주의를 존중해줄 것을 요청」이라는 해리스의 프리젠테이션은 구글을 넘어 널리 퍼졌다.[165] 해리스는 이어 테드 강연[166]에서도 빅 테크 기업들이 좋아요, 알림 소리, 잦은 새로고침 등 중독적이고 건강에 해로운 행동을 조장하는 기능을 만들어 사용자의 마음을 어떻게 통제하는지 이야기했다.

자신의 의견에 동조하는 사람들이 많다는 것을 확인한 해리스는 기술 세계에 긍정적인 변화를 가져오기 위해 '인간적 기술 센터 Center for Humane Technology; CHT'를 공동 설립했다. 그와 공동 설립자들은 비슷한 목표를 향해 함께 일하는 강력하고 광범위한 파트너 연합과 협력하며 변화를 주도하고 있다.

우리가 레슨 6에서 네트워크 기반 리더십에 관해 배운 내용처럼 인간적 기술 센터는 스스로를 '거점이 아닌 교점'으로 여긴다. 이 조직은 중독성 기술의 다양한 분야에서 일하는 모든 종류의 체인지메이커를 한데 모았다. 캘리포니아대학교 샌프란시스코 캠퍼스, 컬럼비아대학교, 매사추세츠 공과대학교, 코넬대학교 교수들부터 수학자, 벤처 캐피털리스트, 기업가, 정치인, 심지어 페이스북의 '좋아요' 버튼을 만든 저스틴 로즌스타인Justin Rosenstein까지 말이다.

이들은 '인류의 최선의 이익에 부합하는 근본적으로 재구성된 기술 인프라와 비즈니스 모델'이라는 동일한 비전을 달성하기 위해 함께 전진 중이다.[167] 인간적 기술 센터는 모두를 하나로 모으는 역할을 하지만, 연합의 각 구성원은 법학 교수, 의사, 건강 관련 전문가로서 각자의 방식으로 변화를 주도하고 있다.

체인지메이커로서 우리 모두는 변화를 촉진할 수 있다. 하지만 변화를 지속하기 위해서는 변화에 관심이 있는 다른 사람들을 찾아내고, 지원하고, 그들과 함께 배워야 한다. 이것이 바로 체인지메이커 연합의 힘이다.

여섯 번째 기둥: 접근 방식

체인지메이커 캔버스의 여섯 번째이자 마지막 기둥은 레슨 9에서 배운 '체인지메이커의 영향력 방정식'과 관련 있다. 체인지메이커로서의 영향력은 체인지메이커 마인드셋과 체인지메이커 리더십 스킬에 우리 행동을 곱한 값이라는 점을 기억하자.

이 캔버스의 첫 다섯 개 부분은 전략을 파악하고 행동을 준비하는 데 도움을 준다. 지금부터 다룰 캔버스의 마지막 부분은 변화를 현실로 만드는 데 필요한 마인드셋과 리더십에 변화를 고정시키는 데 도움이 된다.

체인지메이커 마인드셋

초기 반발을 극복할 수 있는 회복탄력성, 큰 비전을 달성하기 위한
장기적 사고, 낙관적인 태도를 유지하면서도 앞으로의 도전에 대해
현실적으로 대처할 수 있는 성향의 유연성.

우선 체인지메이커 마인드셋부터 시작한다. 체인지메이커 마인
드셋에서 가장 중요하다고 생각되는 측면은 무엇인가? 긍정적인
변화를 주도하는 데 가장 도움이 되는 것은 무엇인가? 현재 상태
에 의문을 제기하고 남들이 저쪽으로 갈 때 나는 이쪽으로 가도
된다는 것을 기억하는 것일까? 업무에 유연성과 공감 능력을 정기
적으로 도입하는 것인가? 아니면 단기적인 성과에 대한 압박이 있
을 때도 장기적인 사고에 집중하는 것인가? 같은 질문을 차례로
던지며 변화를 현실로 만들기 위해 개인적으로 갖춰야 할 체인지
메이커 마인드셋을 되짚어 보고 기록한다.

체인지메이커 리더십

고위 경영진을 설득하는 권력 없는 영향력, 다른 사람을 섬길
순간을 알아채고 포착하는 마이크로리더십,
포용하는 리더십.에 대한 인식과 지원 강화

자신의 마인드셋 특성을 파악한 다음, 이러한 변화를 실현하기 위해 다른 사람들과 협력하는 데 필요한 체인지메이커 리더십 기술에 대해 생각해 보자. 권력 없는 영향력을 행사해야 하는가? 네트워크에 기반한 리더십을 발휘해야 하는가? 마이크로리더십과 목적을 갖고 이끄는 리더십의 조합이 해결책이 될 수도 있다. 여기에는 정답이 없다. 이번 기회에 어떤 리더십 기법과 접근 방식이 특히 도움이 될 수 있는지 미리 파악하여 이를 실천에 옮기도록 하자.

내가 만난 많은 체인지메이커들은 꾸준히 연락을 주고받으며 서로를 응원하고 있다. 이들은 서로 다른 대륙에서, 서로 다른 삶을 살며, 서로 다른 변화를 진행하고 있지만 공동체를 위한 긍정적인 변화를 추구한다는 점에서 영원히 연결되어 있다는 사실을 기억하고 의지한다.

나는 그들을 위해, 우리를 위해, 당신을 위해 체인지메이커 캔버스를 만들었다. 이 도구를 사용하여 아이디어를 행동으로 옮기고, 용기와 자신감을 가지고 변화를 촉진하는 중요한 첫걸음을 내디딜 수 있기를 바란다.

changer's playbook 11
체인지메이커 캔버스 작성하기

레슨 11 요약

- 변화를 주도할 때는 두려움과 막막함을 느끼게 된다. 특히 처음에는 이런 감정이 압도적으로 느껴질 수밖에 없다.
- '왜'라는 질문에서 시작하자. 가장 부족한 자원인 시간을 이 변화를 만드는 데 투입하는 이유는 무엇인가?
- 변화를 지속적으로 추구하기 위해 승인이나 '사회적 증거'를 제공할 수 있는 열렬한 홍보자부터 협력자로 참여하게 될 연합의 구성원까지 다양한 방식으로 다른 사람들을 과정에 참여시켜야 한다는 점을 잊지 않는다.

도전 과제

- changemaker.us/canvas에서 체인지메이커 캔버스 양식을 다운로드해 작성한 뒤 적어도 한 명 이상과 공유하여 초기 피드백을 받는다.

레슨 12

레슨 12
체인지메이커로
살아가기

내가 체인지메이커가 되는 길 수업을 시작한 2019년에 수강 신청을 한 사리카 삭세나Sarika Saksena는 겨우 열여덟 살이었다. 나는 이 강좌를 만들고 가르치는 데 정성을 쏟았기 때문에 사리카 같은 학생이 체인지메이커가 되는 모습을 눈앞에서 보는 것보다 더 의미 있는 일은 없었다.

사리카가 내가 거의 주지 않는 A⁺를 받은 이유는 사리카가 내 수업에서 한 일 때문이 아니다. 사리카가 새롭게 발견한 체인지메이커 마인드셋과 리더십 능력으로 교실 밖에서 체인지메이킹의 집단적 힘을 행동으로 보여주었기 때문이었다.

나는 학생들이 과제를 통해 현재 상태에 의문을 제기하는 것을 좋아하기 때문에 학생들에게 수업 시간에 배운 내용을 보여주는 전형적인 학술 에세이를 쓰도록 요구하는 대신 체인지메이커가 된다는 것이 무엇을 의미하는지에 대한 동화를 쓰도록 하는 등 다른 선택지를 제공한다. 이런 과제는 학생들의 호기심과 창의력을 자극할 뿐만 아니라 간단한 용어와 이야기 형식으로 글을 쓸 수 있을 정도로 소재에 대한 높은 이해도를 요구한다.

사리카는 작은 마을에서 엄마와 함께 살던 부트루라는 어린 소년의 아름다운 이야기를 썼다. 부트루는 마법의 여신과의 상호작용을 통해 공감, 용기, 회복탄력성을 배워 마을 사람들을 변화시키는 데 도움이 되는 교훈을 얻는다. 여신은 부트루가 체인지메이커가 될 수 있도록 도와주지만, 이야기가 끝나기 전에 사리카는 동화를 읽는 어린이들이 부트루와 같은 교훈을 배울 수 있도록 대화형 질문을 포함시켰다.

사리카는 중학생인 동생에게 자기가 쓴 동화를 읽어주고 마지막에 질문을 던졌다. 일주일 후 사리카는 "동생은 일주일 내내 학교에서 평소와는 매우 다른 방식으로 쉬는 시간을 보냈다고 해요. '늘 혼자 있는' 아이와 '누구와도 놀지 않는' 아이에게 처음으로 손을 내밀었고 이 아이들과 어울렸대요." 동생이 어울린 두 학생은 한 명은 질병 때문에, 다른 한 명은 자신이 통제할 수 없는 일로 인한 수치심 때문에 항상 다른 학생들로부터 소외감을 느꼈다고 한다. 동생은 이런 상황이 슬펐지만 이제야 자신이 무엇을 해야 할지 알게 된 것 같다고 사리카에게 말했다. 동생은 부트루가 공감, 용기, 회복탄력성에 관해 배운 것처럼 교훈을 얻었고 행동에 나서야 한다고 깨달았다. 항상 무언가를 하고 싶었지만 무엇을 해야 할지, 어떻게 해야 할지 몰랐던 사리카의 동생은 그 마법 같은 순간을 통해 체인지메이커가 되었다.

사리카처럼 당장은 깨닫지 못할 수도 있지만 스스로를 체인지메이커로 여기고 변화를 주도할 권한을 부여하기 시작하면 다른 사람들에게 영감을 줄 수 있다. 사실 우리의 체인지메이커 활동을 통해 자신의 삶에 영향을 받는 사람들을 모두 알 수는 없을 것이다. 하지만 우리가 누구든, 어디에 살고 있든, 어떤 변화를 주도하든, 우리가 하는 일의 파급 효과는 생각지도 못한 곳에까지 미칠 것이다.

여정의 마지막 단계에 이르렀으니 당신은 긍정적인 변화를 이끌 준비가 되어 있는 열정적이고 목적 지향적인 동료들로 이루어진 체인지메이커 공동체에 합류하게 되었다. 이제 우리는 기업 혁신가, 풀뿌리 옹호자, 작가, 예술가, 사내 기업가, 창업가들과 연결되었다. 우리는 세상을 변화시키는 체인지메이커 공동체의 일원이다.

체인지메이커들의 여정

지금까지 우리는 마인드셋, 리더십, 행동이라는 중요한 체인지메이커의 개념을 구현한 체인지메이커들을 만났다.

머리말에서 우리는 금융, 기술, 포용의 교차점에서 영향력을 발휘하는 혁신가 시바니 시로야를 만났다. 시바니는 호기심, 유연성, 회복탄력성과 같은 체인지메이커의 마인드셋 개념이 체인지메이커의 업무와 삶에서 매일 어떻게 나타나는지 알려주었다. 그리고 우리는 이러한 특성은 누구나 배울 수 있고 실천할 수 있다는 사실을 알게 되었다.

레슨 1에서는 보다 평등하고 포용적인 직장을 위한 새로운 아이디어가 당장 실현되지 않아 의욕을 잃은 해나를 만났다. 해나는 좌절과 도전을 극복한 다른 체인지메이커에게서 영감을 얻고 그 체인지메이커의 이야기를 수업 시간에 들려주면서 자신이 다른 학생에게 영감이 되었다. 해나는 체인지메이커 마인드셋을 실천하는 가장 강력한 방법 중 하나는 다른 사람이 체인지메이커가 되도록 돕는 것이라는 것을 배웠다. 해나는 학습된 낙관주의를 구현했고 초기의 좌절이 영구적이지 않다는 것을 깨달았다. 초기의 의구심을 극복한 이후 해나는 새로운 자신감을 가지고 다양성, 공정성, 포용성 활동을 이끌고 있다.

레슨 2에서는 정기적으로 현재 상태에 의문을 제기하며 자신만의 영향력 있는 길을 개척한 법률 체인지메이커 브라이언 스티븐슨을 만났다. 법조계에서 존경할 만한 롤모델이 없던 스티븐슨이 자신의 호기심을 수용하여 미국에서 정의가 어떤 모습을 보일 수 있는지 재구성하는 과정을 살펴보았다. 우리는 그가 우리 사회에서 가장 힘없는 사람들을 옹호하기 위해 다른 사람들이 한 쪽으로 나아갈 때 어떻게 다른 쪽으로 나아갔는지 보았다. 또한 다른 변호사들이 기피하는 법적 소송을 용기 있게 맡는 등 현명한 위험을 감수하고 법원과 사법부의 긍정적인 변화를 이끌기 위해 노력하는 모습도 보았다.

레슨 3에서는 고집을 부리지 않는 자신감을 구현하는 트라이브리스의 그웬 이 웡을 만났다. 우리는 웡으로부터 고성장 조직을 시작하고 이끄는 자신감과 다른 사람이 CEO가 될 수 있도록 물러나야 할 때를 아는 겸손함을 보았다. 우리는 웡을 통해 체인지메이커는 두 지점에서 동시에 해결책을 찾는다는 것을 배웠다. 웡은 신뢰를 바탕으로 팀을 이끌었고, 그 결과 팀원들의 협업이 더욱 원활해져 상상했던 것보다 더 빠르게 신제품을 개발할 수 있었다. 웡은 자신감과 겸손함의 균형을 유지하면 변화가 한 개인을 넘어 성장할 수 있다는 것을 보여주었다.

레슨 4에서는 뉴 폴리틱스를 설립한 에밀리 체르니악을 만났다. 체르니악은 서번트 리더를 발굴하고 정치적으로 지원함으로써 고대적이면서 동시에 최첨단인 리더십 개념을 높였다. 체르니악은 우리가 자신을 뛰어넘어 윤리적이고 장기적으로 생각하는 리더가 되도록 영감을 준다.

레슨 5에서는 대학, 재단, 로펌, 풀뿌리 비영리단체 등 다양한 환경에서 긍정적인 변화를 이끌어온 체인지메이커 데리어스 그레이엄을 만났다. 그레이엄은 새로운 기회를 포착할 때마다 해결해야 할 문제를 자원과 해결책에 더 잘 연결하기 위한 이유를 명확히 하면서도 해결 방법에는 유연성을 유지했다. 그레이엄은 새로운 역할을 맡으면서 겪은 어려움에도 불구하고 회복탄력성을 유지해 왔으며, 공감을 통해 새롭고 창의적인 방식으로 공동체 구성원을 기관에 합류시켰다.

레슨 6에서는 제조 기업의 중간 관리자인 세바스티안을 만났다. 지속 가능성에 대한 열정을 가진 그는 동료들을 쓰레기 분리 배출에 동참시키려고 했지만 매번 막다른 골목에 부딪혔다. 하지만 네트워크를 통한 리더십과 같은 21세기의 핵심 리더십 기술을 실천함으로써 많은 사람이 자신의 변화 노력에 동참할 수 있도록 힘을 실을 수 있었다. 다른 사람들이 '첫 번째 추종자'가 될 수 있도록 촉진하고 격려함으로써 쓰레기 분리 배출 노력은 지속되었고, 그는 다른 사람의 허락을 기다리지 않고 더 야심 차고 지속 가능성 전략을 주도할 수 있게 되었다.

레슨 7에서는 오리건대학교 농구 선수 세도나 프린스가 리더십의 순간을 포착하고 평등을 촉구하는 행동을 취함으로써 마이크로리더십의 개념을 구현하는 방법을 살펴봤다. 또 영화 〈크레이지 리치 아시안〉의 감동적인 엔딩 장면에서 세계 최대 밴드 중 한 팀에게 노래 사용권을 허락받기 위해 권력 없는 영향력을 행사한 영화감독 존 추도 만났다.

레슨 8에서는 뉴질랜드 저신다 아던 총리가 자국의 이슬람 사원에서 발생한 총기 난사 사건 이후 어떻게 포용하는 리더십의 진수를 보여줬는지 살펴보았다. 아던 총리는 '심리적 안정감'이라는 감정을 이끌어냈는데 이는 구글의 조직 연구에서 영향력이 큰 팀을 예측하는 가장 중요한 요소로 밝혀진 개념이다. 또한 아던의 문화적 감수성이 포용하는 리더가 되기 위한 핵심 요소 중 하나를 어떻게 반영하는지도 보았다.(겸손함도 활용하면 그 영향력은 배가된다.)

레슨 9에서는 루이스 소타가 체인지메이커의 영향력 방정식을 활용해 자신의 마인드셋과 리더십 기술을 행동으로 옮겨 멕시코의 저소득층 주택 소유주들을 위한 새로운 기회를 개발한 방법을 살펴봤다. 또한 조각가 자나르단 하반제가 '행동은 절망에 대한 해독제'라는 말을 마음에 새기고 인도 카르나타카의 해변을 청소하도록 사람들에게 영감을 준 방법도 살펴봤다.

레슨 10에서는 변화가 어려울 때 변화를 주도하는 방법을 보여준 월마트 직원 캐럴린 데이비스를 만났다. 데이비스는 옹호자, 냉소주의자, 방관자 모두를 참여시킴으로써 회사 전체에 공평한 육아 휴직을 옹호하고 궁극적으로 이를 달성하기 위한 끈기를 보여주었다. 또한 병원에서 의료 오류를 줄이는 데 성공한 줄리 클리거의 노력에 대해서도 알아봤다. 클리거와 데이비스는 모두 문화를 통해 변화를 촉진하기 위해 규범적 기업가 정신을 활용했다.

마지막으로 레슨 11에서는 스콧 시게오카를 만났다. 시게오카는 체인지메이커의 모든 도구를 활용하여 체험형 예술과 몰입형 음악 활동부터 서로 다른 경험을 가진 사람들에게 다리를 놓는다는 단 하나의 목표를 가진 로드 트립에 이르기까지 다양한 유형의 변화를 주도해 왔다. 우리는 체인지메이커는 비전을 명확히 하는 것부터 문제의 근본 원인을 파악하는 것, 최소 실행 가능한 프로젝트를 개발하는 것까지 상황에 따라 체인지메이커 캔버스에 모인 일련의 도구를 활용하며, 다른 사람들이 어려운 과제로만 여길 수 있는 기회도 찾아낼 수 있는 능력이 있다는 것을 알게 되었다.

이 책의 연구, 사례, 교훈 등을 통해 배운 것처럼 체인지메이커의 마인드셋, 리더십 기술, 행동 지향성은 누구든 가질 수 있다. 이제 우리는 체인지메이커로서 자신의 정체성을 받아들이고 체인지메이커 거인들의 어깨 위에 설 때이다.

이 책을 통해 배운 것들을 우리의 삶과 우리가 주도할 수 있는 변화에 적용할 때가 되었다. 세상은 과거의 영웅담을 답습하는 사람을 필요로 하지 않는다. 완전히 새로운 체인지메이커를 필요로 한다. 바로 당신이다. 우리는 가진 모든 경험, 관심사, 열정, 기술, 그리고 체인지메이커의 마인드셋, 리더십, 행동력을 발휘하여 변화를 이끌어야 한다. 우리가 어디에 있든, 각자의 개성에 맞는 방식으로 변화를 주도하고, 의도한 변화를 일으켜야 한다.

지금, 아주 작은 변화에서 시작하라

지금까지 우리는 체인지메이커 마인드셋을 키워왔다. 새롭고 효과적인 체인지메이커 리더십 기술도 많이 배웠다. 아이디어를 행동으로 옮기는 데 무엇이 필요한지 알고 있으며, 체인지메이커 도구 상자를 필요한 모든 것으로 채웠다. 체인지메이커 지수를 통해 자신감을 얻었으며 평범한 사람도 얼마든지 체인지메이커로서 변화를 주도할 수 있다는 것을 알게 되었다.

이제 남은 일은 한 가지뿐이다. 체인지메이커가 되기 위한 용기를 내는 것이다.

체인지메이커인 소설가 아나이스 닌Anaïs Nin의 말로 이 책을 끝맺고자 한다.

"인생은 용기에 따라 축소되기도 하고 확장되기도 한다."[168]

이제 우리도 그동안 내면에 잠재되어 있던 용기를 발휘하여 체인지메이커의 영향력을 확장할 때이다.

내면에서 외치는 용기를 찾을 수 있는가? 변화를 다른 사람이 하는 일이라고 생각하는 것을 멈추고 이제 내가 해야 할 일이라고 스스로에게 말할 수 있는 용기를, 변화를 주도하기 전에 모든 것이 완벽해질 때까지 기다리지 않고, 그 과정에서 약간의 실패를 감수하더라도 지금 당장 실행에 옮길 수 있는 용기를 말이다.

체인지메이커가 되겠다고 생각하면서 약간의 두려움을 느끼는 것은 지극히 정상이다! 아티스트 데이먼 데이비스Damon Davis는 비무장 흑인 청년이 경찰이 쏜 총에 맞아 사망한 사건과 관련한 미주리주 퍼거슨 시위대의 이야기를 담은 작품을 소개하며 '용기는 전염됩니다.'[169]라고 말했다.

크게 도약할 필요는 없다. 시작할 용기를 내기만 하면 된다. 수천 명의 체인지메이커들이 이미 그렇게 한 바 있으니 이제 우리가 그들과 함께할 차례이다.

당신은 어디에 있든 긍정적인 변화를 주도하는 데 필요한 모든 것을 갖추었다. 당신은 체인지메이커가 되었다.

세상은 우리를 위해 그 어느 때보다 준비가 되어 있다.

체인지메이커들의 다음 행보가 기대된다.

감사의 말

내가 삶에서, 또 글에서 성취한 모든 것은 놀라운 공동체에 둘러싸여 지지와 격려를 받으며 하루하루를 보낼 수 있는 엄청난 특권이 있었기 때문이다. 여러분은 내가 받을 자격이 있거나 갚을 수 있는 것보다 훨씬 더 많은 것을 내게 주었다. 친구와 가족부터 동료에 이르기까지 우리가 함께 나눈 승리와 어려움을 이 책에 담았다. 실수로 내가 빠뜨린 사람이 있다면 당신이 해준 모든 것에 대한 감사는 이 페이지를 넘어선다는 것을 알아주길 바란다.(그리고 이 실수는 초보 아빠가 된 내가 잠이 부족한 탓에 저지른 것으로 알아주었으면 좋겠다.)

첫 번째 감사는 내 훌륭한 학생들에게 전한다. 여러분은 매일 내게 동기를 부여하고 도전과 영감을 주었다. 여러분을 가르치고 나면 교실의 에너지와 여러분 한 명 한 명에게서 보이는 놀라운 열정과 잠재력 때문에 밤에 잠을 이루지 못할 때가 많다. 여러분의 선생님이 되는 멋진 선물을 준 것에 감사한다.

훌륭한 버클리 하스 경영대학원 커뮤니티에도 감사드린다. 나를 믿고, 나를 위해 싸워주고, 하스에서 가르칠 수 있는 최고의 기회를 주신 제이 스토프스키 부학장님께 감사드린다. 내게 기회를 주고 현명한 조언을 아끼지 않으신 에리카 워커Erika Walker 님에게도 감사드린다. 변화를 만드는 수업을 허락할 뿐만 아니라 지원과 격려를 받는 학교를 이끌어 주신 앤 해리슨Ann Harrison 학장님, 버클리 체인지메이커들에 대한 낙관주의와 우정, 지칠 줄 모르는 지지를 보내주신 로라 해스너Laura Hassner, 브랜디 피어스Brandi Pearce, 마리아나 솜마Mariana Somma, 리치 라이언스Rich Lyons에게 감사드린다. 그리고 친구로 소중히 여기는 캘리포니아대학교 버클리 캠퍼스의 모든 교수진과 직원 동료들에게도 감사의 마음을 전한다.

항상 내 곁을 지켜준, 특히 늦은 밤 글 쓰는 시간에 옆에 있어준 스포티파이의 딥 포커스Deep Focus 재생 목록에 감사한다. 그리고 이번 집필 기간에 가장 소중한 음료 자리를 차지한 콤부차와 아이스 커피에도 감사한다.

이 책을 쓰는 동안, 그리고 탈고 후 책을 출간하기까지 내가 만난 모든 체인지메이커들에게도 감사드린다. 여러분은 여러분이 생각하는 것보다 훨씬 더 많은 영향을 주었다. 이 책에서 소개한 훌륭한 체인지메이커 한 분 한 분께도 특별히 감사드린다. 나를 믿고 여러분의 이야기를 들려주고, 여러분의 사례를 전 세계와 공유해

준 것에 감사드린다.

내 멋진 에이전트 제프 슈리브Jeff Shreve에게도 감사드린다. 2020년 4월에 보내준 이메일은 그보다 더 적절한 시기에 도착할 수 없었고, 이 멋진 여정을 함께 시작하게 해준 계기가 되었다. 내가 첫 책을 낼 기회를 주고, 내가 던지는 모든 질문에 재치와 지혜로 답해주어서 감사드린다.

훌륭한 편집자이자 출판가인 나나 K. 트우마시Nana K. Twumasi에게도 감사드린다. 첫 만남 때부터 당신과 함께 작업하고 싶다고 생각했는데 당신은 모든 면에서 내 기대 이상이었다. 항상 내 편이 되고, 뛰어난 편집 안목과 예리한 시각으로 이 프로젝트에 임하고, 내가 문장 부호를 제대로 사용할 줄 안다고 독자들을 속일 수 있도록 도와주어서 감사드린다.

책을 쓰는 정신없는 과정 내내 나를 응원해준 모든 친구와 가족에게 감사드린다. 여러분의 격려와 응원은 내게 큰 힘이 되었다. 바쁜 와중에도 항상 시간을 내어 책 내용을 확인해 준 저스틴 시프린Justin Shifrin과 라이언 아벨로위츠Ryan Abelowitz에게 감사드린다. 이 작업 초기에 없어서는 안 될 조언을 해준 피터 로디Peter Roady와 수년 전에 이 책을 쓰자고 처음 제안해 준 벤 샌즈Ben Sands, 책 쓰기 역사상 가장 일방적인 거래, 즉 치킨 꼬치 한 접시와 맥주 한 잔을 대가로 사려 깊은 의견과 피드백을 준 데이비드 나미아스David Nahmias에게 감사의 마음을 전한다.

나를 믿고 여러 방면으로 이 책을 지원해 준 얼래나 부닥Alana

Budak에게 감사드린다. 집필에 시간을 내도록 도와주는 것부터 통계 분석에 대한 질문에 답해 주는 것까지 모든 면에서 폭넓은 도움을 준 에밀리 올트먼Emily Altman과 앤드루 브라운슈타인Andrew Braunstein에게도 감사드린다. 집필 과정 내내 변함없는 격려와 지원(그리고 타이밍이 완벽했던 조부모 역할까지!)을 해준 데이브Dave와 주디스 올트먼Judith Altman에게 감사드린다. 항상 나와 이 책에 친절한 믿음을 보여준 마크 부닥Mark Budak, 글렌 부닥Glenn Budak, 셰리 벨Sherrie Bell, 필리스 제롬Phyllis Jerome, 어윈Irwin과 글로리아 올트먼Gloria Altman에게 감사드린다.

내가 어렸을 때부터 가치의 중요성을 가르쳐 주시고, 항상 체인지메이커가 되라고 격려해 주시고, 아들이 상상할 수 있는 최고의 (무보수지만 항상 고마워하는) 홍보 요원이 되어주신 부모님 모Mo와 르네 부닥Renee Budak에게 감사드린다.

내가 왜 이 책을 쓰는지 늘 상기시켜 준 애셔Asher에게 감사한다. 내가 하는 모든 일은 널 위한 것이고, 넌 내게 전부란다.

마지막으로 아내 리베카 부닥Rebecca Budak에게 가장 큰 감사를 전한다. 리베카의 지혜, 공감, 친절, 사랑이 없었다면 이 모든 것은 불가능했을 것이다. 아내는 내가 나은 체인지메이커가 되고, 나은 남편, 아빠, 사람이 될 수 있도록 매일 영감을 준다. 당신은 내 진정한 사랑입니다.

참고 문헌

머리말

1   Abby Fifer Mandell, Megan Strawther, and James Zhu, InVenture: Building Credit Scoring Tools for the Base of the Pyramid, Greif Center for Entrepreneurial Studies, USC Marshall, December 1, 2015.

2   "Changemaker Skills," Ashoka, https://www.ashoka.org/en/collection/changemaker-skills.

3   Scott Brinker, "Martec's Law: Technology Changes Exponentially, Organizations Change Logarithmically," Chief Martec, June 13, 2013, https://chiefmartec.com/2013/06/martecs-law-technology-changes-exponentially-organizations-change-logarithmically.

레슨 1

4   Carol S. Dweck, Mindset: The New Psychology of Success (New York: Ballantine, 2016). 캐롤 드웩, 「마인드셋」, 김준수 옮김, 스몰빅라이프, 2023.

5   Amanda Gorman, The Hill We Climb: An Inaugural Poem for the Country (New York: Viking, 2021). 어맨다 고먼, 「우리가 오르는 언덕」, 정은귀 옮김, 은행나무, 2021.

6   Pinsker, "People Who Use Firefox or Chrome Are Better Employees," Atlantic, March 16, 2015, https://www.theatlantic.com/business/archive/2015/03/people-who-use-firefox-or-chrome-are-better-employees/387781.

7   Stephen J. Dubner, "The Maddest Men of All," episode 198 transcript,

February 26, 2015, Freakonomics Radio, https://freakonomics.com/podcast/the-maddest-men-of-all.

8   Snigdha Sinha, "Eco-Friendly Sanitary Pads Made of Banana Fibre—Saathi Pads's Solution to Menstrual Waste," YourStory, August 10, 2015, https://yourstory.com/2015/08/eco-friendly-saathi-pads/amp.

9   Rebecca Solnit, Hope in the Dark: The Untold History of People Power (Edinburgh: Canongate, 2005). 리베카 솔닛, 『어둠 속의 희망』, 설준규 옮김, 창비, 2017.

10 Shashank Bengali, "His Son Died in a Road Accident, so India's 'Pothole Dada' Fills His Family's Sorrow with Stone and Gravel," Los Angeles Times, August 15, 2018, https://www.latimes.com/world/asia/la-fg-india-pothole-man-20180815-story.html.

11 Martin E. P. Seligman, Learned Optimism (New York: Knopf, 1991). 마틴 셀리그만, 『학습된 낙관주의』, 최호영 옮김, 21세기북스, 2008.

12 Bill Snyder, "Laura Weidman Powers: Opening Doors for Minorities in Technology," Insights by Stanford Business, Stanford Graduate School of Business, June 21, 2013, https://www.gsb.stanford.edu/insights/laura-weidman-powers-opening-doors-minorities-technology.

13 Bryan Stevenson," Gruber Foundation, Yale University, https://gruber.yale.edu/justice/bryan-stevenson.

레슨 2

14 "Isaac Bailey, "Seeking Justice: Bryan Stevenson MPP/JD 1985 Is an Indefatigable Defender of the Powerless," Harvard Kennedy School, Summer 2018, https://www.hks.harvard.edu/research-insights/policy-topics/human-rights/seeking-justice-bryan-stevenson-mppjd-1985.

15 "Bryan Stevenson."

16 Equal Justice Initiative (EJI), Intro on Posts page, Facebook, https://www.facebook.com/equaljusticeinitiative.

17 Eva Rodriguez, "Bryan Stevenson Savors Victory in Supreme Court Ruling on Juvenile Life Sentences," Washington Post, June 25, 2012, https://www.washingtonpost.com/lifestyle/style/bryan-stevenson-savors-victory-in-supreme-court-ruling-on-juvenile-life-sentences/2012/06/25/

gJQA8Wqm2V_story.html.

18   Lizzie Kane, "Bryan Stevenson: 4 Steps to 'Change the World,' " Q City
     Metro, January 29, 2020, https://qcitymetro.com/2020/01/29/bryan-
     stevenson-4-steps-to-change-the-world; " 'Hope Is Your Superpower':
     Bryan Stevenson Speaks at Penn State Abington," Penn State, March 22,
     2019, https://www.psu.edu/news/academics/story/hope-your-superpower-
     bryan-stevenson-speaks-penn-state-abington.

19   Svenolof Karlsson and Anders Lugn, "Laila Dials a Winner," Ericsson,
     https://www.ericsson.com/en/about-us/history/changing-the-world/the-
     nordics-take-charge/laila-dials-a-winner.

20   J. Nina Lieberman, "Playfulness and Divergent Thinking: An Investigation
     of Their Relationship at the Kindergarten Level," Journal of Genetic
     Psychology 107, no. 2 (1965): 219, https://doi.org/10.1080/00221325.1965.1053
     3661.

21   Morten T. Hansen, "IDEO CEO Tim Brown: T-Shaped Stars: The Backbone
     of IDEO's Collaborative Culture," Chief Executive, January 21, 2010, https://
     chiefexecutive.net/ideo-ceo-tim-brown-t-shaped-stars-the-backbone-of-
     ideoaes-collaborative-culture.

22   Ian Leslie, Curious: The Desire to Know and Why Your Future Depends on
     It (New York: Basic Books, 2015). 이언 레슬리, 『큐리어스 - 인간의 네 번째 본능,
     호기심의 모든 것』, 김승진 옮김, 을유문화사, 2014; "Ian Leslie on Why Curiosity
     Is Like a Muscle," Quercus Books, May 7, 2014, YouTube video, https://
     www.youtube.com/watch?v=SOGqGOnlJCI.

23   Bruce D. Perry, Lea Hogan, and Sarah J. Marlin, "Curiosity, Pleasure and
     Play: A Neurodevelopmental Perspective," HAAEYC Advocate, August
     2000.

24   Bethany Biron, "REI Is Defying Black Friday and Closing Its Stores for
     the 5th Year in a Row—and It Wants Shoppers to Join Its Plan to Fight
     ClimateChange," Business Insider, November 9, 2019, https://www.
     businessinsider.com/rei-closed-black-friday-for-the-fifth-year-2019-1.

25   Lizz Kannenberg, "Social Spotlight: REI's #OptOutside and How a
     Campaign Becomes a Movement," Sprout Social, January 22, 2020, https://
     sproutsocial.com/insights/social-spotlight-rei.

26   Emily Parkhurst, "That REI Black Friday Stunt? It Worked. REI Posts Largest-Ever Membership Growth," Puget Sound Business Journal, March 15, 2016, https://www.bizjournals.com/seattle/news/2016/03/15/that-rei-black-friday-stunt-it-worked-rei-posts.html.

27   Solomon E. Asch, "Effects of Group Pressure on the Modification and Distortion of Judgments," in Groups, Leadership and Men, ed. H. Guetzknow (Pittsburgh: Carnegie Press, 1951), 177–90

28   Tyler Tervooren, "Finally, a Simple Way to Tell Smart Risks from Dumb Ones," Riskology, https://www.riskology.co/smart-risk-equation.

29   Anthony Ray Hinton and Lara Love Hardin, The Sun Does Shine: How I Found Life and Freedom on Death Row (New York: St. Martin's Press, 2018). 앤서니 레이 힌턴, 『그들은 목요일마다 우리를 죽인다』, 이은숙 옮김, 혜윰터, 2019.

30   E. P. Hollander, "Conformity, Status, and Idiosyncrasy Credit," Psychological Review 65, no. 2 (1958): 117–27, https://doi.org/10.1037/h0042501.

31   A. A. Scholer et al., "When Risk Seeking Becomes a Motivational Necessity," Journal of Personality and Social Psychology 99, no. 2 (2010): 215–31, https://doi.org/10.1037/a0019715.

32   Miriam Cosic, " 'We Are All Entrepreneurs': Muhammad Yunus on Changing the World, One Microloan at a Time," The Guardian, March 28, 2017, https://www.theguardian.com/sustainable-business/2017/mar/29/we-are-all-entrepreneurs-muhammad-yunus-on-changing-the-world-one-microloan-at-a-time.

레슨 3

33   Gwen Yi, "To Lead Is to Let Go: Why I Fired Myself as CEO of Tribeless," Medium, December 5, 2018, https://gwenyi.medium.com/to-lead-is-to-let-go-why-i-fired-myself-as-ceo-of-tribeless-3f4c4eb46c.

34   그웬 이 윙과의 개인 인터뷰, 2021년 6월 22일.

35   Amy Y. Ou, David A. Waldman, and Suzanne J. Peterson, "Do Humble CEOs Matter? An Examination of CEO Humility and Firm Outcomes," Journal of Management 44, no. 3 (September 21, 2015): 1147–73, https://doi.

org/10.1177/0149206315604187.

36   Kibeom Lee and Michael C. Ashton, "Getting Mad and Getting Even:
      Agreeableness and Honesty- Humility as Predictors of Revenge
      Intentions," Personality and Individual Differences 52, no. 5 (April 2012):
      596–600, https://doi.org/10.1016/j.paid.2011.12.004.

37   Samantha A. Deffler, Mark R. Leary, and Rick H. Hoyle, "Knowing What
      You Know: Intellectual Humility and Judgments of Recognition Memory,"
      Personality and Individual Differences 96 (July 2016): 255–59, https://doi.
      org/10.1016/j.paid.2016.03.016.

38   Jim Collins, Good to Great: Why Some Companies Make the Leap ... and
      Others Don't (New York: Harper Business, 2001). 짐 콜린스, 『좋은 기업을 넘어
      위대한 기업으로 - 위대한 기업과 괜찮은 기업을 가르는 결정적 차이는 무엇인가』, 이
      무열 옮김, 김영사, 2021.

39   Public Trust in Government: 1958–2021, Pew Research Center, May 17,
      2021, https://www.pewresearch.org/politics/2021/05/17/public-trust-in-
      government-1958-2021.

40   "The State of Personal Trust," Trust and Distrust in America, Pew Research
      Center, July 22, 2019, https://www.pewresearch.org/politics/2019/07/22/the-
      state-of -personal-trust.

41   Esteban Ortiz-Ospina and Max Roser, "Trust," Our World in Data, July 22,
      2016, https://ourworldindata.org/trust.

42   Rachel Botsman, "We've Stopped Trusting Institutions and Started
      Trusting Strangers," filmed June 29, 2016, at TEDSummit, Banff, Canada,
      video, 16:59, https://www.ted.com/talks/rachel_botsman_we_ve_stopped_
      trusting_institutions_and_started_trusting_strangers.

43   "University of Texas at Austin 2014 Commencement Address—Admiral
      William H. McRaven," Texas Exes, May 19, 2014, YouTube video, 19:26,
      https://www.youtube.com/watch?v=pxBQLFLei70.

44   Pauline Rose Clance and Suzanne Ament Imes, "The Imposter
      Phenomenon in High Achieving Women: Dynamics and Therapeutic
      Intervention," Psychotherapy: Theory, Research & Practice 15, no. 3 (1978):
      241–47, https://doi.org/10.1037/h0086006.

45   Ruchika Tulshyan and Jodi- Ann Burey, "Stop Telling Women They Have

Imposter Syndrome," Harvard Business Review, February 11, 2021, https://hbr.org/2021/02/stop-telling-women-they-have-imposter-syndrome.

46   Basima Tewfik, "Workplace Impostor Thoughts: Theoretical Conceptualization, Construct Measurement, and Relationships with Work-Related Outcomes," (PhD diss., University of Pennsylvania, 2019), https://repository.upenn.edu/edissertations/3603.

47   Brené Brown, "The Power of Vulnerability," filmed June 11, 2010, at TEDxHouston, Houston, TX, video, 20:03, https://www.ted.com/talks/brene_brown_the_power_of_vulnerability.

48   Morten Hansen, Great at Work: The Hidden Habits of Top Performers (New York: Simon & Schuster, 2018).

49   David Allen, "Opera's Disrupter in Residence, Heading to Bayreuth," New York Times, July 20, 2017, https://www.nytimes.com/2017/07/20/arts/music/operas-disrupter -in-residence-heading-to-bayreuth.html.

50   "Anna Deavere Smith, Yuval Sharon, and Kate D. Levin—Aspen Ideas Festival," The Aspen Institute, June 30, 2020, YouTube video, 23:04, https://www.youtube.com/watch?v=v3Sa1CRXbeE.

51   "Take the Thomas-Kilmann Conflict Mode Instrument," Kilmann Diagnostics, https://kilmanndiagnostics.com/overview-thomas-kilmann-conflict-mode-instrument-tki.

52   더 많은 정보와 시각적으로 표현한 그래프를 보고 싶다면 다음 링크를 방문하길 바란다. "Thomas Kilmann Conflict Mode Instrument (TKI®)," Myers-Briggs, https://www.themyersbriggs.com/en-US/Products-and-Services/TKI.

53   Scott Shigeoka and Jason Marsh, "Eight Keys to Bridging Our Differences," Greater Good Magazine, Greater Good Science Center at UC Berkeley, July 22, 2020, https://greatergood.berkeley.edu/article/item/eight_keys_to_bridging_our_differences.

레슨 4

54   Jim Heskett, "Why Isn't Servant Leadership More Prevalent?" Working Knowledge, Harvard Business School, May 1, 2018, https://hbswk.hbs.edu/item/7207.html.

55   Greenleaf, The Servant as Leader (Indianapolis: Robert K. Greenleaf

Center for Servant Leadership, 1970).

56   "Emily Cherniack," New Politics, https://www.newpolitics.org/emily-cherniack.

57   Adam M. Grant, Give and Take: Why Helping Others Drives Our Success (New York: Penguin, 2014). 애덤 그랜트, 『기브앤테이크 - 주는 사람이 성공한다』, 윤태준 옮김, 생각연구소, 2013.

58   Cone, "New Cone Communications Research Confirms Millennials as America's Most Ardent CSR Supporters," press release, September 23, 2015, https://www.conecomm.com/news-blog/new-cone-communications-research-confirms-millennials-as-americas-most-ardent-csr-supporters.

59   "2020 Edelman Trust Barometer," Edelman, January 19, 2020, https://www.edelman.com/trust/2020-trust-barometer.

60   Alison Beard, "Why Ben & Jerry's Speaks Out," Harvard Business Review, January 13, 2021, https://hbr.org/2021/01/why-ben-jerrys-speaks-out.

61   Phillippa Lally et al., "How Are Habits Formed: Modelling Habit Formation in the Real World," European Journal of Social Psychology 40, no. 6 (October 2010): 998–1009, https://doi.org/10.1002/ejsp.674.

62   Measuring the Economic Impact of Short-Termism, discussion paper, McKinsey Global Institute, February 2017, https://www.mckinsey.com/~/media/mckinsey/featured%20insights/long%20term%20capitalism/where%20companies%20with%20a%20long%20term%20view%20outperform%20their%20peers/measuring-the-economic-impact-of-short-termism.ashx.

63   Simon Sinek, The Infinite Game (New York: Portfolio, 2020). 사이먼 시넥, 『인피니트 게임』, 윤혜리 옮김, 세계사, 2022.

64   James P. Carse, Finite and Infinite Games: A Vision of Life as Play and Possibility (New York: Free Press, 1986). 제임스 P. 카스, 『유한 게임과 무한 게임』, 노상미 옮김, 마인드빌딩, 2021.

65   Brian Chesky, "Open Letter to the Airbnb Community About Building a 21st Century Company," Airbnb, February 14, 2018, press.atairbnb.com/brian-cheskys-open-letter-to-the-airbnb-community-about-building-a-21st-century-company.

66   Cameron Sperance, "Airbnb and Vrbo Significantly Outperformed the

Hotel Industry but for How Long?" Skift, August 14, 2020, https://skift.com/2020/08/14/airbnb-and-vrbo-significantly-outperformed-the-hotel-industry-but-for-how-long.

67   . Kouzes and Barry Posner, "To Lead, Create a Shared Vision," Harvard Business Review, January 2009, https://hbr.org/2009/01/to-lead-create-a-shared-vision.

68   Matthew Kelly, The Long View: Some Thoughts About One of Life's Most Important Lessons (North Palm Beach, FL: Blue Sparrow, 2014).

69   Ashlee Vance, Elon Musk: Tesla, SpaceX, and the Quest for a Fantastic Future (New York: Ecco, 2015). 애슐리 반스, 『일론 머스크, 미래의 설계자』, 안기순 옮김, 김영사, 2015.

70   "Future of Driving," Volvo, https://www.volvocars.com/en-vn/why-volvo/human-innovation/future-of-driving.

71   Hannah Bae, "Bill Gates' 40th Anniversary Email: Goal Was 'a Computer on Every Desk,'" CNN Business, April 6, 2015, https://money.cnn.com/2015/04/05/technology/bill-gates-email-microsoft-40-anniversary/index.html.

레슨 5

72   Mario T. Garcia, ed., A Dolores Huerta Reader (Albuquerque: University of New Mexico Press, 2008).

73   Demetri Martin, This Is a Book (New York: Grand Central, 2012).

74   Thomas L. Friedman, "We Need Great Leadership Now, and Here's What It Looks Like," editorial, New York Times, April 21, 2020, https://www.nytimes.com/2020/04/21/opinion/covid-dov-seidman.html.

75   The Flux Report: Building a Resilient Workforce in the Face of Flux, January 2014, Right Management, https://www.rightmanagement.co.uk/wps/wcm/connect/350a18c6-6b19-470d-adba-88c9e0394d0b/Right+Management+Flux+Report+Spread.pdf?MOD=AJPERES.

76   Stephen J. Zaccaro, "Social Complexity and the Competencies Required for Effective Military Leadership," in Out-of-the-Box Leadership: Transforming the Twenty-First-Century Army and Other Top-Performing Organizations, James G. Hunt, George E. Dodge, and Leonard Wong, eds.

(Bingley, UK: Emerald Publishing, 1999), 131–51.

77   Gunnar Bohné, "Emotions at Play: Gaining Emotional Knowledge Using a Video Game" (master's thesis, Uppsala University, 2014), http://uu.diva-portal.org/smash/get/diva2:747683/FULLTEXT01.pdf.

78   "Empathy Definition: What Is Empathy," Greater Good Magazine, Greater Good Science Center, UC Berkeley, https://greatergood.berkeley.edu/topic/empathy/definition.

79   Patti Sanchez, "The Secret to Leading Organizational Change Is Empathy," Harvard Business Review, December 20, 2018, https://hbr.org/2018/12/the-secret -to-leading-organizational-change-is-empathy.

80   Erik C. Nook et al., "Prosocial Conformity: Prosocial Norms Generalize Across Behavior and Empathy," Personality and Social Psychology Bulletin 42, no. 8 (2016): 1045–62, https://doi.org/10.1177/0146167216649932.

81   Anne Brice, "How Having the 'Wrong' Address Almost Cost One Graduate Everything," Berkeley News, May 13, 2021, https://news.berkeley.edu/2021/05/13/graduation-profile-aurora-lopez.

82   lizabeth Levy Paluck, Hana Shepherd, and Peter M. Aronow, "Changing Climates of Conflict: A Social Network Experiment in 56 Schools," Proceedings of the National Academy of Sciences 113, no. 3 (January 19, 2016): 566–71, https://doi.org/10.1073/pnas.1514483113.

83   Byron Katie, "The Work Is a Practice," The Work of Byron Katie, https://thework.com/instruction-the-work-byron-katie.

84   Danielle D. King, Abdifatah A. Ali, Courtney L. McCluney, and Courtney Bryant, "Give Black Employees Time to Rest and Recover," Harvard Business Review, February 22, 2021, https://hbr.org/2021/02/give-black-employees-time-o-est-and-recover.

85   Audre Lorde, A Burst of Light and Other Essays (Mineola, NY: Ixia Press, 2017).

86   Stephen R. Covey, The 7 Habits of Highly Effective People: Powerful Lessons in Personal Change: 30th Anniversary Edition (New York: Simon & Schuster, 2020). 스티븐 코비, 「성공하는 사람들의 7가지 습관 - 출간 25주년 뉴에디션」, 김경섭 옮김, 김영사, 2017.

87   "Habit 7: Sharpen the SawR," FranklinCovey, https://www.franklincovey.

com/habit-7.

88   Camuffo et al., "A Scientific Approach to Entrepreneurial Decision Making:
      Evidence from a Randomized Control Trial," Management Science 66, no.
      2 (February 2020): 564–86, https://doi.org/10.1287/mnsc.2018.3249.

89   실패 과제를 만들고 난 후에 이 영상을 보게 되었는데, 연속 100일간 일부러 거절 당하
      기에 관한 지아 장(Jia Jiang)의 테드 강연은 더 훌륭한 통찰을 전해준다. Jia Jiang,
      "What I Learned from 100 Days of Rejection," January 6, 2017, TED video,
      15:31, https://www.youtube.com/watch?v=-vZXgApsPCQ.

레슨 6

90   Herminia Ibarra, Act Like a Leader, Think Like a Leader (Boston: Harvard
      Business Review Press, 2015). 허미니아 아이바라, 『아웃사이트 - 변화를 이끄는
      행동 리더십』, 이영래 옮김, 시그마북스, 2016.

91   Herminia Ibarra (@HerminiaIbarra), "My new book #ActLikeaLeader,"
      February 9, 2015, 3:45 a.m., https://twitter.com/HerminiaIbarra/
      status/564751835450597376.

92   "BUILD.org," Remake Learning, https://remakelearning.org/organization/
      build-org.

93   "Using Emergence to Take Social Innovations to Scale," 2006, https://www.
      margaretwheatley.com/articles/emergence.html.

94   Damon Centola et al., "Experimental Evidence for Tipping Points in Social
      Convention," Science 360, no. 6393 (June 8, 2018): 1116–19, https://doi.
      org/10.1126/science.aas8827.

95   Mark Wilson, "The Magic Number of People Needed to Create Social
      Change," Fast Company, June 22, 2018, https://www.fastcompany.
      com/90176846/the-magic-number-of-people-needed-to-create-social-
      change.

96   Barbara Ransby, "Black Lives Matter Is Democracy in Action," editorial,
      New York Times, October 21, 2017, https://www.nytimes.com/2017/10/21/
      opinion/sunday/black-lives-matter-leadership.html.

97   Jane Wei-Skillern, David Ehrlichman, and David Sawyer, "The Most
      Impactful Leaders You Have Never Heard Of," Stanford Social Innovation
      Review, September 16,

98 Shawn Achor, Andrew Reece, Gabriella Rosen Kellerman, and Alexi Robichaux, "9 Out of 10 People Are Willing to Earn Less Money to Do More-Meaningful Work," Harvard Business Review, November 6, 2018, https://hbr.org/2018/11/9-out-of-10-people-are-willing-to- earn-less-money-to-do-more-meaningful-work.

99 Scott D. Johnson and Curt Bechler, "Examining the Relationship Between Listening Effectiveness and Leadership Emergence: Perceptions, Behaviors, and Recall," Small Group Research 29, no. 4 (1998): 452–71, https://doi.org/10.1177/1046496498294003.

100 Kate Murphy, You're Not Listening: What You're Missing and Why It Matters (New York: Celadon Books, 2020). 케이트 머피, 『좋은 관계는 듣기에서 시작된다 - 듣기의 기술이 바꾸는 모든 것에 대하여』, 김성환, 최설민 옮김, 21세기북스, 2021.

레슨 7

101 Sydney Page, "She Almost Jumped Off a Bridge. She Now Returns There to Post Notes That Have Saved the Lives of Others," Washington Post, June 3, 2021, https://www.washingtonpost.com/lifestyle/2021/06/03/suicide-bridge-note-kindness.

102 Gillian R. Brassil, "Sedona Prince Has a Message for You," New York Times, May 29, 2021, https://www.nytimes.com/2021/05/29/sports/ncaabasketball/sedona-prince-ncaa-basketball-video.html.

103 Nancy Armour, "Opinion: Sedona Prince Has Left Her Mark on NCAA Tournament, Women's Sports," editorial, USA Today, March 29, 2021, https://www.usatoday.com/story/sports/columnist/nancy-armour/2021/03/29/ncaa-tournament-sedona-prince-impact-women-goes-beyond-oregon/7042248002.

104 Ronald A. Heifetz, Leadership Without Easy Answers (Cambridge, MA: Belknap Press of Harvard University Press, 1994).

105 "First Follower: Leadership Lessons from Dancing Guy," Derek Sivers, February 11, 2010, YouTube video, 2:57, https://www.youtube.com/watch?v=fW8amMCVAJQ.

106 Liz Wiseman, Multipliers: How the Best Leaders Make Everyone Smarter

(New York: Harper Business, 2017). 리즈 와이즈먼, 『멀티플라이어 - 어떻게 사람들의 역량을 최고로 끌어내는가』, 이수경 옮김, 한국경제신문, 2019.

107　Liz Wiseman and Greg McKeown, "Managing Yourself: Bringing Out the Best in Your People," Harvard Business Review, May 2010, https://hbr.org/2010/05/managing-yourself-bringing-out-the-best-in-your-people.

108　Lauren Keller Johnson, "Exerting Influence Without Authority," Harvard Business Review, February 28, 2008, https://hbr.org/2008/02/exerting-influence-without-aut.

109　"Pitbull—Feel This Moment (Official Video) ft. Christina Aguilera," Pitbull, March 15, 2013, YouTube video, 3:49, https://www.youtube.com/watch?v=5jlI4uzZGjU.

110　Noah J. Goldstein, Robert B. Cialdini, and Vladas Griskevicius, "A Room with a Viewpoint: Using Social Norms to Motivate Environmental Conservation in Hotels," Journal of Consumer Research 35, no. 3 (October 1, 2008): 472–82, https://doi.org/10.1086/586910.

111　Konexio (@Konexio_eu), "Our vision?," Twitter, January 28, 2021, 1:11 a.m., https://twitter.com/Konexio_eu/status/1354718835341930496.

112　Rebecca Sun, " 'Crazy Rich Asians': Read the Letter That Convinced Coldplay to Allow 'Yellow' in the Movie," Hollywood Reporter, August 19, 2018, https://www.hollywoodreporter.com/news/general- news/read-crazy-rich-asians-director-s-letter-coldplay-yellow-1135826.

레슨 8

113　Jason Le Miere, "New Zealand PM Says She Told Donald Trump to Show 'Sympathy and Love for All Muslim Communities,' " Newsweek, March 15, 2019, https://www.newsweek.com/new-zealand-donald-trump-mosque-muslim-1365338.

114　Andrés Tapia, "The Inclusive Leader," Korn Ferry, https://www.kornferry.com/insights/this-week-in-leadership/the-inclusive-leader.

115　Juliet Bourke and Bernadette Dillon, "The Diversity and Inclusion Revolution: Eight Powerful Truths," Deloitte Review, January 2018, https://www2.deloitte.com/content/dam/insights/us/articles/4209_Diversity-and-inclusion-revolution/DI_Diversity-and-inclusion-revolution.pdf.

116   liet Bourke and Andrea Titus, "Why Inclusive Leaders Are Good for Organizations, and How to Become One," Harvard Business Review, March 29, 2019, https://hbr.org/2019/03/why-inclusive-leaders-are-good-for-organizations-and-how-to-become-one.

117   Juliet Bourke and Andrea Titus, "The Key to Inclusive Leadership," Harvard Business Review, March 6, 2020, https://hbr.org/2020/03/the-key-to-inclusive-leadership.

118   "Introduction," re:Work, Google, https://rework.withgoogle.com/print/guides/5721312655835136.

119   Charles Duhigg, "What Google Learned from Its Quest to Build the Perfect Team," New York Times, February 25, 2016, https://www.nytimes.com/2016/02/28/magazine/what-google-learned-from-its-quest-to-build-the-perfect-team.html.

120   Amy Edmondson, "Psychological Safety and Learning Behavior in Work Teams," Administrative Science Quarterly 44, no. 2 (1999): 350–83, https://doi.org/10.2307/2666999.

121   "Identify Dynamics of Effective Teams," Guide: Understand Team Effectiveness, re:Work, Google, https://rework.withgoogle.com/guides/understanding-team-effectiveness/steps/identify-dynamics-of-effective-teams.

122   Markus Baer and Michael Frese, "Innovation Is Not Enough: Climates for Initiative and Psychological Safety, Process Innovations, and Firm Performance," Journal of Organizational Behavior 24, no. 1 (February 2003): 45–68, https://doi.org/10.1002/job.179.

123   Edmondson, "Psychological Safety," 350–83.

124   Amy C. Edmondson, The Fearless Organization: Creating Psychological Safety in the Workplace for Learning, Innovation, and Growth (Hoboken, NJ: Wiley, 2019). 에이미 에드먼드슨, 『두려움 없는 조직 – 심리적 안정감은 어떻게 조직의 학습, 혁신, 성장을 일으키는가』, 최윤영 옮김, 다산북스, 2019.

125   Maura Kessel, Jan Kratzer, and Carsten Schultz, "Psychological Safety, Knowledge Sharing, and Creative Performance in Healthcare Teams," Creativity and Innovation Management 21, no. 2 (June 2012): 147–57, https://doi.org/10.1111/j.1467-8691.2012.00635.x.

126 Katherine W. Phillips, "How Diversity Makes Us Smarter," Scientific American, October 2014, https://www.scientificamerican.com/article/how-diversity-makes-us-smarter.

127 Cristian L. Dezsö and David Gaddis Ross, "Does Female Representation in Top Management Improve Firm Performance? A Panel Data Investigation," Strategic Management Journal 33, no. 9 (September 2012): 1072–89, https://doi.org/10.1002/smj.1955.

128 Orlando Richard et al., "Employing an Innovation Strategy in Racially Diverse Workforces: Effects on Firm Performance," Group & Organization Management 28, no. 1 (2003): 107–26, https://doi.org/10.1177/1059601102250022.

129 Denise Lewin Loyd et al., "Social Category Diversity Promotes Premeeting Elaboration: The Role of Relationship Focus," Organization Science 24, no. 3 (May–June 2013): 757–72, https://doi.org/10.1287/orsc.1120.0761.

130 Phillips, "How Diversity Makes Us Smarter."

131 Daniel Goleman, "Leadership That Gets Results," Harvard Business Review, March–April 2000, https://hbr.org/2000/03/leadership-that-gets-results.

레슨 9

132 Lanre Bakare, "Pink Seesaws Reach Across the Divide at US-Mexico Border," Guardian, July 30, 2019, https://www.theguardian.com/us-news/2019/jul/30/pink-seesaws-reach-across-divide-us-mexico-border.

133 "Ethiopia Plants over 350 Million Trees in a Day, Setting New World Record," UNEP, United Nations Environment Programme, August 2, 2019, https://www.unep.org/news-and-stories/story/ethiopia-plants-over-350-million-trees-day-setting-new-world-record. 에티오피아가 심었다고 주장하는 3억 5천만 그루의 나무는 2022년 2월 현재 별도로 검증되지는 않았다.

134 The Social Intrapreneur: A Field Guide for Corporate Changemakers, Allianz, IDEO, Skoll Foundation, and SustainAbility, 2008, https://www.allianz.com/content/dam/onemarketing/azcom/Allianz_com/migration/media/current/en/press/news/studies/downloads/thesocialintrapreneur_2008.pdf.

135 "Patrimony Ho: A Home for Everyone," CEMENT, October 7, 2015, https://www.cement.com/-/patrimonio-hoy-a-home-for-everyone.

136 Tomas Chamorro-Premuzic. "Why You Should Become an 'Intrapreneur,'" Harvard Business Review, March 26, 2020, https://hbr.org/2020/03/why-you-should-become-an-intrapreneur.

137 Clayton M. Christensen, The Innovator's Dilemma: The Revolutionary Book That Will Change the Way You Do Business (New York: Harper Business, 2011).

138 Vincent J. Felitti, "The Relationship of Adverse Childhood Experiences to Adult Health: Turning Gold into Lead," Zeitschrift fur Psychosomatische Medizin und Psychotherapie 48, no. 4 (October 2002): 359–69, https://doi.org/10.13109/zptm.2002.48.4.359.

139 Nadine Burke Harris, "How Childhood Trauma Affects Health Across a Lifetime," TED video, September 2014, https://www.ted.com/talks/nadine_burke_harris_how_childhood_trauma_affects_health_across_a_lifetime.

140 The Social Intrapreneur, https://www.allianz.com/content/dam/onemarketing/azcom/Allianz_com/migration/media/current/en/press/news/studies/downloads/thesocialintrapreneur_2008.pdf.

141 Steve Blank, The Four Steps to the Epiphany: Successful Strategies for Products That Win (Hoboken, NJ: John Wiley & Sons, 2020); Eric Ries, The Lean Startup: How Today's Entrepreneurs Use Continuous Innovation to Create Radically Successful Businesses (New York: Crown Business, 2011). 에릭 리스, 「린 스타트업 - 지속적 혁신을 실현하는 창업의 과학」, 이창수, 송우일 옮김, 인사이트, 2012.

레슨 10

142 Adam Grant, "Who's the Boss?: Transcript," WorkLife with Adam Grant, TED Media, May 25, 2021, https://www.ted.com/podcasts/worklife/whos-the-boss-transcript.

143 "United for Respect Member Carolyn 'Cat' Davis Speaking at the 2017 Walmart Shareholders Meeting," United for Respect, October 7, 2019, YouTube video, 2:57, https://www.youtube.com/watch?v=ft3drtjhMFg.

144 "The Three Types of People You'll Meet When Implementing Change,"

Innov8rs, September 23, 2018, https://innov8rs.co/news/the-three-types-of-
people-youll-meet-when-implementing-change.

145   Christine Ingebritsen, "Norm Entrepreneurs: Scandinavia's Role in World
Politics," Cooperation and Conflict 37, no. 1 (2002): 11–23, https://doi.org/10.
1177/0010836702037001689.

146   Martha Finnemore and Kathryn Sikkink, "International Norm Dynamics
and Political Change," International Organization 52, no. 4 (Autumn 1998):
887–917, https://doi.org/10.1162/002081898550789.

147   Cass R. Sunstein, "Social Norms and Social Roles," Columbia Law Review
96, no. 4 (May 1996): 903–68, https://chicagounbound.uchicago.edu/cgi/
viewcontent.cgi?article=12456&context=journal_articles.

148   Julie Kliger et al., "Empowering Frontline Nurses: A Structured
Intervention Enables Nurses to Improve Medication Administration
Accuracy," The Joint Commission Journal on Quality and Patient Safety 35,
no. 12 (December 2009), https://doi.org/10.1016/s1553-7250(09)35085-0.

149   Victoria Colliver, "Prescription for Success: Don't Bother Nurses," San
Francisco Chronicle, SFGATE, October 28, 2009, https://www.sfgate.com/
health/article/Prescription-for-success-Don-t-bother-nurses-3282968.php.

150   변화 이론 모델에 관한 정보는 다음 자료를 확인하길 바란다. "What Is Theory of
Change?," Center for Theory of Change, https://www.theoryofchange.org/
what-is-theory-of-change.

151   William Samuelson and Richard Zeckhauser, "Status Quo Bias in Decision
Making," Journal of Risk and Uncertainty 1, no. 1 (March 1988): 7–59,
https://doi.org/10.1007/bf00055564.

152   Daniel Kahneman and Amos Tversky, "Prospect Theory: An Analysis of
Decision Under Risk," Econometrica 47, no. 2 (March 1979): 263–91, https://
doi.org.10.2307/1914185.

153   Alison Beard and Jonah Berger, "Mastering the Art of Persuasion," episode
753, HBR IdeaCast, August 11, 2020, https://hbr.org/podcast/2020/08/
mastering-the-art-of-persuasion.

154   Jonah Berger, The Catalyst: How to Change Anyone's Mind (New York:
Simon & Schuster, 2020). 조나 버거, 「캐털리스트 - 사람의 마음을 움직이는 기술」,
김원호 옮김, 문학동네, 2020.

155 "Case Study: The Berkeley Haas School of Business: Codifying, Embedding, and Sustaining Culture," Berkeley Haas Case Series, cases. haas.berkeley.edu/case/berkeley-haas-culture.

156 John P. Kotter, A Sense of Urgency (Cambridge, MA: Harvard Business Press, 2008). 존 코터, 『존 코터의 위기감을 높여라』, 유영만, 류현 옮김, 김영사, 2009.

레슨 11

157 Simon Sinek, "How Great Leaders Inspire Action," filmed September 16, 2009, at TEDxPugetSound, Newcastle, WA, video, 17:48, https://www.ted.com/talks/simon_sinek_how_great_leaders_inspire_action.

158 "Models of Impact," Verynice, http://www.modelsofimpact.co.

159 Jodi Rudoren, "Peace Deal Comes with Hummus at Israeli Restaurant," The New York Times, November 25, 2015, https://www.nytimes.com/2015/11/25/world/middleeast/peace-deal-comes-with-hummus.html.

160 Donella Meadows, "Leverage Points: Places to Intervene in a System," Donella Meadows Archives, Academy for Systems Change, https://donellameadows.org/archives/leverage-points-places-to-intervene-in-a-system.

161 Paul Batalden and Earl Conway, "Like Magic? ('Every System Is Perfectly Designed...')," Institute for Healthcare Improvement, August 21, 2015, http://www.ihi.org/communities/blogs/origin-of-every-system-is-perfectly-designed-quote.

162 이를 위해 활용할 수 있는 많은 버전이 있지만 (유용한 템플릿이 포함된) 조직 생산성 향상 소프트웨어 개발 기업인 아틀라시안(Atlassian)에서 신입 사원 교육 과정의 일부로 사용하는 훌륭한 자료를 소개한다. "My User Manual," Atlassian, https://www.atlassian.com/team-playbook/plays/my-user-manual.

163 Robert B. Cialdini, Influence: The Psychology of Persuasion (New York: Collins, 2007). 로버트 치알디니, 『설득의 심리학 1 - 사람의 마음을 사로잡는 7가지 불변의 원칙』, 황혜숙,임상훈, 21세기북스, 2023.

164 Joanna Cea and Jess Rimington, "Designing with the Beneficiary," Innovations: Technology, Governance, Globalization 11, no. 3–4 (Summer–Fall 2017): 98–111, https://doi.org/10.1162/inov_a_00259.

165 Tristan Harris, "A Call to Minimize Distraction & Respect Users' Attention," October 2019, https://idoc.pub/documents/a-call-to-minimize-distraction-respect-users-attention-by-tristan-harris-d47e1096j7n2.

166 Tristan Harris, "How a Handful of Tech Companies Control Billions of Minds Every Day," filmed April 28, 2017, at TED2017, Vancouver, BC, Canada, video, 16:52, https://www.ted.com/talks/tristan_harris_how_a_handful_of_tech_companies_control_billions_of_minds_every_day.

167 "What We Do," Center for Humane Technology, https://www.humanetech.com/what-we-do.

레슨 12

168 Carol A. Dingle, Memorable Quotations: French Writers of the Past (Writers Club Press: Lincoln, Nebraska, 2000).

169 Damon Davis, "Courage Is Contagious," filmed April 24, 2017, TED2017, Vancouver, BC, Canada, video, 5:17, https://www.ted.com/talks/damon_davis_courage_is_contagious.

KI신서 11183
체인지메이커

1판 1쇄 인쇄 2023년 10월 6일
1판 1쇄 발행 2023년 10월 18일

지은이 앨릭스 부닥
옮긴이 손영인
감수 오승민
펴낸이 김영곤
펴낸곳 (주)북이십일 21세기북스

콘텐츠개발본부이사 정지은
정보개발팀장 이리현 **정보개발팀** 강문형 박종수 이수정
교정 교열 박혜연 **디자인 표지** 이슬기 **본문** 푸른나무디자인
출판마케팅영업본부장 한충희
마케팅1팀 남정한 한경화 김신우 강효원
출판영업팀 최명열 김다운 김도연
제작팀 이영민 권경민

출판등록 2000년 5월 6일 제406-2003-061호
주소 (10881) 경기도 파주시 회동길 201(문발동)
대표전화 031-955-2100 **팩스** 031-955-2151 **이메일** book21@book21.co.kr

ⓒ 앨릭스 부닥, 2023
ISBN 979-11-7117-138-5 03320

(주)북이십일 경계를 허무는 콘텐츠 리더

21세기북스 채널에서 도서 정보와 다양한 영상자료, 이벤트를 만나세요!

페이스북 facebook.com/jiinpill21   **포스트** post.naver.com/21c_editors
인스타그램 instagram.com/jiinpill21   **홈페이지** www.book21.com
유튜브 youtube.com/book21pub